本研究得到以下项目资金的支持：

国家社科基金一般项目"自杀问题防范与处理的中国经验研究"（项目号：15BSH017）

上海市哲学社会科学研究规划一般项目"中国近代城市化进程中的自杀问题研究"（项目号：2013BLS003）

江西省高校人文社会科学研究2019年度项目（项目号：LS19207）

上饶师范学院博士科研启动基金和中华民国史研究分中心专项经费

民国时期
社会问题的治理

以1927-1937年上海
防控自杀研究为例

彭小松 著

上海交通大学出版社
SHANGHAI JIAO TONG UNIVERSITY PRESS

内容简介

本书通过系统梳理1927—1937年上海自杀问题的分布特征，重构当时上海自杀民众背后所反映的社会生活困境，进而探讨政府、媒体及社会各界预防与控制自杀的机制，总结1927—1937年上海防控自杀问题的历史经验。本书认为1927—1937年间上海针对自杀问题的防控实践，体现了中国城市对于治理自杀问题的现代性特征，为城市社会问题的治理提供了一些可行性经验。

图书在版编目（CIP）数据

民国时期社会问题的治理：以1927—1937年上海防控自杀研究为例 / 彭小松著. —上海：上海交通大学出版社，2022.12
ISBN 978 - 7 - 313 - 28192 - 0

Ⅰ.①民… Ⅱ.①彭… Ⅲ.①自杀—防治措施—上海 — 1927-1937 Ⅳ.①D669.9

中国版本图书馆 CIP 数据核字（2022）第 241908 号

民国时期社会问题的治理：
以 1927—1937 年上海防控自杀研究为例
MINGUO SHIQI SHEHUI WENTI DE ZHILI:
YI 1927—1937 NIAN SHANGHAI FANGKONG ZISHA YANJIU WEILI

著　　者：彭小松			
出版发行：上海交通大学出版社		地　　址：上海市番禺路 951 号
邮政编码：200030		电　　话：021 - 64071208
印　　制：上海万卷印刷股份有限公司		经　　销：全国新华书店
开　　本：710 mm×1000 mm　1/16		印　　张：16.25
字　　数：281 千字		
版　　次：2022 年 12 月第 1 版		印　　次：2022 年 12 月第 1 次印刷
书　　号：ISBN 978 - 7 - 313 - 28192 - 0		
定　　价：78.00 元		

目 录

绪　论

第一节　研究缘起与意义

自古以来，自杀始终是人类文明的一道"伤口"，是我们一直要医治的"创伤"。尤其是近代以来，伴随着工业化和城市化的发展，自杀率呈现出上升趋势。城市中自杀现象高发的原因，以及如何防控自杀，是值得深入研究的重要学术问题。

根据世界卫生组织 2021 年披露的数据，全球每年有 70 余万人自杀身亡；自杀是 15—29 岁人群的第四大死因；低收入和中等收入国家的自杀人数占全球自杀人数的 77%。[①] 而中国作为发展中国家，同样面临着相同的问题。

自杀被认为是"现代文明的一道伤口"[②]，为何社会不断进步，自杀问题却仍如此严重呢？如何有效预防和控制自杀问题呢？要回答这些问题并非易事，实际上近年来全球绝大多数地区的自杀率在不断下降，这也正是得益于人们对自杀问题的关注和积极的干预措施。然而围绕自杀问题的"歧视"并未消除，由对自杀行为、自杀者的歧视，蔓延到对自杀者亲属，甚至是对自杀研究者的歧视。在自杀被视为禁忌的氛围之下，深入理解自杀问题已是奢谈，又谈何预防与应对呢？基于此，本书拟通过从治理社会问题的角度来思考和防控自杀，以寻求防范自杀的经验。

中国近代以来，自杀事件经常发生，特别是在五四时期更加严重，学界普遍认为自杀是五四转型时期一个重要的社会现象或社会问题。[③] 随着社会的发展，尤其是城市化的推进，农村向城市转变的过程中出现生活方式、价值观念等

[①] 参见世界卫生组织官网(https://www.who.int/publications/i/item/9789240026629)。

[②] 吴飞：《自杀与美好生活》，上海：三联书店，2007 年，第 3 页。

[③] 刘长林、钱锦晶：《论五四思想家对自杀现象的研究》，《史学月刊》2003 年第 6 期；齐卫平：《五四时期中国社会转型与自杀现象》，《民国春秋》1998 年第 3 期。

失调现象,各类社会问题甚至以自杀这种极端的形式体现出来。此时的自杀已不再局限于中国古代的殉夫守节、忠君殉主之类,而是带有现代社会转型的特征,时人呼吁进行社会改造以防范自杀,但是在军阀混战、社会动荡的局面下,并无强有力的官方机构实施防范自杀的行政措施,直至 1927 年,这种情况开始发生转变。

"城市化是中国现代化进程中和经济持续增长中的核心命题",①也是中国现代社会转型的表征所在,②而中国近代早期城市化所走过的历程,更是城市化作为现代化核心命题的历史验证。近代以来,中国在面临严重内忧外患、外敌侵略、战乱不断的情况下,走上艰辛的城市化之路。从 1927 年到 1937 年抗日战争全面爆发,这一时期中国的现代化发展实际上也取得了一些成绩,"中国的社会结构、社会功能及社会运行方式等,基本上已初具现代社会的雏形",③这体现在上海、南京等带有现代性特色的城市有所发展,其中上海更被看作标杆。作为"现代化中国城市的象征"④,上海经过 1927—1937 年的建设,成为当时中国最大的工商业中心。

1927—1937 年,当政府在竭力进行现代社会建设之时,社会矛盾也随之不断激化,尤其是伴随着城市化的推进,自杀之类的社会问题也日益加剧。此时上海的失业、贫困、烟毒、犯罪、自杀等问题非常严重,其中较高的自杀率反映了上海城市化进程中存在尖锐的社会问题与社会矛盾。表面上看,自杀人数的增加受家庭问题、经济压迫等因素的影响,但当自杀演变成一种社会风气时,一定程度上反映出区域内的政治、经济、文化、道德等方面隐含着某些病态因素。1927—1937 年上海的自杀问题,正是当时上海城市化进程中各类社会病态因素的综合反映。

为了防控自杀,上海市政当局实施了中国历史上第一次由政府主导的系统救济自杀的各项行政措施。这些举措吸引了社会各方力量的积极参与,在媒体、民众的关注之下,社会各界开始重视自杀问题,并探讨防控自杀的策略。那么1927—1937 年上海城市化进程中的自杀现象体现了什么？官方机构的自杀防控措施产生了哪些影响？这一系列由自杀引出的问题也正是本书所要探讨的上海的自杀防控实践的价值旨归。

---

① 樊纲、武良主编：《城市化：一系列公共政策的集合》,北京：中国经济出版社,2009 年,第 1 页。
② 张鸿雁、谢静：《城市进化论：中国城市化进程中的社会问题与治理创新》,南京：东南大学出版社,2011 年,第 59 页。
③ 张宪文：《对 1927—1937 年中国历史的基本认识》,《历史教学》2003 年第 4 期。
④ 熊月之主编：《上海通史》第 1 卷·导论,上海：上海人民出版社,1999 年,第 5 页。

本书以 1927—1937 年上海城市化进程中的自杀及其防控为研究对象,所选取的角度是中国近现代史上首次在城市里开展的系统救济,以此反思城市化背景下上海防控自杀的一般史实,在研究视角上有一定的学术价值。

在中外城市历史上,上海的开放与宽容尤为光彩夺目,这种"海纳百川"的气势吸引着学术界产生研究上海史的兴趣,使得上海史研究不仅成为"全国众多学者研究的共同对象",而且"在国际学术界也空前繁荣"。[①] 探讨上海城市变迁史的研究成果汗牛充栋,涵盖政治、经济、文化、社会的方方面面,当然也包括本书所涉及的近现代上海社会问题治理的研究。既然城市化是一种历史的必然,是"人类发展的方向和人类社会现代化的过程",那么在此"必然"之下,能否有效解决城市化进程中的社会问题,便是探讨城市社会问题的意义所在。[②] 与其他社会问题研究相比,自杀问题的研究正在逐渐肇兴,但依然较为薄弱,本书有关上海自杀问题的研究即希望对上海史的研究内容和范畴有所拓展和深化,为当今社会防范自杀事件提供经验。这是本书的现实意义之所在。

第二节　学界的研究现状

先圣孔子说:"不践迹,亦不入于室。"[③]学界关于自杀问题的既有研究是我们开始新研究的基础。以"自杀"为主题词检索中国知网所收录的文献,可以大体了解中文领域研究自杀的现状。据不完全统计,中国知网收录有关"自杀"主题词的文章共 2 万余篇,其中哲学与人文科学领域有 7 284 篇,社会科学领域有8 632 篇,医药卫生科技领域有 10 926 篇。[④] 尤其需要指出的是,自 1979 年到2000 年史学界研究自杀的文章共 80 篇,而从 2001 年至今的研究文章却达到了 719 篇,这说明史学界对自杀问题的研究成果大部分集中在 21 世纪头二十年。

---

① 熊月之主编:《上海通史》第 1 卷·导论,上海:上海人民出版社,1999 年,第 5—6 页。
② 张鸿雁、谢静:《城市进化论:中国城市化进程中的社会问题与治理创新》,南京:东南大学出版社,2011 年,第 125 页。
③ 杨伯峻译注:《论语译注》,北京:中华书局,1980 年,第 122 页。
④ 数据起讫时间为 1979 年 1 月 1 日至 2021 年 12 月 31 日(在检索所得的文献篇数中,未区分跨学科研究的篇数),据中国知网检索而得: https://kns.cnki.net/kns/brief/result.aspx? dbprefix = scdb,2021 年 12 月 31 日。

若从近年来国家及省部级人文社会科学研究基金项目的立项情况看，资助自杀研究项目的力度不断加大。2000 年至 2021 年，国家社会科学基金资助研究自杀问题的重点项目、一般项目和青年项目共有 16 项，全部属于社会学门类，教育部人文社科各类基金资助研究自杀的项目多达 59 项，涉及教育学、心理学、历史学及交叉学科领域，其中历史学领域受到资助的有 2 项，[1]这也正是历史学介入自杀研究的具体体现。

以上的数据表明，在自杀研究引起各学科重视的趋势下，史学界也开始成为一股重要的研究力量。史学界对自杀问题的关注受到其一贯的人文传统影响。若追溯至古代，会发现《春秋》《左传》《国语》《史记》等诸多典籍留存有大量的自杀记载，这些或褒或贬的自杀书写，透露了中国古代社会对自杀问题的一般看法。在中国古代，受"死或重于泰山，或轻于鸿毛"传统生死观的影响，古人对于自杀的理解往往"突显理性，贬低感性"。一方面，正史文献对因忠君、爱国、殉主等自杀的记载带有很强的政治、伦理意味；另一方面，民间在"好死不如赖活着"的态度下，讳言自杀。[2] 但是到了晚近时期，随着民族主义的觉醒，爱国式的自杀变得越来越少，只是其被视为爱国的象征意义尚在；同时，殉主自杀也变得越来越少。社会上转而出现许多不适应现代生活方式而自杀的现象，尤其是在民国时期，政治、经济、文化、社会等方面处于传统向现代转型的变革之下，自杀问题也因此带有社会转型时期的特征。特别是民国时期城市中的自杀现象更具典型性，引起史学界的重视。

一、城市史视野下的民国时期城市自杀问题

自 20 世纪 80 年代开始，中国城市史、区域史研究逐渐勃兴，这与改革开放以来中国城市突飞猛进的发展相呼应。随着区域史、城市史研究的深入，出现了对单体城市、类型城市、区域城市[3]内部政治、经济、社会、文化各方面的横向研究，以及对中国城市化与社会变迁、城市社会结构变迁等方面的纵向研究，这些都昭示着城市史研究视域的拓展。诸多城市史研究成果中，有关近现代城市自杀问题的研究虽为另类，却也新颖。一些学者已经注意到近代中国城市发展过程中普遍存在的自杀问题，尤其是 20 世纪二三十年代城市自杀问题较为

---

① 分别是：侯艳兴主持的青年基金项目"民国时期自杀问题与社会反应研究"（10YJC770030）和刘长林主持的人文社科研究项目"上海处理自杀问题研究"（11YJA770029）。
② 郑晓江：《论中国古代的自杀模式》，《南昌大学学报》（人社版）1999 年第 4 期。
③ 参见熊月之对中国城市史研究中城市类型的分类（熊月之：《中国城市史研究综述（1986—2006）》，《史林》2008 年第 1 期）。

突出。

　　国内学者对民国时期城市自杀问题的研究主要有刘长林、雷乐街基于北京市档案馆存留的大量自杀原档,剖析自杀事件处理过程中的"先警后医"现象,并将其归因为北京建立了现代警察和医院等多方联动的自杀干预与救助体系;①李自典将 20 世纪三四十年代北京频繁发生的自杀事件看成"城市病";②周锦章以北京市档案馆所藏近千份平民自杀档案为样本,分析了自杀者的类型和原因,指出民国时期北平在近代化转型过程中所产生的社会矛盾,并从微观的角度展现了北平城市基层社会的生活结构。③ 作者以北平平民自杀案件为切入点考察城市变迁与胡同社会生活结构的互动关系,视角新颖,这对于笔者思考上海自杀问题的地域特色有一定借鉴;肖美贞依据天津版《大公报》的自杀报道,考察了20 世纪 30 年代中国北方地区自杀发生的原因,并分析《大公报》如何从现代化建设角度探讨与自杀问题相关的农村振兴问题、妇女问题及教员保健问题。④肖美贞的文章点出了 20 世纪 30 年代中国社会发展的主题——现代化,有一定的创新性,但是她所选择的研究对象是 1934—1935 年间天津《大公报》所报道的自杀案件,仅两年的样本是否能代表整个 30 年代的情况值得商榷,而且全文并未界定"北方"具体所指,可见该文的历史时空感较模糊;王灿依据汉口特别市政府所办杂志《新汉口》1929 年 7 月至 1931 年 5 月间公布的自杀数据统计,探究了 20 世纪 30 年代前后汉口社会转型时期自杀特征、发生原因以及自杀预防和自杀救济等社会机制的情况。⑤ 王灿对 20 世纪 30 年代前后汉口自杀问题的研究较系统,但是缺乏微观的个案解读,显得泛泛而谈;张志超分析了威海卫的自杀问题及当时的救助措施,认为英当局对自杀的反应与英国治理威海卫的总体方针政策一致。⑥ 张志超以自杀问题透视英国对威海卫的殖民政策有值得肯定之处,但其过分强调英国自杀法律与威海卫自杀问题的关系,论"法"多于论"史",没有清楚勾勒出威海卫地区自杀问题的历史变迁。

---

　　① 刘长林、雷乐街:《民国北京自杀救助中"先警后医"现象的逻辑考察》,《安徽史学》2021 年第 1 期。

　　② 李自典:《"城市病":20 世纪三四十年代北平自杀现象探析》,《城市史研究》2020 年第 1 期。

　　③ 周锦章:《角色危机与社会紧张——民国时期北平平民自杀样本研究》,《北京社会科学》2009 年第 4 期。

　　④ 肖美贞:《20 世纪 30 年代北方自杀问题研究——以天津〈大公报〉为中心》,《江南社会学院学报》2005 年第 3 期。

　　⑤ 王灿:《20 世纪 30 年代前后汉口自杀问题探析——以 1929—1931 年〈新汉口〉杂志为中心的考察》,《南华大学学报》(社会科学版)2012 年第 4 期。

　　⑥ 张志超:《英国的统治与威海卫的自杀现象》,《中国农业大学学报》(社会科学版)2009 年第 3 期。

此外，美国学者柯必德(Peter J. Carroll)对民国时期中国城市的自杀问题进行了一定研究，他在《同命鸳鸯：1931 年苏州"自杀潮"的新闻报道》一文中讨论了《苏州明报》如何把 1931 年苏州的自杀流行现象建构成一个媒体事件，认为自杀行为已经变成现代中国社会，特别是大都会的危机特点。① 他的另一篇论文《"亡羊补牢"——自杀、生命统计和民国时代广州的青年危机》，则聚焦1929 年广州一起女学生集体自杀事件，并以此分析民国时期国民党在广州的市政管理情况。② 柯必德的两篇文章均是选择较小的角度，探讨近代城市社会变迁过程中的宏大主题，笔者受其启发很大。

具体到 20 世纪二三十年代上海自杀问题的研究，王合群分析了上海 20 世纪二三十年代社会转型时期自杀现象的特点、原因及救济情况，指出这一时期发生的社会问题受到社会急剧转型时期特有的时代条件和社会背景影响，③对当时上海自杀问题的考察较全面，但是不够深入，对自杀原因的归纳很简单，有关救济政策的论述也不够充分；王存奎简单介绍了 20 世纪 30 年代上海因经济问题而出现的"自杀风潮"，认为贫富分化加剧了社会矛盾，以致自杀等社会问题层出不穷；④刘喜元的《试论 20 世纪二三十年代上海的自杀预防与救济机制》⑤一文粗略梳理了 20 世纪二三十年代上海自杀预防与救济情况，其硕士论文《国民政府时期上海的自杀问题》主要考察的是 1928 至 1936 年上海自杀的数量、原因、方式、年龄、性别等特征，并简要分析了当时社会对此的反应以及所采取的预防、救济措施。⑥ 刘喜元一定程度上揭示了该时期上海自杀问题的特殊性，但他的论证过于简略，对具体自杀个案的详细解读较弱；侯艳兴的《身体塑造，国族想象：民国时期的自杀论争》一文以民国时期知识分子对自杀问题的讨论为研究对象，他认为知识分子以自杀为主题的论争，虽然反映了知识分子关注意志、责任、价值三个层面的外在理路，但也映射出知识分子思想脉络中个人、社会、国家三种面向的内在逻辑嬗递。他认为知识分子的自杀论争目的是使身体社会化与

---

① Peter J. Carroll, "Fate-Bound Mandarin Ducks: Newspaper Coverage of *the Fashion* for Suicide in 1931 Suzhou", *Twentieth-Century China*, Vol. 31, No. 2(2006), pp.70－96.

② Peter J. Carroll, "Mending the sheepfold after losing the sheep: suicide, vital statistics, and the crisis of youth in Republican Guangzhou", *International Conference On Suicide Problems In Modern History Of China*, Shanghai, July 6th－7th 2013.

③ 王合群：《20 世纪二三十年代上海自杀问题的社会透视》，《史学月刊》2001 年第 5 期。

④ 王存奎：《30 年代中期上海社会的自杀事件》，《民国春秋》1995 年第 2 期。

⑤ 刘喜元：《试论 20 世纪二三十年代上海的自杀预防与救济机制》，《信阳师范学院学报》（哲学社会科学版）2008 年第 4 期。

⑥ 刘喜元：《国民政府时期上海的自杀问题》，硕士学位论文，南京大学，2006 年。

国家化,通过塑造身体满足对国族的想象。① 侯艳兴围绕自杀现象的两个关键
点——身体、社会反应,考察了二者的互动关系,视角独到。不过,虽然他试图将
视野放大到整个民国时期知识分子的自杀言说,但他并未对知识分子的组成、结
构进行严格界定,所依据的史料也主要是二三十年代上海知识分子发表在媒体
上的文章,对民国初期、民国末期以及其他地域内知识分子的自杀言说论述
不够。

　　除了对 20 世纪二三十年代上海自杀问题的专门研究,学界也有在相关研究
中提及该时期上海的自杀问题。如忻平的《无奈与抗拒:20—30 年代上海转型
时期的社会问题》将自杀视为转型时期社会心态失常的体现,②朱德明的《20 世
纪 30 年代上海公共租界非疾病因素导致的伤亡考察》对 30 年代上海公共租界
内非疾病因素死亡中的自杀情况做了简单考察。③

　　关于民国时期城市女性自杀现象的研究,侯艳兴的《性别、权力与社会转型:
1927—1937 年上海女性自杀问题研究》运用社会性别理论从恋爱、婚姻、家庭、
社会等四个层面重点分析了上海女性自杀的原因与文化意义,他认为 1927—
1937 年上海自杀的女性是痴迷"爱情神话"和深陷"父权文化"的献祭者。④ 作者
不仅研究视角独到,而且研究方法上注重嵌入微观的个案分析。他的另外两篇
研究女性自杀的论文《20 世纪二三十年代上海女性自杀探析》⑤和《隔离与潜规
则:民国时期女性自杀与社会性别建构》⑥则同样以社会性别为视角,探讨了女
性与家庭关系,及女性受到社会性别隔离与社会性别潜规则而自杀的现象。侯
艳兴运用社会性别理论,从文化角度探讨 1927—1937 年上海女性自杀的社会意
义,对笔者有一定启发意义,不过笔者主要整体考察 1927—1937 年上海的自杀
及其防控情况,此问题在侯著中只是略微提及而已;同样借用社会性别框架探讨
中国近现代自杀问题的还有景军、罗锦文的《京沪青年女性在民国时期的自杀问
题》,⑦该文不仅提出迪尔凯姆自杀学说在论及性别时带有浓厚的男权主义偏
见,而且以社会性别理论比较了民国时期京沪两地青年女性的自杀现象;邵晓

　　① 侯艳兴:《身体塑造,国族想象:民国时期的自杀论争》,《江苏社会科学》2013 年第 3 期。
　　② 忻平:《从上海发现历史——现代化进程中的上海人及其社会生活:1927—1937》(修订版),上
海:上海大学出版社,2009 年,第 442—453 页。
　　③ 朱德明:《20 世纪 30 年代上海公共租界非疾病因素导致的伤亡考察》,《医学与社会》2006 年第 1 期。
　　④ 侯艳兴:《上海女性自杀问题研究(1927—1937)》,上海:上海辞书出版社,2008 年。
　　⑤ 侯艳兴:《20 世纪二三十年代上海女性自杀探析》,《妇女研究论丛》2006 年第 4 期。
　　⑥ 侯艳兴:《隔离与潜规则:民国时期女性自杀与社会性别建构》,《安康学院学报》2012 年第 2 期。
　　⑦ 景军、罗锦文:《京沪青年女性在民国时期的自杀问题》,《青年研究》2011 年第 4 期。

芙、池子华的《20 世纪二三十年代上海女性自杀现象解读》以《申报》1934 年女性自杀事件报道为中心，分析了上海二三十年代自杀现象的特点及原因；[①]此外，李书源、杨晓军的《民国初年东北地区女性自杀现象解读——以 1912—1921 年间〈盛京时报〉刊载的 578 例女性自杀案例为中心》[②]和杨齐福、汪炜炜的《民国时期惠安女集体自杀现象之探究》[③]则分别研究了民国东北、福建惠安地区的女性自杀现象。

综上所述，史学界对民国自杀问题的研究成为城市史研究的重要内容，已经引起了学界的重视，并取得了丰富的成果。研究地域上，有对区域自杀问题的宏观探讨，也有对上海、北京、威海卫、汉口、苏州、广州等单个城市自杀问题的具体研究；研究方法上，有依据档案资料进行文本细读，也有以媒体视角分析纸媒上的自杀书写；研究内容上，既有对城市自杀问题的综合考察，也有对自杀原因、自杀预防与控制等的一定解读，还包括对城市女性群体自杀的研究。但是综观史学界对民国时期城市自杀问题的研究，虽然成绩卓越，但尚存在一些不足。应该反思的是，一些原本是两三年的研究，却说考察了整个民国时期，"原本是基于'地方'的研究，却将问题上升到对'近代中国'历史的把握"。[④] 要想使历史上的自杀问题成为有价值、有意义的学术问题，应该在史料和研究旨趣上寻求突破。在史料运用上，应该突破单一史料的限制，广泛征引，相互佐证，尤其要注重档案史料与其他各类史料的互证研究。在研究旨趣上，应该注重剖析城市社会历史变迁过程中的自杀问题所具有的历史规律。

二、微观史视野下的自杀个案研究

区域史、城市史研究展现了历史的空间感，然而历史记载的是人类社会存在与发展的过程，只有作为主体的人才可以为我们带来有生命的"活历史"。近年来，中国史学界出现的微观史研究蔚为壮观。无论是名人、名事、名物，还是特殊阶层、群体、社会现象无不进入史学论说范畴，借助这种微缩的目光可以透视常为人忽略的历史细节。史学界对民国时期女性、文化名人、爱国者等群体自杀的

[①] 邵晓芙、池子华：《20 世纪二三十年代上海女性自杀现象解读》，《徐州师范大学学报》2006 年第 2 期。

[②] 李书源、杨晓军：《民国初年东北地区女性自杀现象解读——以 1912—1921 年间〈盛京时报〉刊载的 578 例女性自杀案例为中心》，《吉林大学社会科学学报》2009 年第 5 期。

[③] 杨齐福、汪炜炜：《民国时期惠安女集体自杀现象之探究》，《福建论坛》（人文社会科学版）2009 年第 7 期。

[④] 见章清对史学碎片化问题的笔谈（章清：《"碎片化的历史学"：理解与反省》，《近代史研究》2012 年第 5 期）。

个案解读便体现了这样的研究思路。

对民国时期女性自杀个案的研究。海青的《"自杀时代"的来临？——二十世纪早期中国知识群体的激烈行为和价值选择》有一章从新知识群体情感世界的角度对 1928 年的马振华自杀事件做了初步解读；[1]美国学者顾德曼（Bryna Goodman）的《向公众呼吁：报纸对情感的展示与批判——媒体讨论中的马振华事件》，则从媒体的角度述说了马振华自杀事件；[2]顾德曼的另一篇文章《新女性自杀：民初的媒体和文化记忆》主要研究了 1922 年《商报》馆女职员席上珍自杀事件发生后媒体的争论；[3]席上珍自杀案还成为多篇硕士论文的选题对象，如卢志奇的《席上珍自杀案的研究》[4]和刘曼丽的《从道德谴责到法律审判——1922年上海席上珍自杀案研究》[5]，前者注重分析席上珍自杀案中的法律问题，后者主要讨论了席上珍自杀案所折射出的民国前期道德与法律博弈情况；周宁的《同乡、媒体和新女性：刘廉彬自杀案再审视》一文考察了 1923 年四川女生刘廉彬自杀事件与同乡会、媒体间的关系；[6]1919 年湖南赵五贞自刎于花轿事件，引起了毛泽东、周恩来、邓颖超、蔡畅等早期马克思主义者的极大关注，齐卫平认为毛泽东对赵女士自杀事件的评论体现了青年毛泽东反封建的思想风貌；[7]早在1967 年美国学者洛克珊·维克特（Roxane Witke）就撰文指出赵五贞的反抗精神对塑造毛泽东个性中的斗争精神产生了影响；[8]此外，国内外学界对著名女明星自杀事件着墨较多，如刘长林、马磊磊的《论阮玲玉自杀的社会意义赋予》[9]和柯必德（Peter J. Carroll）的《阮玲玉的双自杀：媒体和城市生活的压力》[10]均对阮玲玉自杀案进行了深入的研究。

---

① 海青：《"自杀时代"的来临？——二十世纪早期中国知识群体的激烈行为和价值选择》，北京：中国人民大学出版社，2010 年，第 152—178 页。

② Bryna Goodman, "Appealing to the Public: Newspaper Presentation and Adjudication of Emotion", *Twentieth Century China*, April, 2006.

③ Bryna Goodman, "The New Woman Commits Suicide: The Press, Cultural Memory, and the New Republic", *The Journal of Asian Studies*, Vol. 64, No. 1(2005), pp.67 - 101.

④ 卢志奇：《席上珍自杀案的研究》，硕士学位论文，中山大学，2010 年。

⑤ 刘曼丽：《从道德谴责到法律审判——1922 年上海席上珍自杀案研究》，硕士学位论文，上海大学，2011 年。

⑥ 周宁：《同乡、媒体和新女性：刘廉彬自杀案再审视》，《妇女研究论丛》2011 年第 2 期。

⑦ 齐卫平：《试析毛泽东关于长沙赵女士自杀事件的评论——兼论对青年毛泽东思想转变的影响》，《党史研究与教学》1998 年第 4 期。

⑧ Roxane Witke: "Mao Tse-tung, Women and Suicide in the May Fourth Era", *The China Quarterly*, No. 31(1967), pp.128 - 147.

⑨ 刘长林、马磊磊：《论阮玲玉自杀的社会意义赋予》，《社会科学》2010 年第 5 期。

⑩ Peter J. Carroll, "Ruan Lingyu's Dual Suicides: Media and the Pressures of Urban Life", Round Table Presentation, Center for Chinese Studies Annual Symposium, "The Question of Violence", University of California, Berkeley, March, 2003.

对文化名人自杀事件的研究。罗志田指出 1918 年梁济以自杀警示国人，是因为梁济看到了实行不久的共和体制不仅未能改善社会风气，反而使之更加恶化。梁济之死体现了比同时代许多人更清醒的国家意识；[①]韩华认为，当值社会转型、新旧思想急剧变化之时，梁济自沉反映了传统价值体系的崩溃与社会信仰危机之间的关系；[②]同样引起学界关注的还有 1927 年王国维自杀的事件。李刚指出王国维之死是内外因相互作用的结果，其自杀发生的根本原因是他犹豫的性格、悲观的人生哲学、厌世的心态和处在中西文化碰撞中所带来的内心痛苦，外部原因是北伐军处死叶德辉和梁启超东渡日本避难的谣传；[③]刘延苗则从王国维的思想角度剖析了王国维自杀的原因，她认为王国维的人生态度是悲观的，他恪守忠与义的人生信念却难敌家人离去、时世混乱所带来的悲哀，无奈之下以死了结。[④]

对爱国运动中自杀现象的研究。民国历次社会运动中爱国者愤而自杀有何特殊意义，也引起了学界的研究兴趣。刘长林的《社会转型中一种极端行为研究——1919—1928 年爱国运动中的自杀与社会意义》，通过考察 1919—1928 年著名爱国运动中发生的自杀事件，发现爱国运动中的自杀与日常生活中的自杀有很大的不同，具体呈现的特征是"转型时期社会的动乱与爱国运动相互交织促使自杀案件的增加，而自杀事件也因媒体的介入、政府的引导等原因促进爱国运动的发展"。[⑤]石子梅的《死亡的礼赞——以五四运动中青年殉国事件为中心的考察》重点剖析了五四运动中青年殉国事件受到媒体舆论礼赞的原因，认为公众对青年殉国事件的认知和传播，虽有情感炒作，但也具有警示社会的积极意义。[⑥]

如前所述，当代史学界对民国自杀问题的研究，内容涉及民国上海及其他城市的自杀整体分析，以及女性群体、文化名人、爱国者等自杀个案方面，研究对象的范围得到了不断扩展。研究视角上，也出现一些从城市现代化角度思考自杀问题的成果。但是某些问题的研究较为薄弱，如鲜有系统考察特定时期、特定地域内自杀从发生、发展、控制到减少的历史演进过程，尤其是对如何预防和控制

---

① 罗志田：《对共和体制的失望：梁济之死》，《近代史研究》2006 年第 5 期。
② 韩华：《梁济自沉与民初信仰危机》，《清史研究》2006 年第 1 期。
③ 李刚：《王国维死因三说与新探》，《求索》2007 年第 2 期。
④ 刘延苗：《从王国维的思想看王国维之自沉》，《长安大学学报》(社会科学版)2008 年第 4 期。
⑤ 刘长林：《社会转型中一种极端行为研究——1919—1928 年爱国运动中的自杀与社会意义》，上海：上海大学出版社，2015 年。
⑥ 石子梅：《死亡的礼赞——以五四运动中青年殉国事件为中心的考察》，硕士学位论文，曲阜师范大学，2014 年。

自杀问题的研究较为薄弱,一些片段式考察自杀现象的研究容易落入为了研究自杀而研究自杀的窠臼之中。史料运用上,学界已经对档案及近代报刊中的自杀史料进行了初步运用。但是,由于史料非常庞杂、零散,如何发掘有价值的史料并加以科学利用尤为重要,研究民国自杀问题时也应加强对史料的分辨和选择。研究方法上,有的属于侧重分析自杀结构、特征的社会学式研究,有的是着重解构自杀如何成为一个媒体事件的新闻学式研究。本书将参考上述研究方法,综合运用统计比较、媒体解读、话语分析等方法,以便从宏观上把握1927—1937年上海自杀问题的一般特征,在微观上诠释该时段内自杀发生的特殊意义。

第三节　概念阐释与研究内容

在正式研究之前,我们需要厘清一些关键概念,以便更加严谨地展开后续行文。

首先,何谓自杀?《不列颠百科全书》简明地将自杀定义为"一种故意结束自己生命的行为"(the act of intentionally taking one's own life)。[①] 精神医学、社会学、心理学等现代学科体系依据各自的学科特征,对自杀也有不同的定义。精神医学领域普遍认为自杀是一种精神疾病,美国精神分析家门林格尔(Karl Menninger)指出自杀是"由于不能达到生命本能与死亡本能而立刻或多或少是自愿的死亡",[②]这是一种涉及死亡愿望、杀人和被杀三个内在要素的奇特的死亡。[③] 自杀学(Suiciology)之父施耐德曼(Edwin S. Shneidman)从心理学角度将自杀定义为一种有意识的自我毁灭行为,个体自认为自杀是解决复杂问题的最佳选择。[④] 社会学领域对自杀的定义,以法国社会学家埃米尔·迪尔凯姆的解释为代表,他认为,"任何由死者自己完成并知道会产生这种结果的某种积极或消极的行动直接或间接引起的死亡叫作自杀。自杀未遂也是这种意义上的行动,但在引起死亡之前就被制止了"。[⑤] 本书从社会历史层面来思考自杀问题,

---

① http://www.britannica.com/EBchecked/topic/572110/suicide.
② 门林格尔:《人对抗自己——自杀心理研究》,冯川译,贵阳:贵州人民出版社,2004年,第8页。
③ 门林格尔:《人对抗自己——自杀心理研究》,冯川译,贵阳:贵州人民出版社,2004年,第24页。
④ Edwin S. Shneidman, *Definition of Suicide*, New York: Wiley, 1985, p.203.
⑤ 埃米尔·迪尔凯姆:《自杀论》,冯韵文译,北京:商务印书馆,2008年,第2页。

会运用迪尔凯姆对"自杀"的经典定义，当然研究中也会使用医学层面的自杀完成、自杀意图、自杀未遂等相关术语。

其次，城市化与自杀的内在关联。有研究者指出城市化发展的必然表现之一是外来人口从故土"拔根"并到城市"扎根"。尤其是对城市中的外来人口而言，其在城市化过程中"必然在不同程度上形成'无根性'的文化心理结构和文化行为特质"，这种"无根性"引发了自杀率升高、压抑、恐慌、群体型社会心理紧张等"非典型现代都市病"。这体现在"乡村人"向"城市人"的转型过程中，政治、经济、文化、社会心理和制度建设因未能同步转型致使某些人无法承受转型期的社会阵痛。① 1927—1937 年，以上海为代表，中国在初步建设现代化城市之时发生了大量的自杀事件，体现了城市化与自杀存在内在的关联。与此同时，上海市政部门、社会组织、媒体舆论等围绕自杀问题进行的救济行动，则从稳定和完善现代城市生活的角度，将自杀问题的解决置于城市化的推进过程中。

再次，自杀防控具体所指。民国时期针对自杀问题的防控通常习惯使用"自杀救济"一词。"救济"一般特指救助困境之人，1927 年至 1937 年，"自杀救济"在当时被视为系统的城市治理行动，无论是官方机构还是民间组织，皆认为开展应对自杀问题的行动属于救生济困的善举。上海市政当局将此项行政事务视为公益慈善及社会事业，其所实施的行政措施也被冠以"挽救自杀风气""救济投浦自杀"等，此时的"救济"更多的是一种政府行为；纸媒在讨论自杀问题时，"自杀救济"是一项被着重讨论的内容；民间力量对自杀的救济被看成一种慈善行为，慈善人士黄楚九甚至筹划发起"自杀救济会"之类的组织。本书中，举凡政府、媒体、社会组织、个人等设法解决自杀问题所采取的措施皆属于"自杀救济"的范畴，这一范畴包括自杀预防、控制及处理，即自杀防控，具体包括预防有自杀企图的人自杀，紧急救助自杀者，控制自杀风气的传播，以及综合处理自杀事件涉及的相关社会问题。

本书的研究内容和结构大体分为如下几个部分。

第一章整体描述上海城市化进程中的自杀分布特征。本章运用大量的数据分析 1927—1937 年间上海自杀问题的基本构成因素，描述自杀问题表现的特征，把握当时上海自杀问题的总体形势。首先简要分析了 1927—1937 年上海城市化建设的基本情况，通过对人口、经济、文化、市政建设与社会治理等要素的考

---

① 张鸿雁、谢静：《城市进化论：中国城市化进程中的社会问题与治理创新》，南京：东南大学出版社，2011 年，第 91—93 页。

察，把城市化进程作为提领全文的背景性线索。进而将自杀视为城市现代化建设必然面临的社会问题进行整体考察，运用统计的方法勾勒 1927—1937 年间上海地区自杀事件在自杀总人数、自杀方式、自杀结果、自杀原因和自杀者个人层面的性别、年龄、职业、籍贯等方面的分布特征。在解构上海市政部门调查统计自杀所得材料的基础之上，用相似的分类标准，对主要报纸的自杀新闻进行统计，最终依据这两类史料重构十年间上海城市自杀问题的结构性特征。

第二章和第三章借助话语分析方法，主要考察自杀发生的原因，重构上海民众自杀背后所反映的社会生活困境。其中，第二章以城市家庭的"过日子"逻辑为线索，解析自杀原因中的家庭因素。本章选择城市家庭中的恋爱、婚姻和日常生活三种场景，剖析城市化如何带来恋人关系、夫妻关系、代际关系和社区关系在城市空间的重新演绎。第三章关注自杀原因中的经济方面。城市化进程中造成贫困的因素很多，天灾人祸、经济纠纷、经营不善、因病致贫、因赌致贫等都可能造成经济生活的失序，城市居民会因为这些经济风险而失去生活的保障，其表现是经济压迫、疾病、赌博等因素成为大量自杀事件的直接诱因。

20 世纪二三十年代，上海作为全国最大的工商业中心对劳动力有极大的吸引力，加之外来人口迫于家乡的日益凋敝而源源不断地涌入上海。然而外来人口并非都能迅速融入城市生活，甚至当他们无法满足最基本的温饱需求时，在某种程度上会带来负面影响，尤其是外来人口的失业现象加重了城市的负担。无论是因经济贫困还是因失业而自杀，都是上海城市化发展不充分的体现，城市化发展不充分带来的社会危机必须通过城市化才能解决，只有使上海城市化的质量发展到一个新水平，此类社会问题才会得到更好解决。

通过本书的研究发现，上海的自杀问题与城市化进程中遭遇的问题与困境有直接关系。1927 年上海特别市地位确立后进入了稳步推进城市化的阶段，伴随着人口向城市的集中，上海总人口持续增加，推动了城市工商业发展。然而大量移民涌入城市却并不一定都能够立足"十里洋场"，移民群体融入城市是一个艰难的城市化过程。他们突破原有的社会关系，亟待在城市中建立新的社会关系，却不断游离于就业与失业、温饱与贫困、入城与回乡之间。在融入和排拒之间，自杀是他们艰难融入城市的极端形式。在上海的城市化进程中，自杀的发生有其具体原因，一是在恋爱、婚姻、家庭生活等方面，遭遇新与旧、传统与现代的矛盾与冲突非常突出；二是经济贫困和失业反映上海城市化发展不充分，工商业的畸形发展以及资本家尤其是外国资本压榨等原因，就业岗位有限，贫富差距加大。当时上海自杀问题反映出的社会矛盾，说明民国时期以上海为代表的城市在发展进程中，存在很多无法克服或避免的问题，这也是当时中国处于外敌入侵、民族危机严重、内忧外患特殊时代的深刻反映。

本书第四章至第六章从社会动员与社会治理的角度，探讨政府、媒体与社会各界防控自杀的路径，初步总结了 1927—1937 年上海防控与处理自杀问题的历史过程和历史经验。

第四章研究了媒体传播自杀救济思想的行动。自杀事件发生后，媒体会及时进行报道、评论，尤其是围绕轰动性的自杀新闻进行集中讨论，公众的视线由此被引导到自杀问题。面对当时上海自杀风气蔓延之势，媒体在谴责自杀行为的同时，积极建构救济自杀的舆论主张，传播救济自杀思想也由此成为媒体防控自杀的主要行动。而更具有 20 世纪二三十年代上海消费文化特质的是新闻媒体通过日常商品来宣传救济自杀的观念。虽然商家借助媒体将反对自杀的舆论包装进商品广告中，或者利用讲述自杀故事来宣传商品，其本质是为了商品营销，以实现商业利益最大化，但是商业宣传却以更广泛的传播力促进了救济自杀思想的传播。

第五章主要分析上海市政当局主导下的自杀防控。本章主要考察上海当局如何通过行政手段实施自杀救济措施，包括出台了哪些政策，这些政策出台的原因、实施过程及效果。轰动性的自杀事件和自杀风气的不断蔓延让上海市政当局紧急采取了救济自杀的行政手段，从最初只针对投水自杀而紧急出台的防止投水自杀办法，到深入调查研究自杀问题，形成预防自杀的长期策略。上海市政当局为了实现救济自杀的共同目标，有效沟通了政府内外不同机构，实现了各部门的通力合作，共同参与救济自杀的行动。虽然由上海市政机构实施的紧急救济自杀举措，并不是经常性的政府行动，但是地方政府主动对自杀问题进行系统的研究和干预，这在民国史上尚属首次。

第六章主要考察社会力量对自杀的救济以及司法机关对自杀案件的审判情况。本章分析救生局、社会团体、同乡会等如何参与救济自杀实践，进而使自杀救济成为一种全民性行动。这些组织团体结合自身优势，在参与救济行动时对自杀者进行慈善和公益性救助，弥补了基层慈善救助和社会保障的不足。而司法机关从法律救助的角度，依法审判因奸自杀、教唆他人自杀的相关案件，使得此类自杀案件中的受害者得到法律的保护。

综上所述，本书认为 1927—1937 年上海的自杀现象更多地体现了近代城市转型时期的特征。加之近代民族危机的影响，城市的自杀问题也变得更加复杂。上海针对自杀问题的救济措施与防控实践，是中国城市防控自杀问题的初步尝试,尽管很不完善,又因战事没有连续实施,但其中的一些做法与经验,具有中国城市治理自杀问题的现代性特征。

第四节　研究方法

自杀通常被看成复杂的社会问题,而本书从历史学的视角研究 1927—1937 年上海的自杀问题及其防控,拟将上海民众个体的自杀归纳进自杀问题所涉及的分布特征、发生原因、防控与处理等方面,主要研究方法有下列几种。

计量统计方法。历史学注重文献研究,通过文献资料的广泛搜集和整理,展开实证研究,以便更接近研究对象所依托的历史事实。而当史料中包含大量数据表格时,数据和统计材料的恰当运用能够很大程度上拓展历史学文献的外延。为了重构 1927—1937 年上海自杀群体的结构分布特征,本书除了广泛挖掘相关档案文献中的官方调查统计数据外,还对当时重要的报刊(主要是上海版《民国日报》和《申报》)上的自杀新闻报道进行统计分析。两类文献资料互相验证,力图真实地反映当时上海的自杀问题。对于大量的统计材料,笔者主要借助计量统计的方法,对自杀总数的变化趋势、自杀死亡率、自杀者的性别比、自杀者的年龄和籍贯分布等方面进行分析,通过呈现自杀人数、自杀方式、自杀原因、自杀者性别、职业、年龄和籍贯的主要分布情况,重构当时自杀问题的整体状况。

多元话语分析法。在分析 1927—1937 年上海民间力量的自杀救济时,我们会接触到不同形式的自杀讨论话语。如何恰当理解特定社会语境下的话语表达,并进一步通过解构话语实现民间自杀救济的建构呢? 对话语进行字斟句酌的文本分析是最直接的方法。美国社会学家道格拉斯(Jack D. Douglas)在《自杀的社会意义》一书中批判迪尔凯姆等实证主义社会学者在解释自杀现象时过分依赖并不十分可靠的自杀统计,认为对于社会学者和科学家来说,在观察、描述和解释他们的行为时,"社会意义"才是根本性问题。[1] 但是道格拉斯所强调的"社会意义"通常是个人主观建构的结果,自杀所反映的社会意义可能是一种或多种话语建构的产物,因此必须剥离话语建构的表层因素,在同一自杀事件中

---

[1] Jack D. Douglas, *The Social Meanings of Suicide*, New Jersey: Princeton University Press, 1967, p.339.

出现不同话语时尤其要格外注意，应该对不同的话语进行多元解读，将其理解为"在特定话语系统的约束下，相关社会成员，对某些死亡现象进行了符号或话语建构"。① 通过对文本的多元解读，我们可以更深入地理解自杀讨论中的文化意义，以及民国时期社会舆论与自杀防控实践间的互动关系。

在解释自杀发生的原因时，由于自杀者通常将自杀视为达到某种目的的"工具"，因此我们需要从"工具"本身来探究其背后的意义，即个体如何看待自杀，以及当时社会舆论对待自杀的态度。个体如何看待自杀意味着个体如何看待自己的身体，这其中不仅是一种话语表达，而且包含了对身体的不同解读，这也是目前学界关注的热点。20 世纪 80 年代初，西方学术界受到女性主义运动、资本主义消费文化、人口老龄化以及福柯（Michel Foucault）"生命权力"（bio-power）的影响，兴起了对身体议题的兴趣。② 英国著名社会学家克里斯·希林（Chris. Shilling）认为高度现代化的环境下，身体越来越倾向于成为现代人身份意识的核心。在此认识之下，他将死亡观看成当代人理解身体的重要面相。③ 由此可见，理解死亡问题对理解现代人的身份意识也有重要意义。上海城市化过程中，大量自杀者抛弃了身体，这是否体现了一种现代人身份意识的觉醒？作为现代城市社会问题的自杀与传统社会里的殉葬死亡又存在什么质的区别？国难背景下的忧国自杀和绝食抗议呈现了怎样的价值？诸如此类问题表明，从身体角度来研究 1927—1937 年上海的自杀问题也是可行的。

"过日子"的视角。本书在探究自杀原因中的家庭因素时，选取了恋爱、婚姻、家庭生活等日常"过日子"的场景，自杀的发生说明"过日子"的环节出了问题。首先可以梳理一下"过日子"理论的发展情况。学者吴飞最早使用"过日子"这一本土概念解读"中国式自杀"，在他的《浮生取义：对华北某县自杀现象的文化解读》一书中，核心概念"过日子"指中国人一辈子的过程，包括出生、成长、成家、立业、生子、教子、养老、送终、年老、寿终等环节，即一个人走完一生的过程。④ 在这一过程中，家庭处于核心的地位，既是过日子的场所，也是各种关系的总和。这些关系具有情感性，同时也具有政治性。家庭政治中的权利和义务

① 谢立中：《走向多元话语分析：后现代思潮的社会学意涵》，北京：中国人民大学出版社，2009 年，第 64 页。
② 黄金麟：《历史、身体、国家：近代中国的身体形成（1895—1937）》，北京：新星出版社，2006 年，第 2 页。
③ Chris. Shilling, *The Body and Social Theory*, London: Sage Publications, Inc., 1993, p.1.
④ 吴飞：《浮生取义：对华北某县自杀现象的文化解读》，北京：中国人民大学出版社，2009 年，第 32 页。

是一种以亲密关系为出发点的家庭正义,它使日子可以正常过下去。而当家庭政治中的权利和义务出现失衡或不公时,造成家庭中的"委屈",①"委屈"的发生使得过日子进入异常状态。吴飞用"浮生取义"概括华北农村自杀现象的文化内核,认为"自杀是对家庭生活中的委屈的反抗,也是对人格价值的张扬,因此其核心是'义'",②这里的"义"便是家庭权利游戏角逐的正义问题。吴飞通过自杀研究对中国语境中的生命观做了非常有启发意义的文化反思,从这个角度来看,"过日子"概念思考的是生命存在的根本性问题,具有本体论意味。

吴飞的"过日子"概念,引发了学界的巨大反响,特别是对中国当代农村问题给出了一系列基于"过日子"概念的解读路径。其中最具有代表性的是围绕华中科技大学中国乡村治理中心形成的"华中乡土派",他们对吴飞的"过日子"理论进行了理论反思和延续。比如,刘燕舞和陈辉两位青年学者都认为吴飞从"过日子"角度来理解农民自杀的研究"富于启示",③为推动社会科学界对自杀的关注起到了有力的作用,④同时也留下了继续深入研究的巨大空间。

刘燕舞同样是基于华北村庄的田野调查来考察农民的自杀原因。相对于吴飞提出的"过日子",他发现农民日常口语中的"奔头儿"一词是影响农民选择自杀行动更为深刻的机理,指在人的一生中,"通过努力奋斗可以实现的愿望和价值,是支撑人一生的日常生活过程持续运行的动力机制"。⑤刘燕舞将"奔头"分成归宿、齐家和生活三个基本层面,这三个层面是人活着所要面对的,可以具体化为传宗接代的维度(指人生最终要往哪里去的归宿问题)、父慈子孝的代际关系维度、夫妻和睦的夫妻关系维度、恋人间追求美满爱情的恋爱关系维度(这三个维度涉及齐家方面)、衣食住行等物质生活条件维度、身体维度(这两个维度涉及生活方面),这三个层面六个维度的失调,带来两种后果,一是得过且过"混日子",一是因失调而自杀。刘燕舞对"奔头"与自杀关系的思考还是很透彻的,尤其是他意识到"奔头"的落空可能会造成农民自杀,但并非必然自杀。然而,关于如何解释个体为什么没有自杀或最终选择自杀,他认为依据现今社会学学科的局限和不足,很难解决。不难发现,刘燕舞用"奔头"来解释华北冀村农民自杀在研究理路上同吴飞的"过日子"理论相似,但是从其解释深度和最终结论来看,多少

---

① 吴飞:《论"过日子"》,《社会学研究》2007 年第 6 期。
② 吴飞:《浮生取义:对华北某县自杀现象的文化解读》,北京:中国人民大学出版社,2009 年,第54 页。
③ 陈辉:《"过日子"与农民自杀》,《中国农业大学学报》(社会科学版)2017 年第 1 期。
④ 刘燕舞:《农民自杀研究》,北京:社会科学文献出版社,2014 年,第 8 页。
⑤ 刘燕舞:《论"奔头"——理解冀村农民自杀的一个本土概念》,《社会学评论》2014 年第 5 期。

有些换汤不换药,并不十分严密。

更典型的研究是陈辉对陕西黄炎村农民日常生活中家庭主义的考察,他认为农民的生活哲学就是"过日子","过日子"成为他的核心论点。他将"过日子"界定为"家庭生活的实现和再生产",①但是关于"过日子"与农民自杀之间的关系,陈辉认为吴飞将家庭政治中的"委屈"确定为农民自杀的原因,并没有抓住自杀问题的实质,委屈与自杀之间并没有直接的因果关系,他认为应该从农民家庭生活的逻辑剖析自杀的深层原因,日子过不下去而自杀的人是生活的某个环节出了问题,这些环节包括以"传宗接代"为主要方式的安身立命环节、以维持相对和谐稳定的家庭秩序为基础处理现实家庭关系的环节、避免来自家庭之外的风险并在人际交往中实现生命表现的环节,这一系列环节被陈辉概括为"生命意义的再生产""家庭关系的再生产"和"社会关系再生产"。很显然,陈辉对"过日子"逻辑的论述并未超脱吴飞对"过日子"内涵的界定。

总之,"华中乡土派"的一些学人试图继承和超越吴飞的"过日子"理论,将极具中国本土特色的"过日子"概念运用到当代中国乡村问题的治理中,甚至形成了一套模式,即根据调研所掌握的某一方面的有关问题,分析这些问题的产生是否符合"过日子"的逻辑。

虽然既有研究对"过日子"的逻辑并未形成共识,但无疑已经将其视为解读中国农村问题的一把钥匙,而且是一把富含中国传统文化要素的钥匙。从吴飞对"过日子"概念的创见,到"华中乡土派"学者对"过日子"逻辑的丰富,有一个值得思考的地方,是不是只有在农村才有"过日子"的逻辑,离开了农村,"过日子"就失去了解释力？难道城市里的人所过的就不是日子？实际上,在人们日常生活场景发生变化的情况下,考察那些在农村"过日子"的人进入新的城市环境,如何继续在城市中"过日子",会更有助于我们拓展对中国人"过日子"逻辑的理解。

现代城市聚集了世代居于此的本地人和为了"讨生活"而迁于此的外地人。谋求立足于城市,对于本地市民和外地移民来说都是一个艰难的过程,也是一个不断发生问题和矛盾的过程。尤其对外地人而言,夫妻中的一方、夫妻双方或者举家迁居城市,必然会给原有家庭带来一些冲击。城市化的过程,吸引了大量的外来人口,也形成了各类家庭。城市成为"过日子"的一种生存境遇,适应和融入

---

① 陈辉:《"过日子"农民的生活哲学——关中黄炎村日常生活中的家庭主义》,博士学位论文,华东理工大学,2013 年,第 27 页。

城市生活成为"过日子"的一个重要环节,在这中间难免会出现失恋、婚姻问题、口角纠纷等矛盾,矛盾能够调和,则正常地过日子,但当矛盾无法调和时,日子如何过下去呢？ 在这种追问之下,笔者吸取学界对"过日子"的既有研究,形成对城市家庭"过日子"逻辑的认识,并以此分析"过日子"环节中的各种关系变化与自杀之间的联系。

综上所述,本书试图利用计量统计、多元话语分析等方法,还原1927—1937年上海的自杀现象及救济史实,并以"过日子"的视角,理解上海城市化进程中的自杀现象。

第一章

1927—1937 年上海自杀问题的特征

城市化(Urbanization),也称为都市化或城镇化,是 20 世纪对人类社会产生最大影响的社会过程,[1]这期间"城市人口增加、城市规模扩大、农村人口向城市人口流动以及农村中城市特质的增加",[2]简单讲就是人口向城镇或城市地带集中的过程。人口向城市集聚带来人们生产劳动方式的改变,由传统农耕式向现代工业化方式转变,继而发生产业结构和分布的转移,直到深层次的生活方式和观念的转变。城市化是一种从乡村到城市的历史发展趋势,要弥合乡村与城市之间的差距,就不得不经历一场"化"的过程。城市化其实就是从乡民到市民的转变过程。在这种意义上,城市化并非伴随城市最初的兴起而生,而是"发端于 18 世纪后期产业革命而迄今尚未完成的历史过程"。[3] 这个普遍意义上的城市化,具体到 19 世纪末和整个 20 世纪的近代中国,又因为外国势力的入侵,变得更加复杂。

上海作为中国最早开放的口岸城市之一,长久以来被认为是列强侵略中国的桥头堡,也是中国比较西化的城市。于是人们对 20 世纪头五十年里,西化严重的上海是否与中国其他区域存有明显差异的问题饶有兴趣,只是考察维度的不同使得这个问题的答案多种多样。[4] 这给笔者思考上海近代城市化的进程带来很大的启发。笔者的思路是截取上海近代城市化进程的特殊时段,选择其中普遍存在的社会现象,研究这些社会现象的具体状况,并以此为棱镜,折射出上海近代城市化进程的丰富内容,乃至以一种区域城市化研究的典型性,反思当代中国城市化的相关问题。

这种思路有一个基本的出发点,即立足于城市化概念的核心——人口向城市集中。由于向城市集中的人口本身具有复杂性,除了一般意义上进城谋生的普通

---

① 布赖恩·贝利:《比较城市化:20 世纪的不同道路》,顾朝林译,北京:商务印书馆,2010 年,译者前言,第Ⅲ页。
② 郑杭生主编:《社会学概论新修》,北京:中国人民大学出版社,1994 年,第 399 页。
③ 行龙:《人口流动与近代中国城市化研究述评》,《清史研究》1998 年第 4 期。
④ Lu Hanchao, "Away from Nanking Road: Small Stores and Neighborhood Life in Modern Shanghai", *The Journal of Asian Studies*, Vol. 54, No. 1 (Feb. 1995), p.93.

劳动者,还有因破产、战乱造成的流民或难民,①也有依附外国侵略势力的外国移民。人口向城市聚集补充了城市工商业发展需要的人力,却也极易因盲目流动而造成劳动力资源的浪费②,加重城市贫民的生存和精神双重困顿,甚至最终使他们走向犯罪、自杀的深渊。这在 1927—1937 年的上海尤具代表性。

第一节　上海城市化进程中自杀问题的发生

一、1927—1937 年：上海城市化的重要阶段

由于城市化具有多重特质,而"人口向城市集中的过程"这个概念只能点出其关键要素而无法一一呈现城市化的多重性,那么我们在考察上海城市化进程相关问题时也应该从共识点出发,选取与城市化概念最相关的人口变迁、产业结构、城市生活方式和现代行政建设等维度进行解释,以便大体勾勒出作为城市社会问题自杀现象,如何能在 1927—1937 年引起巨大关注,并引发相应的防控措施。

首先,1927—1937 年是上海城市人口演变的重要阶段。邹依仁在其被广泛征引的《旧上海人口变迁的研究》一书中,认为自上海开埠后的近百年间上海人口由最初的 50 万增长到近 550 万,净增长近 500 万人,这在国内各城市中绝无仅有,在世界城市人口史上亦属罕见。③ 在上海人口百年增长史中,1927—1937 年的人口增长尤为典型。上海总人口在这十年间高度膨胀,1927 年时"华界"和两租界总人口约 2 641 220 人,而到了 1937 年已达 3 851 976 人,十年净增长约 1 210 756 人。由于政区沿革和人口自然增长在这期间起到的作用较小,上海人口的快速增长主要是广大内地人口的迁入,④而且迁入人数一定是超过迁出人数的,⑤其中 1929 年迁入人数超过迁出人数 123 806 人,1930 年为 105 761 人,1931 年为 98 006 人,1932 年为 274 186 人,1933 年为 155 966 人,1934 年为 99 472 人,1935 年为 21 016 人,1936 年为 88 167 人。⑥ 虽然上海各年净迁入人

① 王瑞成:《近世转型时期的城市化——中国城市史学基本问题初探》,《史学理论研究》1996 年第 4 期。
② 叶进:《城市化进程中城市文化面临的伦理困境》,《湖南社会科学》2007 年第 4 期。
③ 邹依仁:《旧上海人口变迁的研究》,上海:上海人民出版社,1980 年,第 3 页。
④ 邹依仁:《旧上海人口变迁的研究》,上海:上海人民出版社,1980 年,第 13 页。
⑤ 邹依仁:《旧上海人口变迁的研究》,上海:上海人民出版社,1980 年,第 43 页。
⑥ 邹依仁:《旧上海人口变迁的研究》,上海:上海人民出版社,1980 年,第 43、118—121 页。

数不稳定，但迁入人数超过迁出人数是常态，[①]而城市迁入人口激增，恰恰是上海城市快速发展的基本前提，也是城市化进程的核心动力。

其次，产业结构形式带来了人口职业选择的变化——非农化、低端化、病态化。职业非农化是城市化的重要指标，在城市化的过程中，迁入城市的居住者面临居住环境的改变，只有千方百计从事生产劳动才能在城市生存下去。离开了熟悉的农耕劳作，迁入者首先面临的问题便是职业选择的非农化，这主要是由城市中不同产业的结构分布决定的，而职业构成正是产业结构分布的具体形式。1927—1937 年上海正经历一场快速城市化的过程，外来迁入人口的迅速增长是其表现之一，这些人自然会选择在城市区域谋得相应职业，既有研究指出当时上海市区集中的多是工商业人口，本地人多集中在郊区从事农业生产，[②]在当时上海人口增长主要是迁入增长的背景下，一些刚刚入城的人不可能舍近求远到城市中继续农耕，更何况农业并非城市产业结构的主要部分，而那些原本就在城市从事非农职业的迁入者也多半不会轻易转行而投身农业生产。

从表 1.1 可知，1930—1936 年上海"华界"从事第一产业农业的人口占"华界"各类从业人员总数的比例为 8.09%—10.71%；此时工业人口持续上升，再加上交通、劳工、学徒等一并作为工业相关职业计入，第二产业从业人数占比为 29.92%—33.19%；商人、工程师、律师、会计师、医士、党、政、军、学、警、新闻记者，以及家庭服务、佣工、杂业等共同构成了庞杂的第三产业，人口占比为 41.31%—43.14%。忻平认为 20 世纪二三十年代上海"已完成了从第一产业向第二产业的转化，成为全国最为现代化的工商中心、文化中心与服务中心"，[③]我们根据上海"华界"各类职业从业人员的统计数据（表 1.1），也可以看出这一论断的正确性。

上海的外来移民在城市人口中占大多数，他们在城市主要从事第二、三产业，不过从表 1.1 中我们看到上海"华界"存在大量从事家庭服务、佣工、杂业的群体，在租界也不例外，1935 年公共租界杂业类就业人口竟然占公共租界总人口的 55.3%。[④] 这些都意味着进城人口职业选择的低端化。在离乡入城的过程

---

① 当然也存在个别年份中迁入人数低于迁出人数的情况，如 1932 年 2 月至 4 月、1934 年 2 月、1935 年 7 月和 12 月、1936 年 1 月、10 月、11 月、12 月等。受到战争直接影响的年月，迁入城市的人数显然是减少的，只有到了相对和平稳定的时期，城市才会成为吸引外地人口的沃土。从这个层面讲，战争给近代上海带来的破坏作用，意味着战争对城市化进程的阻碍作用（蔡亮、苏智良：《日本侵华对中国现代化建设的破坏——以上海闸北为例》，《民国档案》2006 年第 4 期）。

② 邹依仁：《旧上海人口变迁的研究》，上海：上海人民出版社，1980 年，第 41 页。

③ 忻平：《从上海发现历史——现代化进程中的上海人及其社会生活：1927—1937》（修订版），上海：上海大学出版社，2009 年，第 66—67 页。

④ 邹依仁：《旧上海人口变迁的研究》，上海：上海人民出版社，1980 年，第 107 页。

中,"庞大的产业后备军现代素养低下",[1]缺乏现代技术和知识,从事的职业是低层次的,聚集于低端服务行业。这些人要想成为真正的市民,首先要满足城市里各种现代职业的要求。

表 1.1　上海"华界"各类职业从业人员统计表(1930—1936 年)　(单位:人)

职　别		1930 年	1931 年	1932 年	1933 年	1934 年	1935 年	1936 年
第一产业	农	164 421	169 266	168 240	181 454	188 170	195 258	173 648
第二产业	工	323 273	356 992	325 615	384 135	417 255	448 880	460 906
	交通	21 560	23 639	18 842	20 977	21 420	23 535	30 766
	劳工	93 671	108 224	110 382	135 013	148 019	149 666	157 539
	学徒	67 814	70 207	42 237	44 675	48 767	49 924	54 752
第三产业	商	174 809	184 381	149 222	170 236	175 176	185 912	189 932
	学	73 387	82 073	54 303	68 920	75 567	86 369	79 684
	党	1 845	243	323	371	271	292	486
	政	4 700	4 751	4 473	4 989	5 838	6 316	6 352
	军	759	619	280	326	368	416	563
	新闻记者	83	80	57	61	55	66	68
	工程师	219	248	127	171	167	168	211
	律师	173	184	131	131	136	148	212
	会计师	48	45	29	45	41	40	53
	医士	1 553	1 697	1 393	1 521	1 570	1 633	1 925
	士兵	1 451	2 715	1 448	1 428	2 025	1 967	2 850
	警察	4 629	4 976	6 780	6 791	6 514	5 945	6 317
	家庭服务	339 824	377 390	318 135	356 908	389 936	413 678	480 275
	佣工	50 856	57 489	50 249	58 959	66 441	69 840	76 502
	杂业	59 054	70 116	62 100	70 286	70 825	71 930	74 894
无业		308 206	308 654	256 723	279 225	296 133	320 416	347 382
总计		1 692 335	1 823 989	1 571 089	1 786 622	1 914 694	2 032 399	2 145 317

注:1. 表中数据不包括外国人。
　　2. 农业包括农、林、花果、畜牧、渔等,交通包括服务于一切舟、车、邮电的员工,劳工包括拉人力车、肩夫工人等,杂业包括理发、镶牙、扦脚、擦背等,无业包括残疾人、囚犯及无正当职业等。

资料来源:邹依仁:《旧上海人口变迁的研究》,上海:上海人民出版社,1980 年,第 106 页。

---

　　[1]　忻平:《从上海发现历史——现代化进程中的上海人及其社会生活:1927—1937》(修订版),上海:上海大学出版社,2009 年,第 70 页。

职业选择的低端化，也让外来人口成为城市市民的过程变得更加崎岖，尤其是外来人口中的无业群体，他们多是赌徒、罪犯、娼妓、乞丐、残疾人等。无业群体在 1930—1936 年的"华界"人口占比为 15.47%—18.21%（见表 1.1），这足以说明外来人口入城立足的艰难，即便他们能谋得职业，也多因为缺乏技术、资金或其他社会资源而只能从事上述低端职业，在就业与失业、温饱与贫困、入城与离城之间的不断切换，不仅影响了个人的生活，更加重了现代城市管理的负担，"当这部分人由于绝望而产生反社会心理与抗拒行为时，更成为阻碍社会前进的包袱"，[①]成为影响城市发展的掣肘因素。

再次，城市生活方式的浸染和接受。城市生活方式连同价值观念的普及是城市化进程在社会文化方面的反映，[②]那些离乡入城的人会在生活方式、行为方式、思维观念上不断与城市市民相互融合，从浸染到接受，从被动模仿到成为主体，实现生活方式的城市化。虽然移民从事着非农职业，衣食住行皆符合城市方式，而要彻底成为城市市民，乡土观念的改变是其成为城市主体前必须解决的问题。

生活方式是由一定的物质条件决定的，20 世纪二三十年代的上海，非农化的生产方式带来了城市的繁荣，物质财富的积累为城市生活创造了条件。而工作、消费和家庭成为体现城市生活方式的典型领域。

工作方面，由于劳动是创造财富的唯一途径，生活在城市里的人只能通过在各种企业、组织、机构中进行劳动，才能获得工资报酬。工资报酬是现代科层制组织中的劳动分配模式，伴随着现代科层制成为 20 世纪二三十年代上海企业、组织的核心管理模式，工资报酬被推广到社会的一切领域，[③]对于当时大量迁移到上海的人来说，入职获得工资，就是接受了工作方面的城市生活方式。

消费方面的城市生活方式，是劳动方式的延续。"付出不同的劳动而获得不同形式、不同水平的工资，并在此基础上，选择与建构不同的生活内容与方式，在不同的生活水准线上生活。"[④]一般认为 1927—1937 年的上海已经成为全国最繁华、最具有现代性的城市，那么上海居民在消费方面，必然也会显现相应内容。

---

① 忻平：《从上海发现历史——现代化进程中的上海人及其社会生活：1927—1937》（修订版），上海：上海大学出版社，2009 年，第 71 页。
② 邵雍：《〈纽约时报〉视野下的上海城市化进程》，《甘肃社会科学》2008 年第 5 期。
③ 忻平：《从上海发现历史——现代化进程中的上海人及其社会生活：1927—1937》（修订版），上海：上海大学出版社，2009 年，第 239 页。
④ 忻平：《从上海发现历史——现代化进程中的上海人及其社会生活：1927—1937》（修订版），上海：上海大学出版社，2009 年，第 240 页。

既有研究已经指出当时上海人在社会生活的各个方面表现出赶时髦的特征,"上海是近代中国的时髦中心,上海人是以时髦为美的消费者"。① 对于工资水平高的上海市民而言,他们不仅引领摩登的风尚,而且具备实现这种摩登风尚的能力,但对于工资水平低的人来说,摩登只能是一种心态,而要想具备摩登行为的能力尚需要继续劳动。就好像南京路和外滩的建筑或商品最摩登、最时尚,但对相当多的普通上海人来说,维持他们日常生活的往往是普通商品,他们到南京路和外滩逛街的次数可能几年只有一次或两次。②

家庭方面的城市生活方式,指外地人入城后首先需要面对社会角色转变的方面。那些举家迁居上海的外地人要想真正融入城市,不仅需要处理好以金钱和利益为基础的职场角色,而且要适应以情感为基础的家庭角色。依托家庭形式,同宗族、姻亲、同乡乃至邻里之间织就的情感网络和人际关系,从农村延续到城市,成为城市化的润滑剂。当生活的压力骤增,家庭成员间的关系也会面临一定的挑战。

自晚清时期,上海居民的生活方式就有所变化,③到了 20 世纪二三十年代,上海城市生活方式的变化更加突出,一方面更加追求摩登的新风尚,另一方面更加强调市场规则,现代要素一点点突出。安东尼·吉登斯(Anthony Giddens)曾指出通往现代性的路径有两条,一是通过"解放政治",建立现代政权,另一种是通过"生活政治",改变日常生活方式。④ 城市生活方式在工作、消费、家庭等三个方面的变迁,正是这种"生活政治"的集中反映。

最后,1927—1937 年上海现代行政建设的完善成为上海城市化的有力保证。20 世纪初上海即出现了具有近代特征的市政机构,只是在 1911 年后相当长的时间内,市政建设处于停滞不前的状态,⑤随着 1927 年 7 月上海被确立为中央直辖市,到 1937 年淞沪会战前,这段时间是上海城市发展的鼎盛时期。⑥

行政体制的完善是为了实现政府的有效运作,而有效运作的基础则要求域

---

① 乐正:《近代上海人社会心态(1860—1910)》,上海:上海人民出版社,1991 年,第 112 页。
② Lu Hanchao, "Away from Nanking Road: Small Stores and Neighborhood Life in Modern Shanghai", *The Journal of Asian Studies*, Vol. 54, No. 1 (Feb. 1995), p.105.
③ 李长莉:《以上海为例看晚清时期社会生活方式及观念的变迁》,《史学月刊》2004 年第 5 期。
④ 安东尼·吉登斯:《失控的世界》,周云红译,南昌:江西人民出版社,2001 年,第 115 页。
⑤ 邱国盛:《城市化进程中上海市外来人口管理的历史演进(1840—2000)》,北京:中国社会科学出版社,2010 年,第 54—56 页。
⑥《上海通志》编纂委员会编:《上海通志》第 1 册,上海:上海社会科学院出版社,2005 年,"总述",第 11 页。

内有一个稳定的环境。"上海市民经多次兵事之余，人人心目中，均暗悬有一秩序问题，此为不可掩之征象。"①行政机关的有效运作恰恰体现在摒除不稳定因素方面，尤其是在政权建制之初，面临的问题层出不穷，报纸媒体频繁曝光"自杀之风日甚"②、离婚、绑架等社会不稳定事件，上海当局似乎觉察到城市建设正面临困扰，尤其是自杀问题有可能继续恶化，从而严重影响社会秩序的稳定。

自杀问题是诸多社会问题中最常见的一种，无论是在城市还是在农村，都可能发生，但是在不同的地方，自杀问题本身及其所带来的社会关注度却截然不同。在封闭的乡村，闭塞的圈子不利于自杀消息的传播，而在开放的城市，自杀消息极易引起传播。随着城市化的推进，近代中国城市发生了巨大变化，难免也会出现自杀这样的城市问题。如果在乡村社会，自杀消息是封闭的、隐秘的，那么在城市里，自杀问题的发生及影响，却一定不会是静态封闭的。1927—1937年上海也发生了大量的自杀事件，那么具体的情况如何呢？

二、上海城市化进程中自杀问题的提出

城市里发生的自杀事件通常会被媒体曝光出来，并且容易引起公众的关注。正如 1927—1937 年上海发生的几起典型自杀事件，通过媒体的渲染，引起了当时政府部门的重视，自杀问题作为社会问题而被提上日程。

（一）1928 年：沪上投浦自杀风潮

1928 年夏，上海兴起了"投浦自杀潮"，表现为大量自杀者选择投黄浦江的自杀方式，同时投浦自杀新闻充斥报端。沪上投浦自杀风气的蔓延与当时两起轰动沪上的投浦事件有关。马振华投江、吴和翠投水这两起自杀事件也引起了当局的特别关注，尤其是马振华投江事件。③ 1928 年底，负责筹划防止投浦办法的上海特别市政府社会局在该年的《业务报告》中，开篇就提及该年 3 月间发生的马振华自杀事件，认为"马振华案发生以后，以报纸宣传之故，自杀事件遂为民众注意，而自杀案亦随之增加"。④ 那么，马振华投江和吴和翠投水的具体案情

① 《黄市长就职演说》，《申报》1927 年 7 月 8 日，第 13 版。
② 《救济自杀之方针：将编制自杀统计 并研究自杀原因 市社会局已着手调查》，《民国日报》1928 年 8 月 10 日，第 4 张第 2 版，"闲话"。
③ 无论是马振华自杀案案件本身，还是围绕案件产生的持续讨论，都具有非常丰富的内容，这是一个极具时代特征、带有复杂历史背景的案例。正是基于此，马振华自杀案也成为许多学者撰述民国时期媒体舆论、婚恋家庭问题、知识分子情感表达等相关问题反复援引的经典案例。
④ 上海特别市社会局编：《上海特别市社会局业务报告 十七年八月至十二月》第 1 期，上海：上海特别市社会局发行，1928 年 12 月，第 284 页。

如何? 两起自杀事件,连同沪上投浦自杀风潮又如何带来上海社会对自杀问题的格外关注?

1. 马振华投江案

1928 年 3 月 17 日凌晨,上海同仁辅元堂救生局二号巡船在南码头永丰木行附近黄浦江畔捞获一具溺亡女尸及遗物(含 120 余封署名马振华、汪世昌的书信、一张照片、一张东台县禁烟分局长马炎文名卡等)。因无人指认,救生局照章带回拍照,给棺收殓,待家属认领。[①] 当晚 10 时左右,《时报》馆得知捞获女尸消息,敏锐地觉察到"此事离奇,有调查之必要",当即前往南码头救生局,希望调查更详尽的细节,只因时至子夜,未获得救生局方面准许采访,只得发新闻稿。[②] 次日《时报》《时事新报》《申报》按照已往惯例,在本埠新闻栏刊登了一条认尸新闻。[③] 马家阅报,见女尸衣服与马振华最近所穿相同,便赶到救生局认看,确认正是马振华。

擅长报道社会新闻的《时报》则继续紧跟该新闻,于 18 日晨派摄影部记者张有德到救生局给女尸和信件拍照,下午 1 时又派记者陈大凡、许心一前往救生局,借助救生局职员黄均杰的关系前往陈尸房看到了尚待地方法院相验的马振华尸体,并取得一百余封马汪二人往来信函抄录,期间马家阻止未果。下午 3 时,陈、许二记者抄毕信函离开救生局,旋即前往西门路试图访问马家人,未得实现便于下午 5 时返回报馆,之后陈大凡又同郑元书到救生局进行采访。经过 18 日一天的奔波,《时报》记者获得了该案诸多独家新闻细节,沪上各报最初的报道多出于此,连马振华自杀事件的另一主角——马的未婚夫汪世昌也是在 18 日上午 9 点才获知未婚妻马振华投江身死的消息。

3 月 19 日,马振华自杀事件再起涟漪。汪世昌在 18 日晚至 19 日晨间,分别给马振华之父马炎文、上司和媒人北伐国民革命军直鲁联军第五师师长周树人以及《时事新报》记者写下三封信后,到南码头救生局附近自导自演了一起假投浦自杀闹剧。19 日下午 1 时,《时报》记者陈大凡、许心一前往救生局采访被救的汪世昌,20 日记者又在救生局获得马振华亲笔血书等材料,如此

---

① 《南码头查获溺毙女尸 尸旁有书信百余封》,《申报》1928 年 3 月 18 日,第 15 版;三友公司:《马振华哀史》,上海:上海群友社,1928 年,第 19—20 页;张有德编:《马振华女士自杀记》,上海:社会新闻社,1928 年,第 1 页。

② 陈大凡:《马案采访经过》,载张碧梧编:《马振华哀史》,上海:华和出版社,1928 年,第 26 页。

③ 《南码头查获溺毙女尸 尸旁有书信百余封》,《申报》1928 年 3 月 18 日,第 15 版;《女尸旁百余封信》,《时报》1928 年 3 月 18 日,第 6 版;《浦江女尸》,《时事新报》1928 年 3 月 18 日,第 3 张第 2 版。

"马汪事实比十九日更详，销路加增三分之一，报贩利市三倍"，①晚间接到读者来信百余封。至 3 月 21 日下午 2 时马振华出殡，可以说围绕马振华投江案，在记者的努力下，每日都有新的素材，支撑着事件持续发热，使得公众兴趣不减。

家住上海的 31 岁女教员马振华，由于未婚夫汪世昌疑其非处女，在遭遇诱骗失贞后陷入绝望而投黄浦江自杀，成为轰动上海滩的社会新闻。《时报》和《时事新报》分别在 3 月 19 日、20 日、21 日进行了连续三天的持续追踪报道，讲述事件来龙去脉，公布马汪来往情书，并不断补充新的调查信息。② 22 日《时报》开始刊登读者来信和评论，希望通过公众的围观，维持事件的热度。国民党机关报《民国日报》紧随其后，不仅于 3 月 21 日发表了国民党上海市党部宣传部长陈德征的社论，还在副刊《青年妇女》上加增篇幅，就马振华女士投江事件进行征稿，并分别在 3 月 22 日、29 日和 4 月 5 日开辟专栏《马振华投江问题专号》，共分三期刊发公众来稿，评述马振华自杀事件。第一期的《马振华投江问题专号》出版一天便销售一空，读者仍纷纷来购，《青年妇女》杂志社只得再商请《民国日报》将该专号再印数百份。甚至远在天津的《大公报》也对马振华自杀案予以了特别报道，自 3 月 26 日以《最近上海发生的情死案》为题一直连载到 4 月 11 日。

除了大报新闻，社会新闻社、三友图书公司、华和出版社还根据记者的调查陆续出版了几种图文并茂的单行本小册子，公开叫卖。三友图书公司的《马振华哀史》，在正式出版之前已被预购三千余册，《申报》称其为"盛销"。③ 鲁迅收集的剪报中就有一份三友图书公司的赠券，只需付邮费六分便可得到一本价值两角大洋的《马振华哀史》。④《时报》记者同人吴灵园、金雄白、许心一、顾芷盒、王蔑仲、陈大凡六人联合出版的《马振华自杀记》"出书之日，销路极盛"。⑤ 位于《时报》隔壁的社会新闻社出版了《时报》摄影记者张有德编辑的《马振华女士自

---

① 张碧梧编：《马振华哀史》，上海：华和出版社，1928 年，第 29 页。

② 情死，为了隔壁男子！，《时报》1928 年 3 月 19 日，第 6 版；《马振华因失恋自杀》，《时事新报》1928 年 3 月 19 日，第 3 张第 2 版；情网中之附录，汪世昌殉情未果，《时事新报》1928 年 3 月 20 日，第 3 张第 2 版。

③《出版界消息·〈马振华哀史〉出版》，《申报》1928 年 3 月 26 日，第 17 版，"广告"。

④ "本社自出版《马振华哀史》以来颇受社会人士之欢迎，读者皆来函称许，编制得体，印刷精良，内容丰富，较诸他家所编者完备多多，兹本社特为优待阅者起见又再版一万部为限，无论中外埠如付邮票六分附下列赠券直寄本社总代售处上海《时事新报》馆即可得价值大洋两角之《马振华哀史》一部，自登报日起该券有效期间以十五天为限，过期作废。"（鲁迅：《鲁迅全集（编年版）》第 5 卷（1927—1928），北京：人民文学出版社，2014 年，第 561—562 页）。

⑤ 陈大凡：《马案采访经过》，载张碧梧编《马振华哀史》，上海：华和出版社，1928 年，第 26 页。

杀记》,初版的万册在 27 日的《申报》[①]上打完广告,"不及一日即销完",[②]随即再版。

马汪事件还被改编成话剧搬上舞台,以马振华自杀事件为素材的各种文学创作,受到舞台剧的热捧,从新新花园钟社的《马振华女士投江》到神仙世界男女新剧《马振华女士自杀记》,再到大世界男女新剧场的《马振华》。既有戏剧家陈泉堂创作白话戏剧《汪世昌之死》,还有朱瘦菊的短篇小说《马振华》。中央大戏院更是邀请当红电影明星郑正秋饰演汪世昌、蝴蝶饰演马振华推出《马振华女士投江记》,沪上各大剧场自 3 月底到 5 月中旬推出了好几种与事件相关的话剧,热闹非凡。尤其是大中华百合影片公司,特聘周文珠、王次龙、谢云卿、王征信等电影明星,参演朱瘦菊、王元龙联合导演的影片《马振华》。[③]

围绕马振华自杀事件,纸媒成为公众舆论表达的主要平台,《时报》从各界来函中选登了一些能代表大众立场的信函,并将一部分来函编辑到《马振华女士自杀记》这本小册子里,专辟一章为《舆论》。正是立足于大众立场,《时报》的舆论反映了大众对汪世昌玩弄女性的愤怒同时也引导和激化着愤怒,他们一边倒地同情马振华,谴责汪世昌,认为"汪世昌安然去矣,舆论制裁之力或能有效乎"。[④]《时报》同人围绕马汪事件认为"当此社交公开世代,男女间之问题正多,抉发而讨论之",[⑤]同样地,《民国日报》副刊《青年妇女》连续三期开辟专栏《马振华投江问题专号》持续刊登读者来信,这些来信中既有对事件的评述,还有就事件涉及的贞节、恋爱、自杀等问题的讨论。

随着事态的发展,马振华自杀事件在几个月里成为上海滩家喻户晓的新闻事件,其在社会上的轰动效应,加之自杀问题在上海越来越严重,政府部门不得不将自杀视为一项亟待解决的社会问题,并出台救济自杀的相关措施,这在近代中国尚属于一种探索,但其开创意义不言而喻。

2. 吴和翠投水案

1928 年 7 月 4 日下午 2 时,同仁辅元堂救生局二号巡船在浦东陆家嘴浦面捞获溺亡女尸一具,年龄二十余岁。女尸的随身遗物中除了一些财物还发现一

---

① 《〈马振华女士自杀记〉今日出版》,《申报》1928 年 3 月 27 日,第 1 版,"广告"。
② 《出版界消息·〈马振华女士自杀记〉再版》,《申报》1928 年 3 月 28 日,第 20 版,"广告"。
③ 《一个登场人物的独幕剧〈汪世昌之死〉新剧创作上演》,《申报》1928 年 5 月 16 日,第 1 版,"广告"。
④ 张有德编:《马振华女士自杀记》,上海:社会新闻社,1928 年,"弁言"。
⑤ 张有德编:《马振华女士自杀记》,上海:社会新闻社,1928 年,"弁言"。

份署名吴和翠的课程表，据此推断死者为女学生。因无家属到场指认，救生局按照惯例拍照后交善堂收殓，暂厝义冢，等待家属认领，次日报纸上便出现了认尸新闻，并且详细描述了死者着装，以便死者家属能尽快获知消息。①

吴和翠的父亲通过报纸得知女儿自杀身亡的消息，随即发表一番谈话，大意是他的女儿吴和翠之所以自杀，是因为丈夫张震六宠妾虐妻，不安于室，又不愿离婚，吴和翠是为旧礼教旧道德而牺牲。当《时事新报》把吴和翠写的诗词刊登出来后，人们感怜吴和翠是一位女诗人，甚至用诗歌怀念她，"新诗读罢泪潸然，女士遭逢我亦怜。世上不平多少事，难将笔墨写千遍"。② 知识女青年之死迅速成为公众关注的热点新闻。

吴和翠女士代表着都市普通知识女青年婚姻生活中的悲剧形象，她们受到新文化的洗礼，接受的是新式教育，渴望恋爱自由、婚姻自主，同时又无法摆脱封建家庭的诸多禁锢，当新旧伦理道德发生冲突时，如果说马振华的自杀是一种恋爱悲剧，那么吴和翠的自杀则是一种婚姻悲剧。论者一针见血地指出杀死吴和翠的是"从一而终的吃人观念"，③吴和翠只是众多受旧礼教旧道德宰割的一员，同时对于所谓新潮的婚姻观念，"一般民众所受的教育浅薄，多不了解自由结婚和自由离婚之真意，或于动听的名词，率意盲为"，④这也是 20 世纪二三十年代都市青年男女间婚恋矛盾为数不少的原因。

吴和翠自杀后第二日，上海《民国日报》副刊《闲话》主编姚赓夔便发表评述文章，指出吴和翠女士之死不是社会上的好现象。⑤ 在第三日的评论文章中他更直呼"吴女士实是个糊涂虫"，认为她既然受过新式教育就不应该像旧女子那样依赖丈夫，更不应该在丈夫行为不良时轻生，如果丈夫虐待她，应该诉诸法律，何必一死，更不应该在死时在身旁留下诗词博得死后好名声。⑥ 姚赓夔的言论也引来反对的声音，有的认为吴和翠是一个弱者，受了险恶环境的逼迫和不良社会压迫，无力反抗才走入自杀歧途。⑦

笔者认为姚赓夔的言论透露出一种理性思维。姚赓夔作为《民国日报》的编

---

① 《溺毙吴和翠发现 女学生？ 曷为死？》，《申报》1928 年 7 月 5 日，第 16 版。

② 林述三选编：《吴和翠女诗人投水自杀读其诗恍见其人题其遗稿次瑶韵》，《南瀛佛教会会报》1928 年第 6 卷第 4 期，第 60 页，"诗选"。

③ 冰：《吴和翠君的死》，《新评论》第 17 期，1928 年 8 月 15 日。

④ 冰：《吴和翠君的死》，《新评论》第 17 期，1928 年 8 月 15 日。

⑤ 赓夔：《自杀》，《民国日报》1928 年 7 月 6 日，第 5 张第 1 版，"闲话"。

⑥ 赓夔：《"吴和翠的死"：社会上不良好的同情 以后舆论界必须注意 环境不良可彻底解决 吴女士实是个糊涂虫》，《民国日报》1928 年 7 月 7 日，第 5 张第 1 版，"闲话"。

⑦ 海鸥女士：《读者来函》，《民国日报》1928 年 7 月 15 日，第 4 张第 1 版，"闲话"。

辑,俨然带有官方背景,反对自杀有其合理的立足点,即"凡属消极的行为——尤其是自杀——实在无辩护之必要",积极服务于新政权建设。有的研究也曾指出,"北伐后随着政治经济基础的日益稳固,在社会秩序上也必然要求结束动荡而回归常态。这也意味着一切非理性的和有悖常规的行为模式,都是不受欢迎甚至是必须被改造的"。① 无论是新闻媒体对吴和翠自杀的同情,还是自杀本身是"有悖常规的行为模式",都使得上海当局肩负着对其改造的使命。1928 年 8月中旬,上海特别市政府开始实施救济自杀的行政举措,使得这种改造更加真切可知。

吴和翠自杀后,沪上一些剧场有感于马振华投江时各种改编话剧"很受各界欢迎",于是邀请电影明星侯国美扮演女主角吴和翠,制作《悍姑恶妇》(也就是《吴和翠女士投江记》)。② 然而新剧并未像马振华自杀案那样引起热潮,甚至只在报纸上打了几次广告。由于沪上自杀问题日益严重,上海市政府社会局开始予以关注,认为"排演新剧,往往穿凿事实,绘声绘影,殊失真相,较之各报之据实记载者,尤属变本加厉,其影响于社会一般之心理,至为深刻,若不预筹禁止,则其他自杀事件,难保无射利之徒,群起效尤,相率排演,此风断不可长"。③ 社会局分别致函"华界"地方法院和公安局,以及公共租界临时法院和警务处,禁止排演自杀新剧。

(二) 1935 年:几起典型的自杀案

1935 年 3 月 7 日,电影女明星阮玲玉在寓所服药自杀,3 月 8 日晨不治身亡,震动了整个上海乃至全国。一代名伶阮玲玉死于 1935 年的妇女节,这个非常特殊的日子让阮玲玉之死具有丰富的社会意义,"成为社会舆论言说妇女解放、社会改造等宏大时代主题的契机与符号"。④ 正如同其在《新女性》电影中完美塑造和演绎了一个同黑暗社会斗争的新女性形象那样,现实生活中阮玲玉的悲剧结局恰恰被建构成一个从"受压迫"中寻求解放的形象,⑤阮玲玉之死是一

① 李文健:《记忆与想象:近代媒体的都市叙事》,天津:南开大学出版社,2015 年,第 219 页。
② 《神仙世界男女新剧社 新排本埠最近实事哀艳唯一悲剧〈悍姑恶夫〉即〈吴和翠女士投江记〉》,《申报》1928 年 8 月 2 日,第 27 版,"广告"。
③ 《禁止排演自杀新剧 社会局函公安局及法院》,《民国日报》1928 年 8 月 12 日,第 4 张第 4 版,"闲话";《社会局禁止排演自杀新剧》,《申报》1928 年 8 月 18 日,第 15 版。
④ 刘长林、马磊磊:《论阮玲玉自杀的社会意义赋予》,《社会科学》2010 年第 5 期。
⑤ 侯艳兴对此有非常精辟的论述,他认为"〈《新女性》〉电影作为一种新兴媒体,充当了性别化的工具……通过阮玲玉这位新女性在公众面前的演艺,类似于'现身说法',而又充当了'反面教材',而阮玲玉内化了这种性别建构。"(侯艳兴:《上海女性自杀问题研究》,上海:上海辞书出版社,第 159 页。)

出身陷爱情婚姻纠葛的个人悲剧，同时又是"人言可畏"的谣言暴力造成的社会悲剧。随着阮玲玉真假两封遗书的相继公布，舆论围绕着阮玲玉之死继续声讨和谴责着一切可能的肇事者。

与此同时，沪上各大舞台、剧社、游乐场相继推出了根据阮玲玉自杀事件改编的新剧。荣记共舞台推出了《玲玉香消记》，①大世界公演了大众话剧社的《阮玲玉自杀》，②新新花园、先施乐园、永安天韵楼三家游乐场也分别排演新剧《阮玲玉自杀》《阮玲玉厌世记》和《阮玲玉香消记》，③中央大戏院抓住时机放映了阮玲玉主演的电影《新女性》，④天一影片公司甚至在宣传范雪鹏的新电影《美人恩》《两兄弟》时特意强调："阮玲玉自杀，天一女星尤以陆丽霞、范雪鹏哭甚哀。"⑤而经过简单编排的图文俱全的小册子也相继出版，上海交通路好运道书局出版的《阮玲玉自杀真相》不仅收录了阮玲玉、张达民和唐季珊等事件主角的照片、阮玲玉的遗书等，还推出赠券促销活动；⑥新华书局在售卖《阮玲玉自杀与小传》一书时赠送十张阮玲玉照片。⑦

阮玲玉自杀后，这些形式各异的商业活动，无论对受害者家属还是对社会都带来了负面影响，如阮玲玉母亲阮何氏曾以各娱乐场所编戏公演阮玲玉自杀事件"颇多不伦不类，不符事实……辱及爱女及其亲属"为由，呈请市教育局制止，最终通过各方周旋获得"自可向法院请求依法办理"的答复。⑧ 也有人提出阮玲玉自杀具有强烈的暗示意味，"阮玲玉是一个真实的艺人，又是现代青年敬爱、同情的人物。她这一死恐怕会给青年们一种'授意'"，就像《少年维特之烦恼》出版以后，德国青年殉情而死的不知有多少，"自杀在社会上也成了时髦的事"，于是呼吁预防青年男女自杀。⑨

然而，在阮玲玉自杀事件的热度并未消退之时，这年端午节期间发生的两起全家自杀案，再次令沪上舆论震动，所幸上海政府当局及时关注并实施了一些行政措施来应对。自杀作为维持城市稳定必须解决的社会问题，再次引起了施政者的重视，就如同 1928 年自杀问题引起了执政当局的重视，并采取了应对措施

---

① 《荣记共舞台〈玲玉香消记〉》，《申报》1935 年 3 月 11 日，第 27 版，"广告"。
② 《大众话剧社〈阮玲玉自杀〉》，《申报》1935 年 3 月 13 日，第 18 版；3 月 15 日，第 29 版，"广告"。
③ 《广告》，《申报》1935 年 3 月 30 日，第 18 版，"广告"。
④ 《中央大戏院〈新女性〉》，《申报》1935 年 3 月 16 日，第 37 版，"广告"。
⑤ 《天一银花飞舞》，《申报》1935 年 3 月 14 日，第 29 版，"电影专刊"。
⑥ 《〈阮玲玉自杀真相〉今日出版》，《申报》1935 年 3 月 14 日，第 20 版，"广告"。
⑦ 《〈阮玲玉自杀与小传〉》，《申报》1935 年 3 月 21 日，第 13 版，"广告"。
⑧ 霞光：《阮母呈请制止阮玲玉自杀戏剧》，《中外日报》1935 年 4 月 22 日，第 3 版。
⑨ 伯宁：《阮玲玉自杀的心理分析》，《申报》1935 年 3 月 13 日，第 27 版，"电影专刊"。

那样。此时自杀问题再次被提起，并被视为影响城市建设的大问题，关乎着城市的稳定健康发展。

1935年5月30日夜，租住在法租界麦琪路(今乌鲁木齐中路)的天津人岳霖及其继室王氏，携三子三女服毒自杀，最终造成王氏及三子二女相继毙命，岳霖服毒尚轻未死，因涉嫌教唆自杀罪被解送法租界特二法院，幼女送医后治愈。据媒体报道，岳家八口服毒自杀是由于岳霖失业已久，生活无以为继。

五天后恰逢端午节，法租界爱多亚路(今延安东路)大世界游乐场发生一家六口跳楼自杀的惨剧，后据调查得知死者为张月鑫一家，包括张月鑫、其母、其妻、两儿子以及女儿。据张月鑫的遗书推测，张家全家自杀是受到歹徒迫害加之经济压迫所致。

一周内连续发生两起全家自杀事件，引起了新闻媒体的极大震惊，舆论哗然，"近来，自杀这一风气，已经由中上社会层转入一般民众。如果我们以自杀发生的繁多来观察，以其显露更严重之社会意义来考查，那就不能不说，确实并非小事"。[1] 时人认为自杀"并非小事"，并且呼吁应该"想一个有效的方法"。[2]

全家自杀案发生后，上海市政部门积极阐发自己的立场，表达解决自杀问题的主张，尝试实施应对自杀问题的具体举措。上海市社会局局长吴醒亚就这两起全家自杀案先后发表两次谈话，认为"(全家自杀事件)荒谬绝伦，惨无人道"，并主张从心理和物质两个方面解决自杀问题，要求各报不要过分渲染自杀事件，强调职局与救灾恤贫和慈善机构应积极对破产失业者开展具体救济，解决民生问题。[3] 上海市公安局为了防止自杀，开始绘制警惕图画，预备安装在通衢要道，以引起民众的警戒和畏惧。[4] 此类做法在1928—1929年曾由上海特别市政府社会局实施过一次，时至1935年自杀问题再次严重之时又重新实施，虽然承办机构发生了变化，但依然可以说这种举措是城市自杀问题引起职局重视的表现。

通过本节的考察，不难发现，1927—1937年的上海是被各方认为城市建设较有进展的十年，它体现在城市人口、产业结构、城市生活方式和现代行政建设等方面；而在城市的快速发展中，一些诸如自杀之类的社会问题的存在是不争的

---

① 痕：《并非小事》，《申报》1935年4月4日，第21版，"谈言"。

② 奇：《今年的端午节》，《申报》1935年6月9日，第22版，"应时文章"。

③ 《本市社会局吴局长发表防止自杀意见 对合家自杀事件之发生表示痛心 救济之策在改造心理与实力援助 社会局将召集善团领袖商议办法》，《申报》1935年6月9日，第12版；《防止自杀问题 社会局长续发表意见 失业问题严重解决 困难生活者准设法救济》，《申报》1935年6月20日，第11版。

④ 《市公安局防止自杀 绘制警惕图画 描写自杀痛苦情状 分区悬挂警惕市民》，《申报》1935年7月26日，第11版；《警惕自杀画牌 装装邑庙桥畔 民众见之或知所戒惧》，《申报》1935年7月29日，第11版。

事实，如何对待和解决这一关乎城市建设大局的问题是当时社会需要考虑的。当马振华投江、吴和翠投水、阮玲玉自杀、岳霖全家服毒、张月鑫全家跳楼等自杀事件引起社会广泛关注之时，上海当局提出解决自杀问题的主张，实施具体的应对措施，成为预防和控制自杀问题的关键。无论是自杀问题的提出，还是自杀问题的解决，1927—1937 年上海所遭遇的自杀问题是近现代中国城市发展中所遇到的社会问题的特殊写照，值得一书。

第二节　　1927—1937 年上海自杀问题的分布特征

当自杀成为一个引起各方重视的社会问题时，预防和控制自杀便是理所当然之举。但是，我们如何知道一个社会的自杀问题，已经上升到必须特别关注的地步了呢？了解自杀的总体状况是首先要解决的问题。自杀的总体情况包含一些基本要素，如自杀方式、自杀原因、自杀时间、自杀地点、自杀者的性别、职业、年龄、籍贯等关键信息。由于自杀行为的不可逆性，一旦发生，无论是未遂还是已遂，都表明这种行为的结束。要研究这种行为，只能借助自杀事件发生前后的相关资料，来尽力复原和解释。我们对 1927—1937 年间上海自杀总体状况的把握，便循着此种思路。

相关的史料包括上海当局的自杀调查统计报表以及当时的报纸对自杀新闻的报道。上海市政部门自 1928 年 8 月开始调查搜集自杀案例，并编制了自杀统计资料，这些自杀统计资料非常全面，具体体现在三个方面：一是时间上非常系统。1928 年 8 月，上海特别市政府社会局开始统计上海一地的自杀人数，[①]自

---

　　① 有关上海当局办理的自杀统计材料是否包括外国籍人士的问题，笔者可以给出肯定的答案，即包括外国人在内。仅举几条证据线索：线索 1.“是项统计材料，由本埠各大医院及救生局报告，间采报章之记载。凡失足落水或误遭惨死者，均不在内。本局所约定供给材料之各医院为仁济、同仁、同德、宝隆、中国公立、上海各医院，以及红十字会南北市医院，可谓大部分已在于是。”自杀未遂的外国人选择就医的医院不外是上述开展自杀调查时已涵盖的大部分医院。《社会病态统计》（1928 年 8 月—12 月），《社会月刊》第 1 卷第 1 期，1929 年 1 月，“创刊号”；线索 2.上述材料指出社会局开展自杀统计时间采报章之记载，而我们在对报纸自杀新闻整理时，发现了大量外国人自杀的新闻报道；线索 3.社会局于 1929 年 1 月份发布了 1928 年 12 月份上海自杀统计材料，在对自杀原因分析时，指出“自杀原因之‘其他’一项，有因寻亲及访友不遇而自杀三件，因婚姻不成而自杀者三件，索款无着而自杀者二件，后有一外国妇人因痛其甥之死而自杀”。《十二月份自杀增多 市社会局发表统计》，《申报》1929 年 1 月 20 日，第 15 版）。

1928 年 8 月 10 日社会局前往同仁辅元堂救生局调查投水自杀情况起,[①]目前能查阅到的最后公布自杀数据的时间为 1936 年 9 月。[②]官方公布的自杀统计资料相当完整,除了 1932 年因淞沪抗战,当年 2 月至 4 月没有统计外,其余时间基本正常进行统计。二是统计资料的调查范围非常全面,涉及法院、公安局、捕房、医院、救生局及报章报道等方面。三是数据分析上将自杀原因、自杀方法、自杀结果、自杀者职业、性别、年龄等分类比较。当然这些资料也存在一些缺憾,比如,自杀者职业统计中"不明"一项较多,会影响到数据的精确度和利用价值。再如,由于时过境迁,难以搜集到全部统计材料,造成相关年份自杀数据的阙如,[③]或者是仅见自杀人数而无详细分类统计,或者是已存的数据中也存在少量错讹的现象,[④]这些都给使用官方统计资料考察 1927—1937 年上海自杀问题的整体状况打了一定的折扣。

所以,我们除了要谨慎地使用官方统计资料外,还可以统计报刊报道的自杀新闻。两份统计资料对比使用,既可以弥补官方资料中 1928 年 8 月前及 1936 年 9 月后数据不清的情况,又可以将报章上的自杀新闻,与官方公布的自杀统计资料相比较,互相验证,从而呈现 1927—1937 年上海自杀问题的总体情况。更重要的是,如果能依据这两份统计资料,描摹出 1927—1937 年间自杀情况的变迁曲线,则可以据此探究当局防控自杀措施的出台与曲线所反映的自杀问题之间是否存在某种联系,提供了解释依据。因此,上海当局编制的官方统计资料和笔者对报刊上自杀新闻报道的统计资料互相印证,为我们进行自杀的定量研究提供了较科学的依据,借此得以窥探 1927—1937 年上海自杀问题在自杀人数、自杀方法、自杀原因、自杀者性别、职业、年龄、籍贯等方面所呈现的结构性特征,进而深度挖掘自杀现象的历史情境,分析自杀防控措施的推行依据。

---

① 《救济自杀之方针:将编制自杀统计 并研究自杀原因 市社会局已着手调查》,《民国日报》1928 年 8 月 11 日,第 4 张第 4 版,"闲话"。

② 侯艳兴指出"上海市社会局从 1928 年 8 月起开始统计,1935 年结束,历时 7 年半……"(侯艳兴:《上海女性自杀问题研究(1927—1937)》,上海:上海辞书出版社,2008 年,第 45 页。)从可查阅到的资料看,至少到 1936 年 9 月社会局官方还在公布自杀资料,应将此数据顺延至 1936 年 9 月。

③ 虽然上海特别市政府正式成立于 1927 年 7 月,但上海当局正式公布自杀统计数据是自 1928 年 9 月开始,故官方资料中并没有 1927 年 7 月—1928 年 7 月的数据,而 1936 年 10 月—1937 年 11 月上海沦陷期间的官方自杀统计资料也是缺少的。

④ 如官方发布的 1934 年 5 月份自杀人数目前可见的材料中有 209 人和 185 人两种说法,同是在《上海市政府公报》中的记载,第 150、151 期上所见 1934 年 5 月份上海自杀人数为 185 人,但是第 162 期中却是 209 人。而其他史料所见均为 209 人(《上海市社会病态统计(廿三年一—六月)》,《社会半月刊》(上海)第 1 卷第 2 期,1934 年 9 月 25 日;陆东野:《自杀原因的探讨(附表)》,《社会半月刊(上海)》1935 年第 1 卷第 19 期,第 28 页。)但是如果根据史料中 1934 年全年总自杀人数为 2 325 人来看,209 人的记载是正确的,185 人的记载显然错误。

一、自杀人数的变动

一个城市的自杀总人数，是了解该城市自杀总体形势的基础。1927—1937 年上海民众自杀的总人数是多少呢？我们需要借助前述两类统计资料加以分析比较。根据上海当局发布的官方统计数据，笔者整理绘制出表 1.2，通过表 1.2，我们可以清晰看到 1928—1936 年间自杀人数（包括自杀死亡和自杀未遂）的大体变化趋势。

表 1.2　1928—1936 年上海市自杀人数统计表　（单位：人）

年　份	1月	2月	3月	4月	5月	6月	7月	8月	9月	10月	11月	12月	总计
1928 年	/	/	/	/	/	/	/	237	221	206	158	203	1 025
1929 年	183	117	147	165	237	197	256	194	168	75	140	110	1 989
1930 年	119	149	136	163	188	186	222	182	173	173	109	132	1 932
1931 年	128	142	167	200	213	194	188	188	168	165	164	79	1 996
1932 年	125	132	148	191	168	140	213	203	144	163	149	139	1 915
1933 年	123	122	129	182	209	168	200	232	159	140	145	137	1 946
1934 年	133	153	207	167	209	214	203	300	197	202	173	167	2 325
1935 年	160	162	273	296	299	317	396	263	246	260	230	185	3 087
1936 年	181	199	233	247	221	236	242	240	191	/	/	/	1 990
总　计	1 152	1 176	1 440	1 611	1 744	1 652	1 920	2 039	1 667	1 384	1 268	1 152	18 205

注：1. 鉴于上海特别市政府社会局是自 1928 年 8 月开始编制自杀统计资料，故 1928 年 1—7 月无官方统计资料。

2. 1932 年发生淞沪抗战，导致当年 2—4 月缺少统计，1 月官方数据不精确（仅为 57 人），兹将 1932 年 1—4 月自杀统计数据按照 1931 年和 1933 年同期的平均数录入，分别为 125 人、132 人、148 人、191 人，该年总计 1 915 人①。

3. 由于史料阙如，未查阅到 1936 年 10—12 月自杀统计数据。

资料来源：上海特别市社会局编：《上海特别市社会局业务报告 十七年八月至十二月》第 1 期，上海：上海特别市社会局发行，1928 年 12 月；上海特别市社会局编：《上海特别市社会局业务报告 十八年一月至十二月》（第二、三期合刊），上海市档案馆藏，档案号：Y2-1-661；上海市社会局编：《上海市社会局业务报告 十九年一月至十二月》（第四、五期合刊），上海市档案馆藏，档案号：Y2-1-662；上海市社会局编：《上海市社会局业务报告 二十年一月至十二月》（第六、七期合刊），上海市档案馆藏，档案号：Y2-1-663；上海特别市社会局编：《社会月刊》第 1—12 期，上海特别市社会局发行，1929 年 1 月—1931 年 6 月；上海市社会局编：《社会半月刊》第 1—16 期，上海：上海市社会局发行，1934 年 9 月 10 日—1935 年 4 月 25 日；上海市政府秘书处编：《上海市政府公报》第 6—180 期，上海市政府秘书处发行，1928 年 1 月—1937 年 5 月；上海市政府秘书处编：《上海市市政报告》，上海：上海市政府秘书处，1936 年；上海市地方协会编：《上海市统计》（民国二十二年），上海：商务印书馆，1933 年；上海市地方协会编：《上海市统计补充材料》（民国二十三年编），上海：上海市地方协会，1935 年；上海市地方协会编：《上海市统计第二次补充材料》（民国二十五年编），上海：上海市地方协会，1936 年。

---

① 陆东野：《关于防止自杀恶风之商榷（附表）》，《社会半月刊》（上海）第 1 卷第 19 期，1935 年 6 月 10 日。

从总人数看,1928 年 8 月—1936 年 9 月,共计 98 个月里,上海当局公布的自杀总人数为 18 205 人,平均每月约有 186 例自杀事件,每日就有 6 人自杀。庞大的自杀人数,反映出上海的自杀问题非常严重,但要更深入地衡量这种严重程度还需要借助一些特殊指标,自杀率就是一种科学的衡量指标。

自杀率指以百万人或十万人为单位计算自杀总数和总人数之间的比率,[①]但这里的自杀专指自杀死亡,还是既有自杀死亡也包括自杀未遂呢?按照迪尔凯姆在《自杀论》中对"自杀"的经典定义,"自杀"专指"任何由死者自己所采取的积极或消极的行动直接或间接引起的死亡。自杀未遂也是这种意义上的行动,但在引起死亡之前就被制止了"。[②] 迪尔凯姆关于"自杀"的定义,虽然提到了自杀未遂,但他更强调"死亡"才是"自杀"的核心,而用来衡量被考察社会自杀倾向强度的"自杀率"便指"自杀死亡率"。国内有学者指出:"迪尔凯姆使用的自杀数据之中,即将未遂自杀排除在分析之外。"[③]而实际上,任何关于自杀的统计数据中,一定会涉及自杀死亡和自杀未遂两种结果。如此说来,有必要依据公布的数据区分"自杀死亡率"和"自杀发生率"。"自杀死亡率"指的是全人群中实施了致命性自杀行为的人数与总人口数之比,"自杀发生率"则包括自杀死亡者与自杀未遂者之和同总人口数之比。由于我们掌握的两种统计资料中,自杀结果有死亡和未遂等类别的记载,这为我们区别使用"自杀死亡率"和"自杀发生率"提供了条件。[④]

表 1.3 中 1929—1935 年上海的自杀发生率和自杀死亡率是根据上海当局公布的数据计算得出的,[⑤]自杀发生率和自杀死亡率客观上反映出上海市自杀问题的严峻形势。根据表 1.3,自杀发生率最低的 1932 年也有 43.91/100 000,到了 1935 年更是达到了 83.39/100 000。再看自杀死亡率,从 10.12/100 000 到 14.63/100 000,也处于非常严重的程度。此外,1929—1935 年上海市自杀发生率和自杀死亡率在具体时间段上呈现出前期较稳定,后期明显上升的趋势。

---

① 埃米尔·迪尔凯姆:《自杀论》,冯韵文译,北京:商务印书馆,2001 年,"导论",第 16 页。
② 埃米尔·迪尔凯姆:《自杀论》,冯韵文译,北京:商务印书馆,2001 年,"导论",第 11 页。
③ 景军、罗锦文:《京沪青年女性在民国时期的自杀问题》,《青年研究》2011 年第 4 期。
④ 当然,由于本文所征引官方统计材料本身的缺憾,如统计中有一些"未详""不明"项,造成"自杀死亡率"和"自杀发生率"的计算会不够精确,但整体上这种计算是可行的。
⑤ 这里的自杀发生率和自杀死亡率并未包括 1928 年和 1936 年,主要是由于官方的自杀统计资料自 1928 年 8 月开始编制,故 1928 年 1—7 月无官方统计资料,同时囿于 1936 年 10—12 月自杀统计数据缺失,故也无法做全年的计算。为了统计的完整性,1928 年和 1936 年的自杀发生率和自杀死亡率未被列入。

表 1.3　1929—1935 年上海市自杀死亡率和自杀发生率

年　份	自杀结果			总自杀数	总人口数	自杀死亡率（1/100 000）	自杀发生率（1/100 000）
	死亡	被救	未详				
1929 年	434	1 491	64	1 989	2 999 495	14.47	66.31
1930 年	460	1 371	101	1 932	3 144 805	14.63	61.44
1931 年	471	1 458	67	1 996	3 317 432	14.20	60.17
1932 年	317	1 028	31	1 376	3 133 782	10.12	43.91
1933 年	397	1 533	16	1 946	3 404 435	11.66	57.16
1934 年	501	1 812	12	2 325	3 572 792	14.02	65.08
1935 年	541	2 541	5	3 087	3 701 982	14.61	83.39

注：1. 1929 年上海总人口数依据邹依仁的《旧上海人口变迁的研究》，该年"华界"人口数缺少外国籍的人口数据。总自杀数包括自杀死亡、自杀未遂和不明自杀结果的人数；总人口数包括"华界"、公共租界和法租界内的中国籍和外国籍人口。

2. 由于 1932 年上海发生淞沪抗战，战乱造成上海总人口波动，以及个别月份自杀人数统计的缺失，所以该年上海的自杀发生率和自杀死亡率低于正常年份。

资料来源：自杀统计数据的来源参考表 1.2 后征引文献。有关人口数据根据《旧上海人口变迁的研究》（上海：上海人民出版社，1980 年，第 90 页）、《上海市历年之人口调查统计》（《上海警察》第 2 卷第 6 期，1948 年 2 月 1 日，第 75—79 页）等相关表格整理得出。

　　上海当局在编制自杀统计材料时，重视报章材料，[1]"按日摘录报章新闻"。[2] 1927—1937 年间上海主要报刊报道的自杀新闻，一定程度上反映了上海自杀问题的总体趋势。如果"报纸为社会之缩影"，[3]那么社会上发生的各类重大事件或新闻，或多或少地会在报纸上留下线索。报纸对新闻的取舍要符合两个要点，"一是，任何记载，可以引起若干人民的兴趣。二是，所载的事体，是现在的又是合时的"。[4] 自杀问题作为社会病态事件，虽未必为人人所乐为，但为人人所乐闻，民众的兴趣促使新闻记者去捕捉相关新闻，再进行刊载或评述。官方公布的自杀统计材料指出了当时上海面临严峻的自杀问题，那么报纸上不可能不留下蛛丝马迹。20 世纪二三十年代，上海是全国报业和新闻中心，一些重要的报纸

---

　　[1] 上海特别市社会局编：《上海特别市社会局业务报告 十七年八月至十二月》第 1 期，上海：上海特别市社会局发行，1928 年 12 月，第 286 页。

　　[2] 上海市社会局出版委员会编：《上海市社会统计概要》，上海：上海市社会局发行，1935 年，第 43 页。

　　[3] 赵君豪：《中国近代之报业》，《民国丛书（第二编）》49 册，上海：上海书店，1989 年，第 1 页。

　　[4] 黄天鹏：《中国新闻事业》，《民国丛书（第三编）》41 册，上海：上海书店，1989 年，第 275 页。

大多在上海出版,如《申报》《民国日报》《新闻报》《时报》《时事新报》《大公报》等。读报成为市民文化的重要部分,报纸的内容也更加市民化,像自杀这类社会新闻,具有私密性、激烈性、新奇性,往往受市民关注,一旦有自杀事件发生,销量的刺激会让各报争相采编报道,所以报纸中留下了大量的自杀新闻。当然对上海当时所有报纸的自杀新闻进行统计难度较大,实际上也没有必要,只需选择有影响力的报纸便足以说明问题。故本书以"发行量最大、留布地区最广"[①],同时在当时又与沪地民众日常生活息息相关的《申报》[②]为数据采集来源。

通过整理 1927—1937 年间上海《申报》报道的自杀新闻(见表 1.4),我们发现当时社会日益严重的自杀事件在报纸上屡次出现。据不完全统计,1927—1937 年上海有 3 956 例自杀事件被《申报》报道,这使自杀的严重情势变得更加直观。

表 1.4　1927—1937 年《申报》新闻中的自杀总人数　　　　(单位:人)

年 份	1 月	2 月	3 月	4 月	5 月	6 月	7 月	8 月	9 月	10 月	11 月	12 月	总计
1927 年	7	12	5	9	6	23	21	19	17	22	23	15	179
1928 年	23	23	20	33	46	43	47	72	32	40	20	38	437
1929 年	22	22	31	54	81	45	55	60	45	39	38	32	524
1930 年	33	51	33	40	51	43	58	67	51	49	24	32	532
1931 年	17	27	38	38	35	41	30	31	21	19	21	16	334
1932 年	10	2	6	10	8	19	32	24	26	37	29	12	215
1933 年	17	12	24	20	25	24	41	59	30	19	23	22	316
1934 年	20	20	32	28	45	36	34	38	44	43	26	14	380
1935 年	35	13	48	46	37	51	40	55	36	26	36	22	448
1936 年	24	26	31	47	30	49	40	45	27	30	24	25	398
1937 年	21	11	26	24	39	33	24	9	1	2	3	0	193
总 计	229	219	294	349	403	407	425	479	330	326	267	228	3 956

注:《申报》报道的自杀总人数,主要指被记者采编并刊载在"本埠新闻"栏的自杀人数。实际上,《申报》报道的自杀新闻数量庞大,既包括"本埠新闻"栏刊载的本地自杀新闻事件,也包括"地方新闻"栏报道的大量外地自杀事件。本书主要考察的是发生在上海的自杀事件,同一个自杀事件被跟踪报道的,以最初的报道计入 1 次。

资料来源:根据 1927—1937 年《申报》报道的自杀新闻统计得出。

---

　① 苏智良:《〈申报〉与近代中国——纪念〈申报〉创刊 140 周年》,载傅德华、庞荣棣、杨继光主编《史良才与〈申报〉》,上海:复旦大学出版社,2013 年,第 1 页。
　② 1872 年 4 月 30 日《申报》在上海创刊,初创即明确要"仿其(西人)意"而设,"足以新人听闻者,靡不毕载,务求其真实无妄"的办报理念让《申报》成为极具西方现代感的"新闻纸"(《本馆告白》,《申报》1872 年 4 月 30 日,第 1 版)。

　　图 1.1 反映了 1928 年度至 1935 年度上海官方统计的自杀人数和《申报》新闻报道的自杀人数的变化趋势。从中不难发现，以 1932 年度为节点，在此之前自杀人数起伏不定，之后自杀人数呈上升趋势，并在 1935 年度达到峰值。同时，在自杀人数起伏不定的阶段，如图 1.1 的四个圈所示，官方统计的自杀人数和《申报》报道的自杀人数的变化趋势存在一定差异。圈一和圈三对应的阶段分别呈下降趋势和上升趋势，圈二和圈四对应的阶段分别呈上升趋势和下降趋势。造成这种背离的原因是上海当局在 1928 年度至 1929 年度采取的救济自杀措施，圈一阶段的下降正是这种救济成效的隐性显现，圈二阶段的上升趋势一直延续到 1935 年度，这是自杀事件的一种复潮；而《申报》新闻报道中自杀总人数在圈三阶段的升高，则表明自杀新闻的报道并未减少，这是民众生活境遇恶化、自杀事件发生后被媒体着重捕捉的一种外在表现；圈四阶段的下降，则是

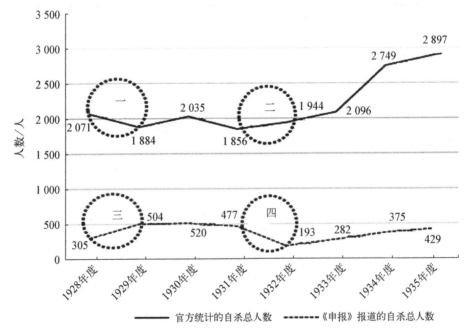

图 1.1　1928 年度至 1935 年度官方统计与《申报》报道的自杀总人数比较

注："官方统计的自杀总人数"依据表 1.2 中的数据计算得出，"《申报》报道的自杀总人数"根据表 1.4 中的数据计算得出。其中，1928 年度指 1928 年 8 月—1929 年 6 月，1929 年度指 1929 年 7 月—1930 年 6 月，1930 年度指 1930 年 7 月—1931 年 6 月，1931 年度指 1931 年 7 月—1932 年 6 月，1932 年度指 1932 年 7 月—1933 年 6 月，1933 年度指 1933 年 7 月—1934 年 6 月，1934 年度指 1934 年 7 月—1935 年 6 月，1935 年度指 1935 年 7 月—1936 年 6 月。需要指出的是，受 1932 年淞沪抗战的影响，上海当局的自杀调查统计中断，造成当年 2 月至 4 月的官方自杀统计数据缺失，而且 1931—1932 年度《申报》刊载的自杀新闻也急剧减少。

由于 1932 年淞沪抗战,新闻的关注点集中到政治、军事等时事新闻上,对自杀之类的社会新闻报道有所减少,随后形成的上升趋势同样对应的是常态生活的恢复。

二、自杀方式与结果

自杀方式是自杀者实施自杀的方法,在迪尔凯姆对自杀的定义中指"某种积极或消极的行动"。[①] 选择积极的方式还是消极的方式来结束自己的生命,是人们在实施自杀行动之前首先要面临的问题。人们为什么选择用甲种方式自杀而不是选择乙种方式自杀,受到这种方式的可接受性和可行性影响。可接受性是从观念的角度出发,可行性是从客观条件的角度出发,二者共同作用于个体,自杀行动得以进行下去。最终导致的自杀结果也因为方式的不同而有一定的差异,那些可行性低的自杀方式,因为实施起来阻碍较多,自杀未遂居多。相反,如果自杀方法可行性高,没什么阻碍,自杀身亡居多。下面笔者对当时上海社会常见的自杀方式与自杀结果的讨论,也离不开这两个层面。

(一) 自杀方式

表 1.5 中的数据来自上海当局对自杀的调查统计,其中 1928—1935 年间关于自杀方式的统计非常完整,这是能够反映当时上海自杀结构性特征的精确指标之一。在这一时间段内,共有 15 676 例自杀者采取了服毒、自缢、投水、自戕、吞金、跳楼六种主要的自杀方式,自杀方式不明确的会被列入"不明"一类,其余案例被总括在"其他"类别里。从自杀方式的角度分析上海的自杀特征,可以发现上海常见的自杀方式依次是服毒、投水、吞金、自缢、自戕、跳楼。常见的自杀方式中,服毒自杀高达 12 240 例,占自杀总数的 78.08%,如此高的比例表明服毒自杀在上海的普遍性。投水自杀的人数以 1 286 例排第二位,占自杀总数8.2%。而吞金、自缢、自戕、跳楼分别为 838 例、756 例、370 例和 56 例,占比分别为 5.35%、4.82%、2.36% 和 0.36%,其他和不明自杀方式的达 130 例,占比 0.83%。

---

① 埃米尔·迪尔凯姆:《自杀论》,冯韵文译,北京:商务印书馆,2008 年,第 2 页。

表 1.5 1928—1935 年上海当局公布的自杀方式统计表 　　（单位：人）

年　份	服毒	投水	吞金	自缢	自戕	其他	跳楼	不明	合计
1928 年	772	114	73	29	12	1	3	21	1 025
1929 年	1 502	208	123	101	39	8	2	6	1 989
1930 年	1 417	241	93	123	34	16	8	0	1 932
1931 年	1 494	199	95	116	60	15	7	10	1 996
1932 年	1 062	129	76	67	35	2	3	2	1 376
1933 年	1 580	115	90	103	51	1	4	2	1 946
1934 年	1 880	107	115	109	66	41	7	0	2 325
1935 年	2 533	173	173	108	73	1	22	4	3 087
总　计	12 240	1 286	838	756	370	85	56	45	15 676
占比(%)	78.08	8.20	5.35	4.82	2.36	0.54	0.36	0.29	100

注：1. 表中 1928 年的数据起止时间为当年 8—12 月，这是由于当局开展的官方自杀统计时间点自该年 8 月开始，故非全年数据，为了数据的完整性暂且一并列入。

2. 1932 年自杀方式的统计数字明显低于其他年份，是由于该年发生了淞沪抗战，造成 2 月至 4 月统计数字缺失（后文所引该时段的官方数据同此）。

资料来源：上海市地方协会编：《上海市统计》（民国二十二年），上海：商务印书馆，1933 年；上海市地方协会编：《上海市统计补充材料》（民国二十三年编），上海：上海市地方协会，1935 年；上海市地方协会编：《上海市统计第二次补充材料》（民国二十五年编），上海：上海市地方协会，1936 年。

表 1.6 1927—1937 年《申报》自杀新闻中自杀方式统计表 　　（单位：人）

年　份	服毒	投水	自缢	自戕	跳楼	不明	其他	吞金	合计
1927 年	57	42	55	18	2	2	0	3	179
1928 年	200	129	70	25	2	0	8	3	437
1929 年	255	143	79	33	5	3	3	3	524
1930 年	228	159	99	29	5	8	2	2	532
1931 年	157	81	56	31	3	2	4	0	334
1932 年	116	37	30	23	3	4	1	1	215
1933 年	148	58	67	30	2	6	4	1	316
1934 年	234	39	57	37	2	6	3	2	380
1935 年	245	93	45	33	20	9	2	1	448
1936 年	227	78	36	30	15	4	4	4	398
1937 年	84	52	19	22	10	2	1	3	193
总　计	1 951	911	613	311	69	46	32	23	3 956
占比(%)	49.32	23.03	15.50	7.86	1.74	1.16	0.81	0.58	100

注：《申报》新闻报道中出现自杀者屡次自杀，且每次自杀都采取相同自杀方式的，或者一次自杀采取多种自杀方式的，取最后一次自杀以及最终采取的自杀方式计入一次，由此避免了重复的情况。

资料来源：1927—1937 年《申报》自杀新闻报道。

我们再将表 1.5 中的官方自杀统计数据和表 1.6 中《申报》自杀新闻中自杀方式的报道情况进行比较，会发现自杀方式上有所变化。通过对比可见，官方自杀统计数据中常见的服毒、投水、吞金、自缢、自戕、跳楼，在《申报》自杀新闻的报道中也是主要的自杀方式，不同的是自杀方式的位次和所占比例发生了变化。在表 1.6 中，服毒和投水依然是上海最常见的自杀方式，分别有 1 951 例和 911 例，占报道总数的 49.32％和 23.03％。自缢、自戕、跳楼和吞金四种自杀方式分别有 613 例、311 例、69 例和 23 例，占报道总数的比例依次是 15.5％、7.86％、1.74％和 0.58％。通过比较不难发现，和官方自杀统计中服毒与投水的比例悬殊巨大不同，新闻报道自杀案例中的投水比例约为服毒的二分之一；自缢、自戕、跳楼和吞金四种自杀方式的分布和比例也略有变化，在官方统计中，吞金作为第三种常见的自杀方式，排在服毒、投水之后，而《申报》所报道的自杀新闻中，吞金自杀则排到了最后。服毒与投水比例差距的缩小，反映了新闻中投水自杀引起的关注度较强，这一方面是由于记者短时期内选择大量的投水自杀事件作为新闻素材，另一方面说明上海民众对投水自杀方式的认可。在 1928 年上海投浦自杀风潮兴盛之时，投黄浦江自杀一时成为"时髦死法"。[①] 这种解释同样适用于为什么媒体报道中吞金自杀的事例少于自缢、自戕、跳楼自杀等，因为吞金是传统文化中常见的自杀方式，自然在现代新闻媒体中获得的关注度较少。

通过比较上述两种统计材料，容易发现上海地区常见的自杀方式是服毒和投水，这是上海自杀者在自杀方式上的显著特点之一。那么，自杀方式的高度集中能说明什么呢？迪尔凯姆认为促使自杀者偏好某种自杀方法的原因是"每个民族和每个民族内部的每个社会群体对不同死亡方式的尊重程度"。[②] 自杀者多选择服毒、投水、自缢等方式表明传统因素依然在上海社会发生作用，因为这三种自杀方式均体现了中国传统习俗中的"全尸""转世"因素，[③]同时，为了"求死后不会损及美观"，[④]服毒、投水、自缢等能保留完整的尸身，甚至有的自杀者在死前还要进行一番精心打扮。《民国日报》曾记载过类似案例，一妇人与丈夫发生口角后不仅吞服了砒霜，而且服毒后外出投河，在她出门后，意识到脸上不曾搽粉，自思倘若被女友们发现会被嘲笑，于是便折返家中抹粉涂脂打扮了一番。打扮完再走到河边意图投河时，砒霜毒发，幸而被巡警发现送至医院，才免

---

① 方雪鸪：《黄浦江畔(一九二八年的时髦死法)》，《上海漫画》第 17 期，1928 年 8 月 11 日。
② 埃米尔·迪尔凯姆：《自杀论》，冯韵文译，北京：商务印书馆，2001 年，第 317 页。
③ 李建军：《自杀行为的社会文化研究》，贵阳：贵州人民出版社，2007 年，第 36 页。
④ 石涵泽：《自杀问题》，上海：华通书局，1930 年，第 99 页。

遭一死。① 这种被《民国日报》记者叹为"奇谈"的现象说明了自杀者对选择自杀方法的慎重。如果我们再深度剖析最常见的服毒自杀，或许可以加深对此现象的认识（见表 1.7）。

表 1.7　1927—1937 年《申报》自杀新闻中服毒者所服毒物统计表　（单位：人）

年　份	鸦片	安眠药	莱沙尔水	硝镪水	火柴	砒霜	吗啡	其他毒物	总计
1927 年	42	0	0	2	3	1	0	9	57
1928 年	159	6	2	3	5	4	4	17	200
1929 年	183	31	2	5	5	2	1	26	255
1930 年	164	19	10	2	3	0	0	30	228
1931 年	100	14	1	3	0	2	0	37	157
1932 年	73	18	5	1	0	0	0	19	116
1933 年	91	18	3	3	1	1	0	31	148
1934 年	135	20	15	3	2	0	0	59	234
1935 年	123	29	11	3	0	1	2	76	245
1936 年	104	20	8	3	1	1	2	88	227
1937 年	35	8	4	1	0	1	1	34	84
总　计	1 209	183	61	29	20	13	10	426	1 951

注：1.《申报》新闻报道中服毒自杀者采取多种自杀方式，或是多次自杀服用了不同的毒物，以最后一次自杀时所服毒物计算一次，以避免重复计算。

　　2. 为了统计的方便，表中所服毒物的类型做了统一，如自杀者所服的鸦片在报刊媒体中也常常被称为阿芙蓉膏、阿芙蓉、芙蓉膏、生烟、鸦片烟、生鸦片烟灰、洋烟等等，安眠药在报道中则包括安神药水、安眠药片、安神药片等。

　　3. 表中"其他毒物"一项指的是自杀新闻中只以"服毒""服某种毒药"等表述出现。

资料来源：1927—1937 年《申报》自杀新闻报道。

通过 1927—1937 年《申报》自杀新闻报道，可以大致看出上海有近一半的人以服毒的方式自杀（见表 1.6），而服毒自杀者中又有 60% 以上的人是吞服鸦片自杀（见表 1.7）。选择致死率较低的服毒自杀方式，某种程度上代表了想死的意念不强烈，或者说明自杀者对这种自杀方式的认可。

（二）自杀结果

选择何种自杀方法是自杀者需要考虑的紧要事宜，往往"以死时不会觉及苦痛的方法为原则"。② 采取高死亡风险的自杀方法，致死较快，所以自杀者对苦

---

　　① 不忍：《自杀前煞费踌躇　顾颜面涂脂抹粉——夫也不良　俄妇轻生》，《民国日报》1928 年 4 月 25 日，第 4 张第 1 版。

　　② 石涵泽：《自杀问题》，上海：华通书局，1930 年，第 99 页。

痛的感知度较低；采取低死亡风险的自杀方法，从被救到死亡，自杀者会经历不确定的苦痛折磨，被救的可能性很大。因此自杀方式与自杀结果直接相关，影响到自杀行为的结果，即会出现自杀死亡和自杀未遂两种情况。

一般而言，服毒自杀者在毒性发作后会非常痛苦，但服毒到毒发往往需要一段时间，如果在这段时间内得到救助，自杀者可以幸免于难，所以服毒自杀的致死性最低；自缢的痛苦度较低，这主要是因为窒息时间较短，但正因为时间短暂，一旦无法及时发现，必死无疑，所以自缢的致死性最高；而投水自杀，介于二者之间。自杀方式的痛苦程度与致死性会影响到自杀方式的可接受性。无怪乎当局会认为自杀者之所以惯常选择几种自杀方式，是由于"自杀者虽已排除一切，而独于自杀方法，就不免加以拣择，以冀减少临死时之痛楚焉"。① 根据前文所述常见的自杀方法主要是服毒、②投水、自缢，那么其自杀结果所呈现的特点与上述自杀方式的分布特征是否一致呢？我们可以通过表 1.8 来论证。

表 1.8　1928—1935 年上海当局公布的自杀结果统计表　　　（单位：人）

年　份	死　亡	被　救	不　明	合　计
1928 年	164	722	139	1 025
1929 年	434	1 491	64	1 989
1930 年	460	1 371	101	1 932
1931 年	471	1 458	67	1 996
1932 年	317	1 028	31	1 376
1933 年	397	1 533	16	1 946
1934 年	501	1 812	12	2 325
1935 年	541	2 541	5	3 087
总　计	3 285	11 956	435	15 676
占比（%）	20.96	76.27	2.77	100

注：1. 表中 1928 年的数据起止时间为当年 8—12 月。
　　2. 1932 年自杀方式的统计数字因淞沪抗战缺失 2 月至 4 月的数据。

资料来源：上海市地方协会编：《上海市统计》（民国二十二年），上海：商务印书馆，1933 年；上海市地方协会编：《上海市统计补充材料》（民国二十三年编），上海：上海市地方协会，1935 年；上海市地方协会编：《上海市统计第二次补充材料》（民国二十五年编），上海：上海市地方协会，1936 年；上海市社会局出版委员会编：《上海市社会统计概要》，上海：上海市社会局发行，1935 年。

---

　　① 上海市社会局编：《上海市社会局业务报告 二十年一月至十二月》（第六、七期合刊），上海市档案馆馆藏，档案号：Y2-1-663。
　　② 此处考虑到吞金也是通过吞服致死性物体达到死亡目的的自杀方式，而且在痛苦度和致死度上和服毒相似，故此处将其视作服毒一类。

表 1.8 中被救的自杀者有 11 956 例，占自杀总数的 76.27%，是自杀死亡人数的 3.6 倍。这表明自杀者在实施自杀行动之后，多数获得了及时的救助或者选择了致死性低的自杀方式。自杀结果所呈现的特征，是服毒、投水等自杀方式在上海大量盛行的一种印证和表现。

三、自杀的两性差异

大量的研究表明，自杀问题具有性别差异。侯艳兴对 1927—1937 年上海女性自杀问题做过专题研究，指出上海女性自杀人数多于男性，自杀原因以家庭纠纷为主，自杀方式较温和，自杀者更趋年轻化等特点。[①] 侯艳兴全面总结了上海女性自杀的结构性特征，这为本书考察上海自杀问题的两性差别提供了借鉴。

首先，上海自杀者在性别上呈现出女多男少的分布特征。这一点无论是从男女自杀绝对人数上，还是从男女自杀性别比例上，都可以得到印证。表 1.9 中的数据显示，1928—1935 年官方统计的男性自杀者共计 7 326 人，占自杀总人数的 46.73%，女性自杀者 8 350 人，占自杀总人数的 53.27%，男性和女性的自杀人数之比为 1∶1.14。

表 1.9　1928—1935 年上海当局公布的自杀者性别统计表　　（单位：人）

年　份	男	女	合　计
1928 年	448	577	1 025
1929 年	918	1 071	1 989
1930 年	892	1 040	1 932
1931 年	937	1 059	1 996
1932 年	601	775	1 376
1933 年	884	1 062	1 946
1934 年	1 122	1 203	2 325
1935 年	1 524	1 563	3 087
总　计	7 326	8 350	15 676
占比(%)	46.73	53.27	100

注：1. 表中 1928 年的数据起止时间为当年 8—12 月。
　　2. 1932 年自杀者性别的统计因淞沪抗战缺失 2 月至 4 月的数据。

资料来源：上海市地方协会编：《上海市统计》（民国二十二年），上海：商务印书馆，1933 年；上海市地方协会编：《上海市统计补充材料》（民国二十三年编），上海：上海市地方协会，1935 年；上海市地方协会编：《上海市统计第二次补充材料》（民国二十五年编），上海：上海市地方协会，1936 年；上海市社会局出版委员会编：《上海市社会统计概要》，上海：上海市社会局发行，1935 年。

――――――――――

① 侯艳兴：《上海女性自杀问题研究（1927—1937）》，上海：上海辞书出版社，2008 年，第 44—77 页。

　　侯艳兴通过研究指出城市人口的性别比例影响男女自杀人数的比例，并以
1930 年上海自杀者性别比例印证二者之间的这种联系，我们循着这种思路整体
考察一下 1928—1935 年男女自杀人数的比例问题。考虑到抗日战争全面爆发
之前上海的男女比例都在 13∶10 以上[①]，这种性别比例的不平衡，会直接影响
男女自杀人数的比例。假设男女自杀人数或者自杀率相等，那么按照 13∶10 的
男女人口比，13 个男性自杀，应该有 10 个女性自杀，男女自杀人数比为 1∶0.77，
而实际上男女自杀人数比却为 1∶1.14。现今关于当前中国自杀者性别分布的
研究，已经取得了一致认识——中国是世界上女性自杀人数多于男性的少数几
个国家之一，[②]但是这种现象，并非是当代社会所独有，而是自民国开始自杀统
计以来就呈现出来的特征。石涵泽早在 1930 年出版的《自杀问题》一书中就指
出，"在我国，则和他国恰恰相反，自杀人数，女子反多于男子"。[③] 全国的情况无
法详尽考察，但是从上海这一地域来看，女性自杀者人数多于男性的现象是全国
的一个缩影。关于民国时期上海女性自杀问题的研究，也有学者指出女性自杀
者多于男性自杀者的格局并非当代中国社会所独有，起码是近百年来中国社会
一直存在的现象。[④]

　　但是，当我们把视线转移到同时段《申报》报道的自杀新闻时，却发现了不同
的现象。媒体报道中，我们没有找到足以印证自杀人数方面女多于男的证据，却
看到了相反的情况。如表 1.10 所示，《申报》报道的 3 956 例自杀事件中，除了
118 例无法根据相关报道判断出性别外，男性自杀者有 2 429 例，占自杀总数的
61.4%，女性自杀者有 1 409 例，占总数的 35.62%，自杀者的男女性别比为
1∶0.58。这和官方统计的男女自杀比 1∶1.14 相比，差距较大。虽然很难完全
统计当时上海所有报纸报道的自杀新闻，但是考虑到媒体报道只是社会的缩影，
自然要小于官方各种渠道获得的调查统计数据。新闻记者获悉自杀新闻的渠道
显然没有官方的渠道丰富，即便他们都会从警局、救生局、医院等处获知自杀消
息，但就自杀新闻的数量、权威性和报道价值而言，记者更热衷于捕捉具有新闻
价值的轰动性的自杀事件。《申报》对男性自杀新闻的大量报道，说明了大众传
媒重视捕捉男性自杀新闻，而男性在自杀方式上又多选择致死率高的方法，如此
便造成男性自杀新闻被大量报道的结果。

---

　　① 邹依仁：《旧上海人口变迁的研究》，上海：上海人民出版社，1980 年，第 50 页。
　　② 何兆雄：《中国自杀率的性别差异》，《医学与社会》1997 年第 4 期。
　　③ 石涵泽：《自杀问题》，上海：华通书局，1930 年，第 51—54 页。
　　④ 侯艳兴：《上海女性自杀问题研究(1927—1937)》，上海：上海辞书出版社，2008 年，第 46—49 页；
景军、罗锦文：《京沪青年女性在民国时期的自杀问题》，《青年研究》2011 年第 4 期。

表 1.10　1927—1937 年《申报》自杀新闻中的自杀者性别统计表　（单位：人）

年　份	男	女	未　详	合　计
1927 年	113	66	0	179
1928 年	250	185	2	437
1929 年	323	199	2	524
1930 年	331	196	5	532
1931 年	215	107	12	334
1932 年	140	75	0	215
1933 年	217	98	1	316
1934 年	249	125	6	380
1935 年	286	142	20	448
1936 年	219	141	38	398
1937 年	86	75	32	193
合　计	2 429	1 409	118	3 956
占比(%)	61.40	35.62	2.98	100

资料来源：根据 1927—1937 年《申报》自杀新闻报道统计得出。

同时，自杀者在自杀方式的选择上带有明显的两性差异。男性自杀者倾向于选择致死率高的、较暴力的自杀方式，如自戕、跳楼、自缢、卧轨等，女性自杀者倾向于选择致死率低的、较柔和的自杀方式，如服毒、投水、吞金等。前文已经考察了当时上海社会较常见的自杀方式主要集中于服毒、投水、吞金等，但是由于上海当局直到 1934 年 7 月才开始按性别统计自杀结构中各项的分布，所以不可能仅据 1934 年一年的数据推算整个十年间自杀方式选择上的两性差异。不过，根据官方统计上海男女自杀人数比为 1∶1.14，同时前文已知服毒、投水、吞金在官方自杀统计中占绝大部分(约达自杀总数的 91.63%)，所以女性自杀者与服毒、投水、吞金等较柔和的自杀方式一定存在某种微妙的联系。

此外还可以根据媒体新闻报道，佐证男女自杀方式选择的上述差异。由于传媒语境中男性自杀得到的关注更多，所以对各类自杀方式进行性别分析时，无法直接得出男女分别倾向于哪种或哪些自杀方式，但是可以根据每种自杀方式的男女所占比例差异，比较男性或女性更倾向于哪种自杀方式。表 1.11 中，选择服毒、投水、自缢、自戕、跳楼和吞金等六种常见自杀方式的男性分别有

1 120 人、587 人、371 人、254 人、45 人、4 人,女性选择服毒的有 773 人、投水的
有 291 人、自缢的有 232 人、自戕的有 52 人、吞金的有 18 人、跳楼的有 18 人。
不难发现,无论男性还是女性选择服毒、投水、自缢三项的人都很多,但男性选择
服毒自杀的人数是投水的 1.9 倍、自缢的 3.02 倍,女性选择服毒自杀的人数是投
水的 2.65 倍、自缢的 3.33 倍。如表 1.11 所示,自缢一项男性和女性分别有
371 人和 232 人,二者之比为 1.6∶1,同样的计算可以得出服毒一项男女之比为
1.45∶1,投水项为 2.02∶1,自戕项为 4.88∶1,吞金项为 0.22∶1,跳楼项为
2.5∶1。通过比较可以发现,男性占比相对较高的是自戕、跳楼、投水,女性占比
相对较高的是吞金、服毒、自缢。这说明男性倾向于自戕、跳楼等更暴力和激进
的自杀方式,女性偏向选择吞金等较柔和的自杀方式。

表 1.11　1927—1937 年《申报》自杀新闻中的自杀方式按性别统计表（单位：人）

自杀方式		1927年	1928年	1929年	1930年	1931年	1932年	1933年	1934年	1935年	1936年	1937年	总计
自缢	男	41	35	50	62	33	19	42	30	27	23	9	371
	女	14	35	29	35	21	11	25	25	16	11	10	232
	未详	0	0	0	2	2	0	0	2	2	2	0	10
	合计	55	70	79	99	56	30	67	57	45	36	19	613
服毒	男	27	103	145	126	92	73	96	151	157	115	35	1 120
	女	30	95	108	100	57	43	52	81	77	90	40	773
	未详	0	2	2	2	8	0	0	2	11	22	9	58
	合计	57	200	255	228	157	116	148	234	245	227	84	1 951
投水	男	27	85	97	108	55	24	41	30	58	42	20	587
	女	15	44	46	50	25	13	17	7	32	26	16	291
	未详	0	0	0	1	1	0	0	2	3	10	16	33
	合计	42	129	143	159	81	37	58	39	93	78	52	911
自戕	男	12	20	25	25	28	18	26	31	29	26	14	254
	女	6	5	8	4	2	5	3	6	4	4	5	52
	未详	0	0	0	0	1	0	1	0	0	0	3	5
	合计	18	25	33	29	31	23	30	37	33	30	22	311

续　表

自杀方式		1927年	1928年	1929年	1930年	1931年	1932年	1933年	1934年	1935年	1936年	1937年	总计
吞金	男	2	1	0	0	0	0	1	0	0	0	0	4
	女	1	2	3	2	0	1	0	2	1	3	3	18
	未详	0	0	0	0	0	0	0	0	0	1	0	1
	合计	3	3	3	2	0	1	1	2	1	4	3	23
跳楼	男	2	1	2	3	3	3	2	1	14	8	6	45
	女	0	1	3	2	0	0	0	1	6	4	1	18
	未详	0	0	0	0	0	0	0	0	0	3	3	6
	合计	2	2	5	5	3	3	2	2	20	15	10	69
其他	男	0	5	3	1	2	1	3	1	1	3	1	21
	女	0	3	0	1	2	0	1	2	1	1	0	11
	未详	0	0	0	0	0	0	0	0	0	0	0	0
	合计	0	8	3	2	4	1	4	3	2	4	1	32
未详	男	2	0	1	6	2	2	6	5	0	2	1	27
	女	0	0	2	2	0	2	0	1	5	2	0	14
	未详	0	0	0	0	0	0	0	0	4	0	1	5
	合计	2	0	3	8	2	4	6	6	9	4	2	46
总　计		179	437	524	532	334	215	316	380	448	398	193	3 956

资料来源：根据 1927—1937 年《申报》新闻报道中的自杀事件统计得出。

自杀方式的选择和自杀结果之间有一定的联系。一般而言，女性采用较柔和的自杀方式，最终结果是自杀未遂占多数；男性采用较激烈的自杀方式，最终结果是自杀死亡占多数。前文已知上海自杀未遂者的数量占自杀总数的76.27%，也就是说绝大多数自杀者在自杀后没有直接死亡，但是在官方公布的自杀统计中没有对自杀结果进行完整而详细的性别区分，只知道男性自杀者7 326 人，占自杀者总数的 46.73%；女性自杀者 8 350 人，占自杀者总数的 53.27%。是否女性自杀者数量比男性多，而女性常常采取非极端的、非激进的、致死率低的自杀方式，所以才出现自杀未遂者的数量多于自杀死亡者？

新闻报道的自杀事件为自杀结果的性别差异，及其与自杀方式性别差异之间的联系提供了另一种注脚。据不完全统计(见表 1.12),1927—1937 年《申报》新闻报道中,除了 653 例不明最终自杀结果的情况,自杀死亡和自杀未遂分别有 2 334 例和 969 例,媒体新闻报道中的自杀死亡者占自杀总人数的比例为 59%,自杀未遂者达 24.49%,不明生死者达 16.51%。新闻报道中的自杀死亡人数较多,一方面是由于记者采编时,自杀身亡事件更容易博取公众眼球,引发关注;另一方面是由于自杀死亡事件往往曲折离奇,要经手更多的部门,为记者调查获得全面信息提供了更多的渠道。这就解释了为什么在实际官方公布的自杀统计中,自杀未遂的情况占绝大多数,自杀死亡占少数,而《申报》报道则相反。根据表 1.12 所示,男性死亡人数为 1 486,自杀未遂人数为 565;女性死亡人数为 782,未遂人数为 385,也就是说男性的死亡与未遂之比大于女性,男性的自杀死亡率更高,女性的自杀死亡率低于男性。[1]

表 1.12　1927—1937 年《申报》自杀新闻中的自杀结果按性别统计表（单位：人）

自杀结果		1927年	1928年	1929年	1930年	1931年	1932年	1933年	1934年	1935年	1936年	1937年	总计	占比（%）
死亡	男	63	125	168	194	130	107	155	171	175	143	55	1 486	63.67
	女	43	76	83	103	64	54	79	90	81	70	39	782	33.5
	未详	0	2	2	3	8	0	0	4	12	21	14	66	2.83
	合计	106	203	253	300	202	161	234	265	268	234	108	2 334	100
未遂	男	30	94	110	94	58	20	39	34	35	41	10	565	58.31
	女	23	68	68	65	29	18	9	15	32	36	22	385	39.73
	未详	0	0	0	1	2	0	0	1	0	6	9	19	1.96
	合计	53	162	178	160	89	38	48	50	67	83	41	969	100
不明	男	20	31	45	43	27	13	23	44	76	35	21	378	57.89
	女	0	41	48	28	14	3	10	20	29	35	14	242	37.06
	未详	0	0	0	1	2	0	1	1	8	11	9	33	5.05
	合计	20	72	93	72	43	16	34	65	113	81	44	653	100
总　计		179	437	524	532	334	215	316	380	448	398	193	3 956	100

资料来源：根据 1927—1937 年《申报》新闻报道中的自杀事件统计得出。

---

[1] 侯艳兴通过研究也指出"从女性自杀未遂率比男性自杀未遂率高,看出女性比男性的自杀方法更温和。"(侯艳兴：《上海女性自杀问题研究(1927—1937)》,上海：上海辞书出版社,2008 年,第 62 页)。但是他所立论的依据是 1933—1934 年的官方自杀统计数据,本书既从官方自杀数据出发,也根据媒体报道进行了一定统计,希冀得到更加整体而全面的论证。

四、自杀者身份特征

我们通过上文对自杀总人数、自杀方式、自杀结果的两性分布格局的分析，大体把握了 1927—1937 年上海社会自杀结构性特征在宏观分布上的四个维度，接下来笔者将从自杀者个体的年龄、职业和籍贯三个维度，对自杀者的特征进行微观分析。

(一) 自杀者的年龄分布

年龄分组是探讨自杀者年龄分布首先要考察的。1929 年 1 月南京国民政府公布了《人事登记条例》，明确规定了各类涉及年龄划分的统计应执行的年龄分类标准。邹依仁在《旧上海人口变迁的研究》中指出当时上海地区"华界"人口按年龄分成九个组：未满 1 岁、幼童组（1 岁至 5 岁）、学童组（6 岁至 12 岁）、学生组（13 岁至 20 岁）、壮丁组（21 岁至 40 岁）、41 岁至 60 岁、61 岁至 80 岁、81 岁至 100 岁和年龄不详组。[①] 这个划分标准被当时的大部分人口统计表格采用。上海当局在编制自杀统计资料时，对自杀者的统计也是按照这种年龄划分的。只是从目前能查阅到的自杀统计资料来看，上海当局的自杀调查统计于 1933 年才开始对自杀者的年龄进行统计，具体可参见表 1.13。

表 1.13　上海市自杀者年龄统计表(1933 年度—1934 年度)　　(单位：人)

自杀者年龄段	1933 年度	1934 年度	合计	占比（%）
20 岁以下	395	500	895	18.47
21—30 岁	1 026	1 360	2 386	49.25
31—40 岁	424	524	948	19.57
41—50 岁	147	199	346	7.14
51—60 岁	43	66	109	2.25
60 岁以上	28	35	63	1.30
未　　详	33	65	98	2.02
合　　计	2 096	2 749	4 845	100

注：1933 年度—1934 年度指的是 1933 年 7 月—1935 年 6 月，上海市社会局在这两个行政年度里对自杀者年龄进行了完整的调查统计。

资料来源：上海市政府秘书处编：《上海市市政报告》，上海：上海市政府秘书处，1936 年。

[①] 邹依仁：《旧上海人口变迁的研究》，上海：上海人民出版社，1980 年，第 51 页。

表 1.13 反映了 1933 年 7 月—1935 年 6 月上海市自杀者年龄的分布情况。在该时间段所统计的 4 845 例自杀者中,21—30 岁的自杀人数占自杀总数的比例为 49.25%,31—40 岁的自杀人数占比为 19.57%,41—50 岁的自杀人数占比为 7.14%,也就是说青壮年自杀者人数占自杀总数的 75.96%;第二个自杀者集中的年龄段是 20 岁以下的青少年,共计有 895 人,占到自杀总数的 18.47%;51 岁以上的中老年自杀者只有 172 人,占比为 3.55%。此外,无法详查年龄的自杀者只有 98 人,占比较小,仅为总数的 2.02%。根据表 1.13 可以看出,21—40 岁的壮丁自杀比例较高,对上海这座工商业城市来说,壮丁的陨落,无疑会造成劳动力的缺失,给城市建设带来巨大冲击。

上述论证只是基于上海官方两年的自杀统计数据而言,要想整体考察当时社会的自杀者年龄分布特征,还可以根据报纸上的自杀新闻报道做一个补充。新闻记者在采编自杀新闻时,会尽力搜集自杀者相关信息,自杀者年龄也大都会被提及。表 1.14 是 1927—1937 年《申报》新闻报道的自杀者年龄的不完全统计,从中可以看出自杀者年龄的分布,21—40 岁的壮丁组自杀者有 2 141 人,41—50 岁的自杀者有 284 人,二者相加,得出 21—50 岁的青壮年自杀者有 2 425 人,占自杀总人数的 61.29%;20 岁以下的自杀者有 623 人,占总数的 15.75%;51 岁以上的中老年自杀者不到 200 人,只占很小的比例。虽然还有 721 例无法获知年龄,但是十年间自杀者年龄的主体部分已经非常清晰,新闻报道中自杀者年龄分布结构同官方数据大体一致,均表明青壮年自杀群体较大,这也是上海城市建设面临的一个非常严重的问题。

表 1.14 1927—1937 年《申报》自杀新闻中的自杀者年龄统计表 （单位: 人）

年 份	20 岁以下	21—30 岁	31—40 岁	41—50 岁	51—60 岁	60 岁以上	未详	合计
1927 年	18	40	18	4	1	1	97	179
1928 年	61	116	58	27	11	7	157	437
1929 年	84	203	81	37	18	13	88	524
1930 年	79	204	99	42	12	7	89	532
1931 年	48	140	51	29	12	7	47	334
1932 年	34	89	35	15	6	3	33	215
1933 年	48	117	64	28	16	3	40	316
1934 年	66	163	63	30	12	5	41	380

续　表

年　份	20 岁 以下	21— 30 岁	31— 40 岁	41— 50 岁	51— 60 岁	60 岁 以上	未详	合计
1935 年	72	207	62	26	14	9	58	448
1936 年	79	148	77	34	14	8	38	398
1937 年	34	84	22	12	4	4	33	193
合　计	623	1 511	630	284	120	67	721	3 956

资料来源：根据 1927—1937 年《申报》新闻报道中的自杀事件统计得出。

（二）自杀者的职业分布

自杀者职业是自杀结构分布特征中颇具有社会性的要素，工作是一个人实现社会化的重要手段，对于自杀者来说，通过自己的职场角色与社会发生更广泛的接触，因此分析他们的职业，就相当于抓住了他们社会化的关键步骤，这也是从职业角度把握上海自杀现象需要解决的问题。

1931 年 12 月 12 日南京国民政府公布了第一部《户籍法》，并于 1934 年 3 月 30 日修正，同年 7 月 1 日施行。《户籍法》对在籍人口的职业类别进行划分，主要分为农、矿、工、商、交通运输、公务、自由职业、人事服务、无业、其他十个类别。[①] 上海市公安局为了便于实际工作中的调查统计，按照《户籍法》中的职业十大类别，将市民职业进行了具体细化，包括农、工、商、学、党、政、军、交通、新闻记者、工程师、律师、会计师、医士、士兵、警察、劳工、家庭服务、学徒、佣工、杂业和无业等 21 项。[②] 上海市社会局在进行自杀者职业调查统计时，对职业类别的划分大体参照上述标准，但是他们最开始进行自杀者职业统计时，诚如时人所说："这种统计因过于简单，而且不明的占大部分，似乎很难明白其真相。"[③] 到了后期，自杀者的职业统计才越来越精细，但是即便如此，不明职业的情况依然很

---

① 这十个大类又包括一些具体类别：农业主要指从事于农林渔樵牧猎的生产者，矿业指从事于天然物资之开采者，工业指从事于制造业者，商业指以营利为目的从事于物资、金融贩卖或介绍者，交通运输业指从事于人物电信运输者，公务类指党政军警机关或国家银行服务者，自由职业类包括以学术事业取得报酬者，如医师、律师、会计师、工程师、新闻事业、社团事业、文学及艺术事业、宗教事业等，人事服务包括家庭管理及侍从、佣役等，其他类包括洗衣、理发等，无业指不从事生产或非正当职业者，如求学、坐监、以募化或巫卜星相为生的收容者。详见俞斯锦编著：《新户籍法释义》，上海：百新书店，1946 年，第 11 页。
② 上海市年鉴委员会编：《上海市年鉴二十四年》，上海：上海通志馆，1935 年，"土地·人口"C 24 页。
③ 石涵泽：《自杀问题》，上海：华通书局，1930 年，第 107 页。

多,而且各统计类别中时常有混淆的情况。

　　根据表 1.15,可以看出除了职业不明,自杀者的职业主要分布在商、学、工、农、军、公务员、小贩、佣役、无业和其他十类中。同样地,笔者根据官方的职业类型划分,①对《申报》自杀新闻报道中的自杀者职业进行统计,具体可见表 1.16。通过比较表 1.15 和表 1.16 的数据,我们可以看出自杀者职业分布的某些规律。

表 1.15　1928—1935 年上海当局公布的自杀者职业统计表　　（单位：人）

年　份	商界	学界	工人	农人	军警	公务员	小贩	佣役	无业	其他	不明	合计
1928 年	59	18	73	0	0	0	0	0	0	29	846	1 025
1929 年	96	16	234	0	0	0	0	0	0	149	1 494	1 989
1930 年	132	19	131	0	0	0	0	0	392	167	1 091	1 932
1931 年	134	25	141	4	22	3	0	0	933	92	642	1 996
1932 年	63	8	62	6	10	0	7	20	777	7	416	1 376
1933 年	118	12	98	2	22	0	19	51	1 018	23	583	1 946
1934 年	142	32	83	1	11	11	21	34	1 040	23	927	2 325
1935 年	145	23	110	8	18	5	16	27	1 525	4	1 206	3 087
总　计	889	153	932	21	83	19	63	132	5 685	494	7 205	15 676

注：1. 表中 1928 年的数据起止时间为当年 8—12 月。
　　2. 1932 年的统计因淞沪抗战缺失当年 2 月至 4 月的数据。

资料来源：上海市社会局编：《社会半月刊》第 1 卷第 2—13 期,上海：上海市社会局发行,1934 年；上海市地方协会：《民国二十五年编上海市统计第二次补充材料》,上海：上海市地方协会,1936 年；上海市社会局出版委员会编：《上海市社会统计概要》,上海：上海市社会局发行,1935 年。

表 1.16　1927—1937 年《申报》自杀新闻中的自杀者职业统计表　　（单位：人）

年　份	商界	学界	工人	农人	军警	公务员	小贩	佣役	无业	其他	不明	合计
1927 年	11	7	38	1	7	1	3	3	4	8	96	179
1928 年	36	16	78	2	16	3	6	16	35	26	203	437
1929 年	46	28	125	4	16	2	8	14	38	32	211	524

────────────

　　① 对自杀新闻中自杀者职业的统计主要参考上述上海市社会局对自杀者职业的分类,同时结合上海市公安局市民职业统计中对职业类型的划分。其中"无业"包括没有正当职业的囚犯、乞丐而不从事生产者；自杀新闻中有一些学徒自杀,考虑到学徒多是服务于工厂、作坊,故并没有将其单独列出来,而是列入工人一项；"其他"项里包括医生、理发匠、妓女、镶牙等。

续　表

年　份	商界	学界	工人	农人	军警	公务员	小贩	佣役	无业	其他	不明	合计
1930 年	44	28	81	9	12	10	14	19	33	34	248	532
1931 年	36	20	64	5	16	7	5	15	24	21	121	334
1932 年	41	3	34	1	5	2	4	9	8	12	96	215
1933 年	46	20	61	2	16	0	3	6	8	22	132	316
1934 年	45	13	59	5	12	5	8	11	14	23	185	380
1935 年	52	9	77	1	10	1	3	9	11	24	251	448
1936 年	32	11	60	3	6	4	10	9	14	29	210	398
1937 年	6	16	27	0	9	2	0	5	7	21	100	193
总　计	395	171	704	33	135	37	64	116	196	252	1 853	3 956

资料来源：根据 1927—1937 年《申报》新闻报道中的自杀者职业统计得出。

首先，自杀的无业者占据非常大的比例，说明当时无业者自杀的问题格外严重。表 1.15 显示上海当局公布的无业自杀者有 5 685 人，比例占到自杀总数的 36.3％，这还不包括那些由于不知从事何种职业而被纳入"不明"项统计的无业者。这里的无业者既包括无职业的男子，也包括大量从事家庭劳作而没有正当职业的女子，从上海当局 1930 年 7 月开始对男女自杀者的职业进行统计[①]来看，也证明后者所占的比例更大。在新闻报道中，自杀者的职业类别究竟属于"无业"还是"不明"也难以严格划分，表 1.16 显示二者占到新闻报道总自杀人数的 51.79％。当新闻介绍女性自杀者身份时，多数情况下只是提及自杀者是某某的母亲、妻子、女儿、妾、姘头等身份，一方面是因为这些女性自杀者的职业确实"不明"，另一方面是因为这些女性往往只安于家庭生活，并未走入现代职场。"无业"意味着人在物质和精神层面会比在职人员更容易陷入困顿之中，无论男女都会面临这些困境，只是在民国时期这种无业带来的困境在女性那里表现得更加明显。

其次，工商业从业者的自杀人数较集中。官方公布的数据中，自杀的工商业从业者分别为 932 人和 889 人，二者相加为 1 821 人，占自杀总数的 11.62％。而

　　[①] 例如根据官方的统计，1930 年 7—12 月，自杀的无业男子有 30 人，而自杀的无业女子竟然达到了 362 人，无业女子的自杀人数是无业男子的 12 倍（笔者根据上海特别市社会局编《社会月刊》1930 年第 2 卷第 4—9 期整理得出）。

《申报》自杀新闻中,工商业从业人员自杀的有 1 099 人,占新闻报道自杀总数的 27.79%,自杀人数仅次于无业自杀者,排在第二位。上海在 20 世纪 30 年代成为全国的经济中心,[①]"工业发展达到新的高峰,生产规模几乎占全国之半",[②] 尤其是上海的产业工人在职业群体中居于首位,[③]而且"至 30 年代中期,从金融机构的数量、业务门类、业务量、资本、库存现金、存放款额来看,上海均为全国之冠"。[④] 从 1930—1936 年"华界"人口职业构成看,工商业从业者约占"华界"总人口的 30%。如此看来,上海工商业从业者自杀人数较多并非偶然。

再次,低层职业群体的自杀占有一席之地。无论是官方公布的自杀者职业统计,还是笔者基于《申报》自杀新闻进行的自杀者职业统计,都可以看到佣役、小贩、农民以及"其他"形式的从业者自杀。而且更值得注意的是,低层职业的自杀者人数由多到少依次是"其他"、佣役、小贩、农民,官方数据和《申报》新闻中的自杀统计数据基本近似。这些处于城市底层,从事低端工作的群体,过着入不敷出的生活,他们对困境生活的疏解途径原本就狭窄,稍有不慎便可能走入自杀歧途。

总之,自杀事件的发生是城市发展过程的常态,要想解决自杀问题,需要正视它,然后科学认识,准确应对。同时,要关注个别职业群体自杀频发的现象,探究这些职业群体为什么会成为自杀高发群体,这是我们探究自杀者职业分布特征需要思考和解决的问题。

(三) 自杀者的籍贯分布

要明晰一地人口的籍贯,该地区的行政区划是首先要掌握的。1928 年 7 月上海特别市按照国民政府的规划将原来实际接收的 17 个市、乡,设区建制,[⑤]再加上公共租界和法租界两个特别区,一直至 1937 年 11 月上海沦陷,此间上海市的行政建制完整而稳固。根据南京国民政府 1931 年 12 月公布的《户籍法》,在

---

① 潘君祥、王仰清主编:《上海通史》第 8 卷·民国经济,载熊月之主编《上海通史》,上海:上海人民出版社,1999 年,第 16 页。

② 《上海通志》编纂委员会编:《上海通志》第 3 册,上海:上海社会科学院出版社,2005 年,"第十七卷 工业(上)",第 1837—1839 页。

③ 罗苏文、宋钻友主编:《上海通史》第 9 卷·民国社会,载熊月之主编《上海通史》,上海:上海人民出版社,1999 年,第 107 页。

④ 潘君祥、王仰清主编:《上海通史》第 8 卷·民国经济,载熊月之主编《上海通史》,上海:上海人民出版社,1999 年,第 136 页。

⑤ 上海通志编纂委员会编:《上海通志》第 1 册,上海:上海社会科学院出版社,2005 年,"第一卷 建制沿革",第 403—405 页。

一县或市区域内有住所三年以上，并且在其他县市没有本籍者，则该县或市为其户籍地。[①] 上海市人民成为上海籍人的制度设定是《户籍法》的规定，而人们在日常生活和媒体报道中常称之为本地人、本地籍或本埠人。

同时，"近代上海是公认的移民城市"，[②] 作为一个国际性大城市，上海是全国的工商业中心，城市的发展需要大量的人力资源，"城市工业部门不断增加的就业机会，吸收农业部门劳动力源源不断地从农村迁入城市，推动城市化的发展"。[③] 原籍地的贫瘠、灾荒或动乱又起到了"推力"的作用，在此之下，上海地区"本国人的籍贯亦遍及于全中国的各省市"。[④] 具体而言，1929—1936 年"华界"[⑤] 上海籍贯人口占比为 24%—28%，非上海籍贯的本国人口占比为 72%—76%。

那么这些非上海籍贯的人口主要来自哪里呢？很显然以大城市的辐射范围来说，距离城市越近越容易向城市靠拢，人员的迁入和迁出也较容易。上海"华界"人口在 1927 年时约 1 503 922 人，到 1937 年增加到 2 155 717 人，[⑥] 这种人口的快速增长超过了自然增长，显然是有人口的直接迁入，既有研究已经指出上海的人口迁入数大于迁出数，[⑦] 所以结合就近迁入的容易性，那么那些迁入上海的非上海籍贯人员必定呈现一定的规律。以 1934 年为例，据统计上海"华界"人口中籍贯人数最多的依次是江苏籍，占人口总数的 39.23%；上海籍，占人口总数的25.51%；浙江籍，占人口总数的 18.71%；安徽籍，占人口总数的 4.52%；广东籍，占人口总数的 2.55%。[⑧] 1935 年的籍贯人口数量位居前五位的同样是江苏籍、上海籍、浙江籍、安徽籍、广东籍。[⑨]

自杀者的籍贯是从社会分层的角度研究自杀问题，具有特别的意义，表层意义是可以看出自杀者的地域分布特征，深层意义是通过对城市人口中本地人和外地人生活常态的再思考，挖掘这些人所具有的地域要素。

上海当局在编制自杀统计资料时并未公布自杀者的籍贯，但是由于《申报》

---

① 《户籍法》，《法令周刊》第 77 期，1931 年 12 月 23 日。
② 于珍：《近代上海同乡组织与移民教育》，北京：社会科学文献出版社，2009 年，第 1 页。
③ 王桂新：《城市化基本理论与中国城市化的问题及对策》，《人口研究》2013 年第 6 期。
④ 邹依仁：《旧上海人口变迁的研究》，上海：上海人民出版社，1980 年，第 39 页。
⑤ 公共租界只有 1930 年和 1935 年两年的数据，1930 年上海籍贯人口占比 22%，非上海籍贯人口占比 78%；1935 年上海籍贯人口占比 21%，非上海籍贯人口占比 79%。法租界的户籍情况缺少统计（邹依仁：《旧上海人口变迁的研究》，上海：上海人民出版社，1980 年，第 112 页）。
⑥ 邹依仁：《旧上海人口变迁的研究》，上海：上海人民出版社，1980 年，第 90 页。
⑦ 邹依仁：《旧上海人口变迁的研究》，上海：上海人民出版社，1980 年，第 43 页。
⑧ 上海市年鉴委员会编：《上海市年鉴二十四年》，上海：上海通志馆，1935 年，第 C23—C24 页。
⑨ 江苏、上海、浙江、安徽和广东的籍贯人口占总数之比分别是 39.25%、25.27%、18.92% 和 4.52%（上海市年鉴委员会编：《上海市年鉴二十五年》，上海：中华书局，1936 年，第 C25—C26 页）。

自杀新闻一般会介绍自杀者的个人背景（包括籍贯），这为笔者对自杀者的籍贯进行不完全统计提供了依据。虽然这并不能反映自杀者籍贯的整体面貌，但仍然具有代表意义。《申报》自杀新闻中未详自杀者籍贯的事例有 1 051 件，剩下的 2 905 个自杀案例中自杀者的籍贯是可以确定的。这些新闻曝光的自杀事件中，江苏籍有 1 042 人，浙江籍 760 人，上海籍 353 人，广东籍 165 人，安徽籍94 人。除了以上五省市外，新闻报道的国内自杀者籍贯几乎遍及整个中国。自杀者籍贯和在沪的外省市人口籍贯分布高度一致，出现这种现象并非偶然。距离上海越近，同上海的联系越密切，受现代城市文明的感染和吸引，迁入上海的可能性就更大，但同时会遭遇城市文明的冲击，外地人在融入上海的过程中，不可避免地会遭遇排斥。这种阻隔和排斥或是来自外部预设，或是来自个体为适应城市而做出改变时的纠结，自杀者的籍贯分布即是这种矛盾的呈现。

从沪地自杀者籍贯最集中的五省市入手，还可以做更具体的补充。根据1927—1937 年《申报》自杀新闻报道的不完全统计，自杀人数最多的是江苏籍自杀者。江苏籍自杀者根据具体籍贯地可分为两种情况，一种情况是新闻报道中出现的川沙、南汇、宝山、罗店、嘉定、南翔、松江、青浦、安亭、枫泾、朱泾、崇明等12 个地区，共计 137 人。这些地区当时尚归江苏省管辖，由于距离上海近，受上海的影响较大，在城市化的过程中，成为上海辖区扩充的预留地。事实证明，随着上海城市化不断进行，这些地区最终被划入上海，成为上海的一部分。这些地区来沪之人的自杀，说明他们既想融入上海，却在融入的过程中又面临阻碍，最终以自杀结束；另一种情况是江苏籍自杀者[①]中，以苏州、无锡、常州、镇江、南京等苏南地区最集中，几乎占到了整个江苏籍自杀者总数的 48%。这些地区与上海的地缘关系密切，交通便利，受上海城市化的感染和吸引，在上海主要从事工商以及文化产业。尤其是苏州人，早在 19 世纪末到 20 世纪初时苏商移沪的趋势就进一步扩大，[②]他们在文化认同上与上海最为密切，自然同上海本地人一样在遭遇生活困境时走自杀歧路的人数也最多。而籍贯地为扬州、南通、盐城、泰

[①] 据不完全统计，1927—1937 年《申报》所报道的江苏籍自杀者具体籍贯地包括：1) 当时处于江苏省管辖的 12 个地区：川沙、南汇、宝山、罗店、嘉定、南翔、松江、青浦、安亭、枫泾、朱泾、崇明；2) 笼统称之为江苏人和江北人；3) 报道中明确记载的 49 个籍贯地：昆山、苏州、吴县、吴江、洞庭山、常熟、太长、浏河、无锡、江阴、宜兴、常州、溧阳、镇江、丹阳、丹徒、南京、江宁、浦口、溧水、六合、南通、通州、启东、海门、如皋、泰州、靖江、泰县、泰兴、扬州、宝应、江都、高邮、盐城、东台、兴化、阜宁、淮安、山阳、淮城、涟水县、清江、宿迁、沭阳、泗阳、海州、徐州、铜山等。

[②] 张海：《苏州早期城市现代化研究》，南京：南京大学出版社，1999 年，第 100 页。

州、淮安、宿迁、徐州等江北地区的自杀者，虽然在沪自杀人数没有苏南人多，但也达 389 人，这是不能忽视的问题。而且迁徙上海的苏北人，大都迫于原籍地区的贫困、灾荒，以难民的身份来到上海，在上海这样的大城市里，他们只能从事码头工人之类的体力劳动、佣役之类的脏活累活，贫穷和无知成了这一群体的标签，而上海劳工市场的非技术行业往往是苏北人的集中之地，[①]他们在上海的求生之路会比苏南人更崎岖。媒体报道中的苏北籍自杀者，大都挣扎于家乡的贫瘠与上海无法扎根的夹缝中而求生不得，一些极端的例子便是自杀。

其次，自杀者中浙江籍人的分布也呈现出明显的地域性特征。例如，1927—1937 年《申报》报道中只有 24 人被泛称来自浙江，其余浙江籍自杀者具体为宁波籍 421 人、绍兴籍 130 人、嘉兴籍 61 人、湖州籍 39 人、杭州籍 49 人、台州籍 22 人、温州籍 8 人和金华籍 6 人。其中，宁波人占到了浙江籍自杀者人数的一半以上，宁波籍自杀者人数之众，再次印证了上海与宁波联系之密切，"在上海由传统向现代转型过程中，举凡一些关节点上都印有宁波人的踪迹"。[②] 而绍兴籍自杀者人数也不在少数，正如宁绍帮在 20 世纪二三十年代成为上海移民群体势力的鳌首一样，宁绍移民群体在上海立足之路也必然是一个披荆斩棘的过程。

再次，广东籍和安徽籍自杀者的分布情况，同这些移民群体在上海的实际分布相吻合。"上海城市地位的上升，使它成为中国各大地缘商帮贸易圈不可或缺的一环"，[③]旅沪广东人秉承早期在国内外贸易中开拓进取的传统，主动移民上海，"上海成为粤民最为集中的外省商埠"。[④] 广东籍来沪移民的自杀人数和比例远低于江苏籍和浙江籍，而且自杀者具体籍贯地较分散，分别为潮州籍 12 例、中山县籍 7 例，以及南雄、大埔、合浦籍共 6 例，这和苏浙籍自杀者高度集中于苏州人和宁波人的现象非常不同，笔者认为此种差异正是 20 世纪二三十年代广东在沪势力趋弱的一种外显。报道中的安徽籍自杀者，与来沪的安徽籍移民有直接关系，而且较之江浙粤这样贸易发达地区，安徽经济不发达，灾荒不断，为了逃荒而旅沪的情况为数不少，[⑤]对于这些旅沪的安徽籍移民来说，上海城市文明的吸引力并非是他们来沪最先考虑的，原籍生活的难以为继才是他们来沪的主要原因。城市化发展需要移民，移民却无法立足于城市而误入自杀歧途，如何面对

① 韩起澜：《苏北人在上海：1850—1980》，卢明华译，上海：上海古籍出版社，2004 年，第 67 页。
② 李瑊：《上海的宁波人》，上海：上海人民出版社，2000 年，第 3 页。
③ 宋钻友：《广东人在上海 1843—1949 年》，上海：上海人民出版社，2007 年，第 245 页。
④ 宋钻友：《广东人在上海 1843—1949 年》，上海：上海人民出版社，2007 年，第 221 页。
⑤ 邹依仁：《旧上海人口变迁的研究》，上海：上海人民出版社，1980 年，第 42 页。

（一）具体的自杀原因

虽然研究者通常试图通过各种方式探究和归纳自杀发生的根本原因，但是由于每一个自杀者的自杀原因各不相同，那么在宏观归纳之前，不得不去思考个体间的差异。古典社会学的奠基者迪尔凯姆都不得不承认"只有联系决定整体的各种原因才能分析整体"①，但是他认为国家统计资料中保存的个人自杀调查结果是"被推定的自杀动机"（presumptive motives of suicides），是"人们赋予自杀的，或者是自杀者本人用来解释他的行为的，所以往往只是自杀的表面原因"，并不是具有普遍意义的真正原因，所以他在《自杀论》中决定撇开个人自杀的动机和想法，直接考察是什么样的社会环境导致自杀，再思考这些普遍原因是如何个性化的。② 上海市社会局在进行自杀统计时，列出了自杀者的自杀原因（自杀动机），也就是迪尔凯姆所谓的"被推定的自杀动机"。既然要研究上海社会自杀现象的普遍原因，那么这些个体化的直接原因，显然是需要把握的，这正是一种从部分到整体的归纳过程。那么当时自杀发生的直接诱因是哪些呢？

根据上海市社会局官方发布的自杀原因类别，如表 1.17 所示，除了"不明"原因的情况，有 16 种常见形式，包括经济压迫、家庭事故、口角纷争、失恋、失业、堕落、婚姻问题、营业失败、情死、疾病、冤诬、羞愤、遭劫受骗、畏罪、被虐待、其他。由于官方统计的时间跨度达 8 年，自杀原因的名称也多有变动，但自杀原因的内容基本未变，如 1929 年前使用"生计困难"记录因经济问题自杀的人，1930 年开始使用"经济压迫"，但是无论"生计困难"还是"经济压迫"，其原因都属于经济问题一类。而社会局在后期将这些统计资料结集出版时，一律将因经济问题自杀的情况统计为"经济压迫"。③ 由于上海市社会局的调查统计资料主要来源于"本埠各大医院及救生局报告，间采报章之记载"，④先不说医院及救生局对自杀事件的调查结果能达到如何客观科学的地步，仅报章记载的自杀原因都会有很多需要鉴别之处，这样就不可避免地引起人们对官方统计报告的质疑。然而作为一种记录，尤其是时人对自杀原因已经形成了规范化的记录，我们所要思考的恰是官方记录的自杀原因究竟是否和实际发生的情况大体一致。

---

① 埃米尔·迪尔凯姆：《自杀论》，冯韵文译，北京：商务印书馆，2001 年，第 139 页。
② 埃米尔·迪尔凯姆：《自杀论》，冯韵文译，北京：商务印书馆，2001 年，第 139—143 页。
③ 再如"家庭事故""家庭问题"表示因家庭纠纷自杀的人。
④ 《社会病态统计》（1928 年 8 月—12 月），《社会月刊》第 1 卷第 1 期，1929 年 1 月。

表 1.17　1928—1935 年上海当局公布的自杀原因统计表

（单位：人）

年份	经济压迫	家庭事故	口角纷争	失恋	失业	堕落	婚姻问题	营业失败	情死	疾病	冤诬	羞愤	遭劫受骗	畏罪	被虐待	其他	不明
1928 年	89	352	/	18	/	24	/	16	/	20	76	/	11	4	14	22	379
1929 年	198	1 101	/	32	/	64	4	48	/	40	93	/	22	6	8	143	230
1930 年	435	833	261	24	7	33	16	18	/	35	31	/	24	5	/	61	149
1931 年	377	383	823	20	39	68	8	16	/	25	9	23	17	6	/	56	126
1932 年	269	299	532	15	20	18	11	8	10	21	11	15	13	7	2	23	102
1933 年	389	407	787	11	41	29	3	9	7	34	16	38	3	17	1	15	139
1934 年	609	330	976	22	44	4	15	10	28	45	17	50	4	8	/	22	141
1935 年	722	460	1 103	39	55	11	8	12	21	37	10	47	13	11	5	11	522
总计	3 088	4 165	4 482	181	206	251	65	137	66	257	263	173	107	64	30	353	1 788

注：1. 表中 1928 年的数据起止时间为当年 8—12 月。
2. 1932 年的统计因淞沪抗战，缺失当年 2 月至 4 月的数据。

资料来源：上海市地方协会编：《上海市统计》（民国二十二年），上海：商务印书馆，1933 年；上海市地方协会编：《上海市统计补充材料》（民国二十三年编），上海：上海市地方协会，1935 年；上海市地方协会编：《上海市统计第二次补充材料》（民国二十五年编），上海：上海市地方协会，1936 年。

从表 1.17 的统计数据和图 1.2 来看,1928—1935 年上海各类自杀原因的分布呈现非常典型的集中特征。最明显的一点是自杀原因集中在口角纷争、家庭事故、经济压迫这三类,共有 11 735 人因为这三类原因而自杀,占自杀总数的74.9%;"其他"主要包括因赌负债、妻随人逃而自杀的情况,共有 353 人;同时,还有 1 788 人的自杀原因不明,占到自杀总数的 11.4%。

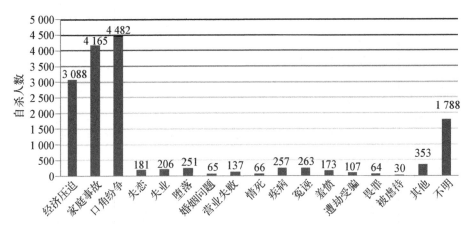

图 1.2　1928—1935 年官方自杀原因统计图

注：笔者根据表 1.17 中的数据制作而成。

我们再来详细分析这些自杀原因,[①]首先是家庭矛盾造成的自杀。上海当局自杀统计表中的"家庭事故""口角纷争""失恋""婚姻问题""情死"等五类是家庭矛盾的直接反映,从自杀人数上看,这五类达 8 959 例,占自杀总数的 57%,也就是说自杀者中有一半多的人是因家庭矛盾才误入歧途的;其次,因经济问题而自杀的情况也不容小觑。经济压迫、失业、营业失败、遭劫受骗等显然和经济有关,因经济原因而自杀的达 3 538 例,占自杀总数的比例约为 22%;再次,疾病、畏罪、被虐待以及"其他"一类的自杀者,虽然人数不多,但是被单列出来统计,这是自杀原因复杂性的又一种表现;最后,冤诬、堕落、羞愤等导致的自杀事件有687 例,受到冤枉或诬蔑,心里的委屈难以疏解,选择以死证明自己,这是冤枉型自杀。厌世颓丧,选择自杀解脱,这是堕落型自杀。羞愧过往之事,碍于颜面受损,以自杀释放自己内心的压抑,这是羞愤型自杀。无论是哪种类型,这三类都直指个人内心深处不能自拔的困厄,当然统计中并未进一步点明是何种具体事

---

① 由于这些自杀原因是调查者根据相关材料的"即兴判断",如果不明确每个类别所指的具体内容,很难保证没有差错。

情给自杀者带来冤枉感、厌世感、羞耻感等。

为了进一步验证上海当局统计的自杀原因是否大体反映了当时社会自杀发生的真实原因,接下来笔者将其与《申报》新闻报道的自杀原因进行比较分析。笔者参考官方自杀原因的分类标准,凡是新闻报道中涉及家庭问题,除非特别列出"口角""失恋""情死""婚姻问题"等关键词,皆记录为"家庭事故";同样,凡是涉及经济问题的,除非特别列出"失业""遭劫被骗""营业失败"等关键词,皆列入"经济压迫"一类。

根据表1.18中的数据和图1.3来看,因经济压迫、口角纷争、家庭事故这三类原因而自杀的有1 772人,占自杀总数的44.79%,显然这和官方公布的自杀主要原因非常相似。[①] 这种相似性还体现在以下几个方面:一是家庭矛盾中,因口角纷争、家庭事故、失恋、婚姻问题(包括失恋)等而自杀的有1 182人,约达自杀总数的30%;二是因经济压迫、失业、营业失败、遭劫被骗等经济原因而自杀的有1 139人,约占自杀总数的28.8%;三是因疾病、畏罪、被虐待以及"其他"一类的自杀情况有628例,占自杀总数的15.9%。通过上述比较,可以大体看出新闻报道的自杀原因和官方报道大体一致,这在一定程度上验证了官方所统计的自杀原因的真实性,也有助于了解把握自杀的实际情况。当然上述比较也存在一些差别,如《申报》报道中因经济压迫自杀的人数多于因家庭问题自杀的人数,这是由于家庭内部矛盾引起的自杀见诸报端的要少一些,那些因经济困难而自杀的,多发生在工作环境或公共场所中,相对来说更容易传播,被报道的概率自然较大。

通过官方统计和新闻报道的自杀原因比较,可以基本掌握自杀发生的一般原因。自杀情况的发生并不仅仅是上海的特例,放之全国乃至世界大部分国家和地区大体也如此,自杀是因为家庭矛盾、经济困难、负面事件,或者精神障碍等,但为什么我们这么关注上海社会的自杀原因呢? 理由不外乎以下诸点:一是当时上海官方和社会对自杀现象确实非常重视,对自杀情况进行了数年的调查统计,着实不易;二是尽管官方的调查统计数据存在缺陷和漏洞,但毕竟为我们呈现了一份亟待研究,并能带来诸多反思的资料;三是官方统计的自杀原因直接反映了上海社会尤其是城市建设的困境,自杀的预防和控制需要建立在掌握自杀原因的基础之上,解决城市建设的困局也应该基于此。

---

① 《申报》报道中有876例"不明"原因,或者根据报道无法推测出自杀原因,占自杀总案例的22%,虽然不明案例很多会造成不准确性,但剩余78%的案例对自杀原因有明确的记载,其分布情况也可以在一定程度上说明上海社会的自杀情况。

表 1.18 1927—1937 年《申报》新闻中的自杀原因统计表

（单位：人）

年 份	经济压迫	家庭事故	口角纷争	失恋	失业	堕落	婚姻问题	营业失败	疾病	冤诬	羞愤	遭劫受骗	畏罪	被虐待	其他	不明	总计
1927 年	20	11	35	2	3	0	7	2	8	2	5	6	5	6	20	47	179
1928 年	52	27	111	10	13	0	15	7	29	10	10	7	8	11	49	78	437
1929 年	118	64	82	8	13	1	23	7	35	11	6	13	11	10	33	89	524
1930 年	133	52	101	9	8	3	17	5	27	7	10	11	6	8	31	104	532
1931 年	89	39	40	3	15	1	9	2	7	4	3	12	2	6	40	62	334
1932 年	41	16	32	4	7	0	13	4	9	1	3	4	7	4	18	52	215
1933 年	73	22	39	10	15	0	15	4	12	7	9	0	11	6	31	62	316
1934 年	106	37	42	2	21	0	19	11	15	5	8	3	3	5	18	85	380
1935 年	105	30	32	8	29	0	30	8	20	7	7	8	6	6	12	140	448
1936 年	82	33	51	4	35	0	28	4	22	3	2	5	9	4	15	101	398
1937 年	21	12	24	9	14	0	5	0	21	2	4	3	6	4	12	56	193
合 计	840	343	589	69	173	5	181	54	205	59	67	72	74	70	279	876	3 956

资料来源：笔者根据 1927—1937 年《申报》自杀新闻报道整理得出。

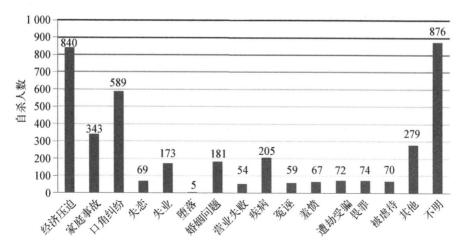

图 1.3 1927—1937 年《申报》新闻报道中的自杀原因统计图

（二）自杀原因的主要类型

笔者将上文具体的自杀原因进行了归类,认为自杀原因主要可分为家庭矛盾、经济困难、突发事件、精神困境层面等四种类型。这四种类型是建立在上海当局自杀调查统计基础之上,并对大量自杀新闻报道进行统计最终得来的经验性总结,虽然这只是一种基于直接材料的总结,并没有上升到理论的高度,但这四种类型还是能说明一些问题的。

表 1.19 是根据上海市当局自杀统计数据计算得出的,从中可以看出自杀原因的四种主要类型在各年份的数据变化不大。这说明自杀原因的主要类型在各年份的分布很稳定,尤其是以家庭矛盾、经济困难为主。不过,虽然自杀原因的主要类型变化不大,但有的类别对应的自杀绝对人数却呈上升趋势,特别是因家庭矛盾而自杀的情况,除了 1932 年数据不完整外,基本上因家庭矛盾而自杀的绝对人数都在递增,同样的情况也出现在因经济困难而自杀的类别中。自杀绝对人数的变化说明了这些原因在不同的年份有不同的强度。

1927—1937 年《申报》新闻报道的自杀案例,从表 1.20 中可以看出自杀原因的主要类型中,不同于官方关注因家庭矛盾而自杀的事件占比较大,《申报》对因经济困难而自杀的事件更为关注,这一点我们在前文已经指出,这里从自杀原因的变化趋势方面继续呈现其中的差异。媒体对因经济困难而自杀的新闻报道很频繁,除了 1932 年受战事报道的影响,其余年份中自杀报道人数基本处于高位,

表 1.19　1928—1935 年上海当局公布的自杀原因主要类型分析表　（单位：人）

年　份	家庭矛盾	经济困难	突发事件	精神困境	不　明	合　计
1928 年	370	116	60	100	379	1 025
1929 年	1 137	268	197	157	230	1 989
1930 年	1 134	484	101	64	149	1 932
1931 年	1 234	449	87	100	126	1 996
1932 年	867	310	53	44	102	1 376
1933 年	1 215	442	67	83	139	1 946
1934 年	1 371	667	75	71	141	2 325
1935 年	1 631	802	64	68	522	3 087
合　计	8 959	3 538	704	687	1 788	15 676

注：根据表 1.17 计算整理得出，其中 1928 年数据为该年 8—12 月的数据。

特别是 1927—1930 年，因经济困难而自杀的人数增长迅速，反映出上海社会经济环境影响了居民生活。其他几种类型的数据变化则与上海官方的自杀统计相似。

表 1.20　1927—1937 年《申报》新闻中自杀原因主要类型分析表　（单位：人）

年　份	家庭矛盾	经济困难	突发事件	精神困境	不　明	合　计
1927 年	55	31	39	7	47	179
1928 年	163	79	97	20	78	437
1929 年	177	151	89	18	89	524
1930 年	179	157	72	20	104	532
1931 年	91	118	55	8	62	334
1932 年	65	56	38	4	52	215
1933 年	86	92	60	16	62	316
1934 年	100	141	41	13	85	380
1935 年	100	150	44	14	140	448
1936 年	116	126	50	5	101	398
1937 年	50	38	43	6	56	193
合　计	1 182	1 139	628	131	876	3 956

资料来源：1927—1937 年《申报》新闻报道中的自杀案例整理得出。

结合当时上海的历史情境,20 世纪二三十年代机器生产在上海越来越普遍,带来了上海经济的飞速发展,伴随生产方式变革的是社会关系的调整和变化,以及变化带来的一些冲击,如外来人口进城面临的衣食住行问题,以及对城市文化的适应问题。自杀是人们不适应社会变化的反映之一,考察自杀发生的原因也就是在挖掘上海在经历工业发展的过程中所面临的社会问题。从对自杀原因的分类来看,家庭生活、经济活动、突发事件、个人精神层面是诱发自杀行为的主要因素,接下来的章节将具体分析上海城市化进程中自杀发生的诱因。

第二章
"过日子"逻辑的颠覆：婚恋家庭自杀问题

我们在上一章中对自杀原因进行总体考察时，发现家庭矛盾是自杀的一个主要原因。那么如何解释城市家庭中的自杀现象？又如何借此透视当时城市家庭的真实生活处境呢？

进入现代社会，家庭最显著的变化就是生活场景的变化，既有从事农业生产过着农村生活的农村家庭，又有从事工商业生产以现代生活方式为主的城市家庭，而且在城市化背景中两种家庭形态也处在变化之中。无论是从农村迁出的农民，还是刚迁入的城里人，其生活状态必然发生改变，由此也带来家庭生存处境的变化。用一个非常贴切的词语来形容人们的日常生活，这就是"过日子"。

"过日子"主要涉及四种关系的协调，即恋人关系、夫妻关系、代际关系、社区关系，如果四种关系和谐融洽，则城市家庭中的日子可以继续下去，一旦失调，特别是发展到难以调和的程度，那么可能会出现两种结果：一是关系破裂，常态的"过日子"就此中断；二是关系冷淡，得过且过地"混日子"。如果说"混日子"起码还是在"过日子"的话，那么"过日子"的中断则显得格外严重。日子因为关系破裂而过不下去，要么是和平解除家庭中的各种关系，如失恋、离婚、代际冲突、邻里纠纷，或者是家庭关系中断过程中伴生极端行为，如家庭暴力、杀人、自杀等。当然由于现实生活更加复杂多变，家庭矛盾与家庭关系之间存在必然联系，因此，本章从"过日子"的逻辑，即从四种家庭关系的具体情况出发，抓住当时社会家庭矛盾的不同层面，考察"过日子"的异常状态与极端行为发生之间的关系，尤其是城市家庭变迁过程中家庭伦理关系的变动情况。①

---

① 笔者之所以选择这种研究进路是出于两点考虑：一是根据学界对"过日子"逻辑的既有研究，用"过日子"逻辑来解释社会问题，特别是自杀问题，已有很多成熟的成果可资借鉴；二是正如学界普遍认识到的"过日子"逻辑还有巨大的研究空间，而"过日子"逻辑能否运用到城市家庭的相关研究尚不多见。

第一节 恋爱生活与新旧观念杂糅

"恋爱"是 20 世纪 20 年代中国青年最关注的人生命题,尤其是五四运动后,男女社交公开逐渐成为风尚,此时新文化将"恋爱自由""恋爱神圣"等观点建构成能颠覆传统尊卑等级观念的新命题,于是"恋爱问题"也成为涉及女性、婚姻、家庭、教育等诸多社会热点问题的共同关注点。"五四时期的'新旧'冲突、'中西碰撞',无不直接、敏感地呈现在'恋爱问题'上",[1]"恋爱问题"引发了新旧道德之间的冲突和抗衡。在这种历史背景之下,五四时期的青年对旧的家庭制度越来越抗拒,"不自由,毋宁死"更是成为"恋爱自由"的标语化表达。在具体的恋爱实践中,对于受过新式教育的家人来说,既然恋爱自由是一种时代进步精神,那么无论是争取自由恋爱,还是为恋爱抗争,都会成为社会舆论乐于捕捉的新内容,而且是具有现代要素的新内容,这在城市里尤为突出。

经历五四运动的洗礼,社交公开与恋爱自由成了打破旧礼教的舆论。[2] 与之相伴随的是女子在受教育、就业、经济独立上逐渐享有机会,而恋爱自由、自主婚姻等观念也伴随着工业化的发展,在像上海这样的城市中获得了更多的受众。然而新风尚的流行势必与旧有的包办婚姻、买卖婚姻等封建思想发生矛盾。处在新旧过渡时期的青年男女在恋爱里也容易产生盲目冲动、不理性的行为,甚至酿成悲剧事件。从这些悲剧事件入手,可以有的放矢地抓住恋爱问题的症结,这也是 20 世纪 20 年代至 40 年代中国家庭的婚恋问题值得关注的地方。

一、恋爱问题的两面性

"(有男 1 人,女 3 人)做了这旧礼教和新潮流过渡时代的牺牲品",[3]这是 1929 年 5 月上海特别市政府社会局对 4 月份上海几起典型自杀案例的评论。当局在官方发布的自杀统计资料中特别提及了 3 例自杀事件:第一例是一个女子恋上一个青年,但在未经过法律手续的情况下实行同居,最终被抛弃。由于她经济上不能自立,也无颜面回家,不得不走上自杀之路;第二例是一个少女因为

---

① 杨联芬:《"恋爱"之发生与现代文学观念变迁》,《中国社会科学》2014 年第 1 期。
② 王印焕:《试论民国时期青年恋爱的舆论导向》,《北京科技大学学报》(社会科学版)2007 年第 1 期。
③ 《社会病态统计》,《社会月刊》第 1 卷第 5 期,1929 年 5 月。

婚姻不能自主而自杀；第三例是青年男女二人想结为伴侣，但受到双方家庭的反对而一同自杀。不得不说当局选择的这几例自杀事件集中反映了青年婚恋问题中的两面性。

一方面，青年男女普遍认为社交公开、恋爱自由是幸福婚姻的必由之路，但他们也面临很多的诱惑，容易堕落。新潮流易催生堕落，这是过渡时代的特征。"在这万恶的社会中间，正有许多人借着社交公开、恋爱自由的名字来欺骗天真的、无知的女子们。"当局认为现在的上海过分效仿西方，"给那些人面兽心的男子们许多接近的机会，也就是增加女子堕落的机会"。那么青年女子在这种环境中，如何避免恶果，当局给出了建议，"须慎于交际，希望女同胞们起来自决"。① 社交公开、恋爱自由为什么对于部分青年男女来说是一种诱惑和堕落呢？这是由于社交公开、恋爱自由等新潮观念主要服务于人的解放这一主题，但是何谓人的解放，各有见解，于婚恋问题中，"灵肉一致"的恋爱观念在社会上占有一席之地，而纵观失恋自杀的案例，往往是在双方发生了性关系之后，恋人关系因为各种原因结束而发生自杀的悲剧。

另一方面，男女青年婚恋中的旧礼教问题依然存在。20 世纪 20 年代末期，包办婚姻、父母干涉婚姻自由等问题成为社会新潮婚恋观广泛抨击的旧礼教顽疾，然而由于那是个旧礼教与新潮流并存的过渡时代，社会上限制男女婚恋自由的现象依然存在。现实中这样的例子时常被新闻报道，如 17 岁的陈玉青与 24 岁的倪阿全确立恋爱关系，陈母胡氏得知此事后将女儿斥责一番，二人发生口角后，陈玉青即产生厌世之念，暗自吞服毒药自杀。② 新闻以极简的形式呈现了一条人命案的来龙去脉，青年男女恋爱受到女方家长的阻拦，最终以女方服毒自杀终结。可以说当时因为父母干涉而结束恋情的例子不胜枚举。面对这一问题，当局认为青年男女的婚恋应该受到家长的"随时指导"而不是压迫。③

恋爱问题中的两面性既是相对的，又是相关的。由于婚恋自由等新潮观念越来越受青年男女的欢迎和追捧，但是身处一个新旧社会风俗过渡的时代，青年男女因误解社交公开、恋爱自由、婚姻自由观念而酿成悲剧的情况也时常发生，这又加剧了传统家长对新潮观念的恐惧。不少青年男女误以为恋爱自由即是"灵肉一致"，这对固守传统贞操、女德等观念的家长来说无疑是巨大的冲击，加之青年男女因误解恋爱自由而失恋，再由失恋而发生自杀之类的悲剧，如此情况

---

① 《社会病态统计》，《社会月刊》第 1 卷第 5 期，1929 年 5 月。
② 《陈玉青玉殒香消 因恋爱受责而服毒》，《申报》1936 年 5 月 24 日，第 11 版。
③ 《社会病态统计》，《社会月刊》第 1 卷第 5 期，1929 年 5 月。

下,青年男女要想追求真正的恋爱自由,势必会面临更顽固的旧礼教束缚。青年男女正是在恋爱问题的两面性中,既享受自由恋爱的魅力,也承担着失恋带来的风险。

二、失恋自杀的因果联系

由于恋爱问题涉及婚姻、家庭、社会等更加复杂的层面,失恋自杀的现象应予以重视,这在上海当局掌握的统计资料和新闻报道或评述里都有所反映。根据官方的调查统计,自 1928 年 8 月到 1935 年底,因为失恋而自杀的有 181 人,[①]这虽然只占官方自杀统计总数的 1.2%,但由于其被单独列出来统计,说明了失恋自杀的现象引起了当局的关注,也使得青年男女的恋爱困境因失恋自杀而显得尤为醒目。同时,笔者根据《申报》中明确出现"失恋"等关键信息的自杀新闻报道,统计得出 1927—1937 年约有 69 人因失恋而自杀,占新闻报道自杀总数的 1.74%。

男女自确定恋爱关系便进入了"过日子"逻辑中的恋人关系一环,希望通过恋爱确立以爱情为基础的婚姻,从而组建起"过日子"的核心部分——家庭,以此走上"过日子"的正轨。然而,现实生活并非一帆风顺,恋爱关系的失调或打破,即失恋会阻断"过日子"的理想进程。在 20 世纪二三十年代,恋爱自由已经成为社会婚俗的新潮流,生活在城里的青年男女,理所当然最易沐浴恋爱自由之风,也极易经历失恋带来的情感挫折。失恋及其引起的自杀事件也就顺理成章变成反思自由恋爱的问题,并以此演变为对一系列相关问题的追问:为什么青年男女会失恋？为什么失恋的他们要自杀？失恋和自杀之间究竟是否存在因果关系？这些问题内中有一个逻辑顺序,即相恋(缘起)——失恋(事件)——结局(自杀或者其他选择)。

失恋自杀的原因之一是一方背弃爱情誓言,抛弃另一方,其中女性多是被抛弃者。当然失恋事件中也有男性受害者,如民国时期著名作曲家严工上的次子——严与今的失恋自杀便是如此。1927 年 7 月的一天,正处失恋状态的严与今乘火车随南国社赴南京演出,因不慎弄断座位上的笛子,认定此为不祥之兆,抵达南京后便投入秦淮河自杀(田汉后来将此事编成电影剧本《断笛余音》)。严与今之死与他的失恋大有关联,经调查是由于其女友"以其学问虽佳,而为清贫之士,因另偕爱人离宁"。青年男女都有可能成为失恋的受害者,这本身也折射

---

① 根据社会局的统计,1928 年 8—12 月因失恋自杀的有 18 人,1929 年有 32 人,1930 年有 24 人,1931 年有 20 人,1932 年 5—12 月有 15 人,1933 年有 11 人,1934 年有 22 人,1935 年有 39 人。

出失恋自杀对于男女如何看待爱情都是同样需要正视的问题。

失恋自杀的原因之二是恋爱关系受到父母的阻挠，被阻挠的一方被逼无奈走向自杀的深渊，而父母对子女恋爱自由的阻挠，往往出于诸多现实考虑。

失恋自杀的原因之三是恋爱本身的特点。恋爱过程的封闭性和互动性，要求男女双方必须是共情之下的自然结合。那些陷入单恋、三角恋、四角恋乃至多角恋困局的现象，本身就不符合恋爱的特性，无疾而终甚至最终以悲剧收场的失恋便可归结于此。由单恋带来情感困惑最终结束自己生命的例子其实有很多，三角恋涉及的问题会更加复杂。

纵观失恋自杀的诸多案例，皆可归因于恋爱关系的破裂和误解，或者是当事者背弃恋爱时许下的诺言，或者是受到父母和传统婚恋习俗的桎梏，或者是误解恋爱自由的本质，将"灵肉一致"看作恋爱目的而忽视恋爱的纯洁性和责任感，存在多角恋爱的现象。这些问题成为失恋的隐忧，失恋问题又进而造成自杀等悲剧。

三、失恋自杀的典型个案

（一）马振华投江自杀案

马振华失恋自杀案是一件受到社会广泛关注的女子自杀事件，发生在 1928 年的上海。1928 年 3 月 17 日凌晨，31 岁的女教师马振华投黄浦江而死。简单说，她是在遭未婚夫汪世昌的诱骗失贞后，有感于未婚夫的抛弃而绝望地投江自杀。这起原本普通的女子失恋自杀事件，却随着主要报纸媒体的追踪报道和 120 余封情书的曝光，而勾起了上海民众的猎奇心，大众很快便掌握了马振华与未婚夫汪世昌从恋爱到失恋再到自杀的脉络。

马振华毕业于通州刺绣学校，受过新式教育，曾在杭州某校任教员，父亲是江苏东台县禁烟局局长马炎文；汪世昌同样受过新式教育，曾任城北思齐学校教员，还充任北伐国民军直鲁联军第五师师长周树人的司书。[①] 由于住所距离较近又均是单身，二人于 1927 年 12 月 21 日确立了恋爱关系。时间一久，感情渐浓，二人私许山盟海誓，并开始讨论婚嫁问题。经汪世昌的上级周师长保媒，马振华的父亲同意了这门亲事，双方约定先订婚，后结婚。订婚让二人的关系更上了一个台阶。

直至某日，汪世昌在戏院见马振华与一男子同行观剧，便心生疑惑，疑其非

---

① 德征：《马振华女士投江事述》，《青年妇女》第 19 期，1928 年 3 月 22 日，"马振华投江问题专号"。

处女。为了打消疑虑，汪世昌竟然拿着马振华的生辰八字求问于术士，却得到了"绝非完璧"的结果，他以此质问马振华，马振华回信要与汪"永诀"。但随后在汪世昌的诱导下，马振华还是与汪世昌发生了性关系，不过汪世昌对马振华的疑虑却因此而愈发加重。当马振华想到自己已经年满 31 岁，"以婚姻为终身大事，审慎至今，反有此项结果，既无以自白，复不能对父母，亦无言以自存"。① 为了消除汪世昌的怀疑，马振华写下血书，"立血书盟誓：马振华今以贞洁闺女资格与汪世昌先生订百年之好，如非真真完璧，先前曾已失洁过，而此时欺瞒而不直言者，及婚后若有变心者，决不善终，死无葬身之地。此誓，中华民国十七年三月十四日，马振华。"②

1928 年 3 月 16 日下午 3 时，马振华还在给汪世昌的一封信件中写道"我最亲最爱的好弟弟世昌"，缘何她会在当夜外出投江呢？这期间究竟发生了什么呢？汪世昌在事发后说到马振华自杀有个近因，这个近因恰恰发生在这几个小时中。汪世昌当面接到马振华 16 日下午 3 时所写的信后，以 18 日要随周师长去前线为由，希望在出发前作"临别纪念"(指发生性关系)，马振华誓死不从。当汪世昌将马振华寄来的 63 封信件(据他说还余下 12 封长信放在身边作为纪念)打包奉还时，马振华"点头无言，携之入室"，汪世昌推测马振华应该是怀疑退信毁约被抛弃。按照马振华诀别书中的话"我是不是处女，已经嫁过十七八个男人了，现在你既这样疑我，请你从此解决罢"③，很显然汪世昌退完信后，马汪二人最后一次见面的相谈内容再次涉及处女问题。当天晚上 11 时左右马振华羞愤之余想到了外出寻死，第一次被汪世昌追上拦住，第二次连汪世昌也不知道是何时，④直到 17 日晨同仁辅元堂救生局将马振华的尸体打捞上岸，马家亲属阅报见女尸衣服，赶到救生局认看，才得以确认。

18 日上午 9 时许，汪世昌得知马振华投浦自杀的消息后，分别给马振华的父亲马炎文、自己的上司周树人师长和《时事新报》的记者汪英宾写了三封书信，并在晚上 10 时乘黄包车来到救生局附近的浦边假作自杀。由于其自杀前在腰间系了一条绳子，投水后不到五分钟便被附近派出所的岗警救起。汪世昌被救后不再提及自杀之事，而是以子婿身份安抚马振华父亲，谓"决不欲再图自杀以增令媛之罪，顾将所以报令媛于九泉者计，惟有不背生前此生非振华不娶之盟

---

① 德征：《马振华女士投江事述》，《青年妇女》第 19 期，1928 年 3 月 22 日，"马振华投江问题专号"。
② 《汪马之来鸿去雁》，《青年妇女》第 19 期，1928 年 3 月 22 日，"马振华投江问题专号"。
③ 《汪马之来鸿去雁》，《青年妇女》第 19 期，1928 年 3 月 22 日，"马振华投江问题专号"。
④ 德征：《马振华女士投江事述》，《青年妇女》第 19 期，1928 年 3 月 22 日，"马振华投江问题专号"。

誓……誓当与振华女士抱牌位做亲，绝无更改。且亦决不再娶，若为嗣续计则亦惟有以妾之名义而后娶，否则宁终身作鳏……"[1]3 月 21 日晚马振华的父亲赶到上海，即召汪世昌前去谈话，承认汪世昌为婿，其女是为情而死。22 日马振华灵柩由救生局运至斜桥镇江会馆，灵柩上原书"马振华女士灵柩"改为"汪世昌之妻马振华女士之灵柩"。汪世昌穿白戴孝，送至镇江会馆，决定三月后将灵柩运回汪的原籍以妻礼安葬。晚间马父设宴款待周师长和汪世昌，岳婿二人交谈至晚上 10 时。第二日（23 日）晚 9 时汪世昌同周师长乘快车前往徐州，至此马汪事件告一段落，汪世昌得到了马家的原谅。然而，社会舆论却并不买账，汪世昌在马振华失恋自杀中扮演了极不光彩的角色，成为媒体攻讦的对象。

马振华自杀案发后，汪世昌一直受到舆论的谴责和谩骂，甚至在其离开上海前往北伐前线后，依然没有摆脱媒体的追踪。连续数月里，舆论集中讨论了男女社交公开、贞操问题、革命与妇女解放等问题，而这些问题最能反映城市恋人的日常生活。

其一，男女社交公开问题。男女自由交往、公开恋爱在 20 世纪 20 年代末的城市里已形成风气，马、汪二人都受过新式教育，又曾做过教员，对男女自由交往自然熟悉，从隔窗对望，到赠信定情，再到情浓于电影院、影戏场、照相馆，马汪二人自由恋爱的足迹遍布城市空间。然而，马汪恋爱悲剧却也起于男女社交公开。这对恋人信任危机的开始就是汪世昌"在影戏院中见（马振华）与一男子同观剧，就认为可疑"。[2]汪世昌和马振华的恋爱得益于他们的自由交往，显然二人都懂得男女公开社交是一种恋爱自由的表现，但是舆论质疑汪世昌"不承认男女有社交，见她（马振华）与一男子并在，即颇起疑心，摇惑他恋爱的热情"[3]似乎也很有道理。

男女社交原本是为了愉悦情感而公开恋爱，但身处过渡时代的青年男女并没有完全自由交往的环境，恋爱中的女主角马振华，在现实中感受到男主角汪世昌对于进一步交往，甚至发生性关系的直接逼迫，当女方失去贞操时，那么恋爱是走向婚姻，还是终止恋爱关系？马振华最终投黄浦江而死，表明像马振华这样既受传统观念束缚，又受现代生活方式和观念影响的知识女性，在社交公开和贞操观念上，往往处于被动和保守的地位。

其二，恋爱生活中的贞操问题。男女社交的公开是否意味着男女双方能

---

① 德征：《马振华女士投江事述》，《青年妇女》第 19 期，1928 年 3 月 22 日，"马振华投江问题专号"。
② 慎予：《评马振华投江事》，《青年妇女》第 19 期，1928 年 3 月 22 日，"马振华投江问题专号"。
③ 袁业裕：《最近中日两件情死的比较观》，《民国日报》1928 年 3 月 21 日，《觉悟》。

平等自由交往呢？在传统父权制下男女的自由结合往往被视为"淫奔"，而女性更需要恪守传统伦理道德。新文化运动让婚恋关系中的现代意识日渐崛起，男女应该平等地沐浴爱情，但这只是理想的预设，恋爱中男女的真实处境却未必达到美好的自由境界。在马振华自杀案中，马振华自杀的动因开始于未婚夫汪世昌怀疑她不是处女，她写血书，以"贞洁闺女资格"立下盟誓，以期打消汪世昌的疑虑，换取百年好合的婚约。几千年来女子的贞操问题曾压垮了无数的中国女性，它对于思想尚未彻底新化的男女来说无疑都是致命的，尤其是让女性处于更加被动的地位。马振华自杀后，舆论兴起了对贞操问题的讨论，并进一步升华到对恋爱中男女平等的呼吁，这是过渡时代转型特征和进步性的体现。徐呵梅在《青年妇女》中认为马振华"误解贞操不懂恋爱"，汪世昌"错解了贞操，重视了压迫女子的片面的贞操"，"头脑较清楚的青年"应该加以否认。[①] 舆论一致认为这种片面的贞操观不可取，同时提出贞操观中的男女平等问题。

作为官方舆论宣传的发声筒，《民国日报》更是将男女平等的问题提上日程。子英说："在高唱男女平等的时代，男子一定要娶处女来做妻子，那么省问省问自己是否是处男。就说是处男，娶一个非处女来做妻子，和你有什么损失呢！"[②]这种表述彰显了非常鲜明的男女平等思想，贞操观念可以不存在，但若存在一定对于男女具有同等的约束力。马汪二人虽然都接受过现代教育，但是二者的思想却不现代。现代的恋爱观应该是男女追求自由平等的两性关系，可是当这种具有现代性的爱情愿景遭遇封建传统思想时，却结出了畸形果实。

其三，恋爱生活中的政治主题。由于马振华自杀案发生的时间正值国民党进行二次北伐之时，加之汪世昌本人自称是北伐军人，需要跟随上司周师长开赴北伐前线，造成马汪不得不暂时分开的事实，这也成为马振华误以为失恋而自杀的关键信息之一。马振华自杀案涉及普通人日常生活中的恋爱、婚姻关系，但这又不是单一的私人生活，无论是当事人的军人身份，还是舆论讨论的内容，都对当时的政治主题有所涉及。顾德曼（Bryna Goodman）早就指出马汪案中的爱情与政治之间的联系，"认识到爱情在这个时期的政治中的重要性，和考察爱情宣传中的政治都是非常重要的"。[③] 由于汪世昌是一名革命军人，却干出了欺骗女

---

① 徐呵梅：《弁言》，《青年妇女》第 19 期，1928 年 3 月 22 日，"马振华投江问题专号"。

② 子英：《贞操问题——我的女子贞操观》，《民国日报》1928 年 7 月 13 日，第 4 张第 2 版，"闲话"。

③ Bryna Goodman，"Appealing to the Public: Newspaper Presentation and Adjudication of Emotion"，*Twentieth-Century China*，Vol.31，No.2(April 2006)，pp.32 - 69.

性、迷信术士、纳妾等有违革命军人身份的事情，舆论借着诘责汪世昌的机会，提出合格的革命军人应该如何恋爱的问题。顾德曼发现这种问题成为媒体所宣扬的内容。《民国日报》中评论马振华自杀案的大多数人，主张合格的革命军人应该走革命加恋爱之路，这与新文化运动宣传的"恋爱革命""婚姻革命""家庭革命"相呼应。

一些社会团体，如上海中华妇女同志会将革命问题与妇女解放问题相结合，不仅认为汪世昌是"假革命者"，而且还出于尊重妇女人格的目的代马振华申冤，甚至开会商讨议案，"呈军事当局将汪某立即拘禁，按照党纪国法惩戒，为破坏女性者戒"。① 除了上述观点，还有人指出汪世昌既是革命队伍中的一员，此后应该忍辱自赎，把未了之身，献到革命的前线。②

20 世纪 20 年代，受到五四运动的思想启蒙，个人意识不断觉醒，崇尚人的解放和自由成为时代潮流。在婚姻生活中，恋爱自由、婚姻自主越来越成为普通男女的呼声。但是，思想观念的变革是一个漫长的过程，一方面是旧式婚姻伦理观念和行为依然在社会上普遍存在，另一方面是新思想和新道德成为新潮在涌动。马振华投江自杀案成为这种新旧过渡时期的典型例子。马振华女士的恋爱和自杀，涉及男女社交公开、女子贞操、革命和妇女解放等诸多时代问题，这是为什么一起情感纠纷事件能发展为引起诸多方面关注的要案。很多问题并非这一个案例所独有，但此案却非常鲜明地凝聚了时代思潮中最值得讨论的东西，其代表意义不言自明。

(二) 女电影明星艾霞之死

因主演左翼电影《现代一女性》而名噪一时的电影明星艾霞女士于 1934 年 2 月 12 日（农历除夕前一日）午后 3 时，在寓所内第一次吞服鸦片烟自尽，由于抢救及时，未殒命。但是 2 月 13 日（除夕当日），艾霞第二次服毒，虽然立即被送往医院急救，但由于抢救无效，最终毙命。③

艾霞(1912—1934)，原姓严，名以南，福建厦门人。幼年随父定居北平，毕业于北平圣心女校，受到新文化运动的洗礼，同时对艺术很感兴趣，而且"精绘事，能文章"。那么艾霞为什么会离开北平来到上海呢？艾霞南下来沪一说是因为

---

① 《中华妇女同志会开会，对马振华案提出五项意见》，《民国日报》1928 年 3 月 28 日，第 3 张第 1 版。
② 慎予：《评马振华投江事》，《青年妇女》第 19 期，1928 年 3 月 22 日，"马振华投江问题专号"。
③ 《艾霞自杀 两次服毒终于不救 红颜薄命今古同慨》，《申报》1934 年 2 月 16 日，第 4 版，"号外"；吴冬：《〈现代一女性〉主角明星公司基本演员艾霞服毒自杀之真因》，《电声》(上海)第 3 卷第 6 期，1934 年。

她"醉心银幕生活"，①一说是"以家道多故，且憧憬于艺人之生涯"，②两种说法中都说到艾霞向往电影生涯。

艾霞能够顺利来到上海并开始自己向往的艺人生活，还要得益于在默片时代就已成名的女明星兼导演杨耐梅女士（1906—1954）③。1928 年，杨耐梅成了中国第一个自筹影片公司的女演员，因影片公司的需要，杨耐梅前往北平招收演员。此时，艾霞闻讯自荐，得以跟随杨耐梅来到上海，还加入了田汉的南国剧社从事话剧工作。20 世纪 30 年代，有声电影时代来临，国语成为有声片的唯一许可语言，广东籍的杨耐梅没有国语背景，加之生活沉沦，很快淡出电影圈。而艾霞生长于北平，能说一口流利的国语，④这成为她演艺事业发展的有利条件。1932 年艾霞从杨耐梅的公司转入天一影业公司，后又得到明星影片公司导演李萍倩的赏识，于当年夏天加入明星影片公司，自此艾霞正式开启了自己的演艺事业。

艾霞加入明星公司后，在不到两年的时间里，一共主演和参演了 8 部影片：1932 年她在处女作《旧恨新仇》（李萍倩编导）中以真挚的表演受到关注；后与蝴蝶联合主演了抗战题材影片《战地历险记》（张石川导演，陶耐忍编剧）；1933 年艾霞参演了《脂粉市场》（张石川导演，夏衍编剧，蝴蝶主演⑤），这部电影讲述女学生为生活所迫到脂粉柜台工作，却陷入三个男子出于不同目的的追求之中，最后为了摆脱男子而离开公司另谋职业的故事；自编自演了《现代一女性》（李萍倩导演，艾霞编剧⑥）一片，该片于 1933 年 6 月上映，是艾霞的成名作，她饰演的地产公司女职员蒋葡萄，热衷于爱情刺激，以填补心灵的空虚，经过一系列波折却并未和自己迷恋的新闻记者俞冷享受恋爱生活，最终在好友共产党员王安琳的引导下，从恋爱的迷雾中觉醒，走上了"光明"之路；艾霞还主演了反映农村悲惨生活的《春蚕》（程步高导演，夏衍编剧，是年 10 月在上海新光大戏院公映⑦），参演了中国较早的体育题材影片《二对一》（张石川导演，王乾白编剧），该片不仅第一次把足球同民族精神联系起来，而且揭露了社会上的赌球等不良习气；在《时

---

① 《艾霞自杀 两次服毒终于不救 红颜薄命今古同慨》，《申报》1934 年 2 月 16 日，第 4 版，"号外"。
② 《艾霞自杀》，《时代》1934 年第 5 卷第 9 期。
③ 南海县政协文史资料研究委员会编：《南海文史资料》第 13 辑，南海县政协文史资料研究委员会，1988 年，第 59 页。
④ 高占非：《忆悼艾霞女士》，《玲珑》第 4 卷第 8 期，1934 年 3 月 21 日。
⑤ 吴海勇：《"电影小组"与左翼电影运动》，上海：上海人民出版社，2014 年，第 421 页。
⑥ 洪深：《1933 年的中国电影》，《文学》第 2 卷第 1 号，1934 年 1 月。
⑦ 吴海勇：《"电影小组"与左翼电影运动》，上海：上海人民出版社，2014 年，第 424 页。

代的女儿》(李萍倩导演,夏衍、郑伯奇、阿英编剧,1934 年 4 月在上海新光大戏院公映①)一片中,艾霞饰演了织绸厂老板的女儿,她因放荡虚荣的生活沦为男人的玩物,最终被学校开除离家出走,沦入红尘,这个悲剧性角色反衬了革命年代知识分子不同的命运抉择;1934 年艾霞又主演了反映农村的影片《丰年》(又名《黄金谷》,李萍倩导演,阿英编剧)。

从艾霞主演和参演的影片来看,其主题多为受到性别压迫的女性追求妇女解放的艰辛,她们虽然摆脱了传统家庭的束缚却在城市里孤独无助,成为现代城市文明的牺牲品,而且依然没有脱离城市里男性的主导;或者是再现身处阶级矛盾的巨大政治语境;或者是召唤处于帝国主义侵略之下的民众,在民族生存受到威胁时号召他们同仇敌忾、保卫家园。艾霞作为女电影明星,她用角色的演绎,诠释了 20 世纪 30 年代的知识分子如何通过电影将女性问题置于性别问题、城乡问题、阶级问题、民族问题等更宏大的时代主题中。艾霞作为左翼戏剧家联盟成员,其短暂的一生,拍摄了多部响应左翼运动的电影作品,尤其是在被称为"左翼电影年"的 1933 年,艾霞连续拍摄了几部以妇女问题为主题的电影,她在电影作品中塑造的银屏形象成为左翼影人塑造现代女性的标准。这些电影,正如洪深所说,触及了妇女解放问题与解决整个社会问题的关系,他认为这些作品大体上承认了一个事实,即"现代妇女解放运动,必与这个社会问题之解决有同一之命运"②。

艾霞早年求学时正值新文化运动,耳濡目染中接触到新潮思想,并且她又十分明显地表现出了进步思想倾向,主动通过电影角色诠释具有新的时代精神的人物形象。然而艾霞终究生活在一个女性受到压迫,注重金钱、权力的资本主义城市社会,她的身上又混合着都市摩登女郎的享乐、恋爱至上的气质,甚至有些时候由于她更善于出演都市里的现代女性,尤其是纵情爱情游戏的摩登女郎,人们更愿意称艾霞为"性感野猫"。艾霞身上的这种双重性,在她"作家明星"这个身份上体现得更加鲜明。

1934 年 1 月 20 日艾霞自杀前不久,《申报》本埠增刊《电影特刊》曾有一篇署名邨农的作者发表了《四个女作家》一文,文章说到当时的电影界里有四个女作家,分别是"高倩苹、胡萍、艾霞和王莹"。③ 中国早期的电影演员的文化水平普遍不高,在此情况下,能留下诗作、散文、随笔等文字的电影演员已属少见,像

---

① 吴海勇:《"电影小组"与左翼电影运动》,上海:上海人民出版社,2014 年,第 430 页。
② 洪深:《1933 年的中国电影》,《文学》第 2 卷第 1 号,1934 年 1 月。
③ 邨农:《四个女作家》,《申报》1934 年 1 月 20 日,本埠增刊第 9 版,"电影专刊"。

高、胡、艾、王这样能被称为女作家的演员更是少之又少，尤其是艾霞，不仅留下了一些文学作品，[①]甚至还亲自参与电影剧本创作，能够自编自导，成功地转变为"明星作家"。正是在这种文学创作中，艾霞的思想渐渐发生了转变，女性意识日渐觉醒，越来越向左翼靠拢。女明星的文学创作也成为电影宣传的噱头，女性被进一步地商品化，这样"明星作家"就因为电影明星本身被大众消费了一次，又因为作家身份被大众二次消费。身处大众消费文化的喧嚣氛围之中，"明星作家"又表现出了多种可能性，以艾霞自编自演的《现代一女性》为例，我们可以窥探左翼文化语境中"新女性"的矛盾和困惑。

1932 年明星影片公司开始和左翼文艺工作者接触，[②]艾霞为响应号召也转入明星公司，也是在这一年她开始了剧本《现代一女性》的创作。[③] 艾霞主演的影片《现代一女性》的原版胶片现已找不到，但是据此创作的电影小说《现代一女性》和电影本事《现代一女性》基本可以再现整个影片的轮廓，前者于 1933 年 5 月 22 日至 6 月 27 日在《时报》副刊《电影时报》上连载了一个多月，后者见于 1933 年 6 月《明星月报》第 1 卷第 2 期。[④] 然而《现代一女性》无论是电影小说、电影本事，还是胶片摄制的影片，在如何艺术化这个"新女性"的出路，都显得模糊和朦胧。

《现代一女性》的电影小说讲述了联合地产公司女职员蒋萄萄的恋爱故事，虽然公司经理史芳华很爱慕她，但她并不动容，后来在一次酒会上邂逅了新闻记者俞冷，在爱情的刺激下，她爱上了这个已婚之人。二人很快坠入爱河，却因经济贫乏而忧愁。为了给恋人更多的经济支持，也为了自己能更好地享受恋爱，蒋萄萄主动投入史经理的怀抱。为了同恋人俞冷一起去旅行，她甚至偷了史经理的一张支票。当俞冷的妻子发现丈夫的婚外情后，毅然选择离婚独自生活，蒋萄萄却因为盗窃而坐监。在狱中，蒋萄萄重遇友人王安琳，并在王安琳的劝导下对恋爱至上的人生观产生了质疑，当她出狱时再次面对因为打架入狱的俞冷，毅然

---

① 艾霞发表的主要文学作品涉及诗歌、剧本、散文、评述文章、电影小说、电影本事等，有《恋爱的滋味》(《现代电影》1933 年第 1 期)、《一九三三：我的希望》(《明星月报》第 1 卷第 1 期，1933 年 5 月)、《我的希望》《我的恋爱观》和电影本事《现代一女性》(均发表在《明星》半月刊 1933 年第 1 卷第 1 期)、电影小说《现代一女性》(《时报》1933 年 6 月 27 日，"电影时报"副刊)、《给有志电影的姐妹们》(《电影画报》1933 年第 5 期)、《新年感想：中国电影往何处去》(《申报》1934 年 1 月 1 日，"电影专刊")、《金山浜摄影一日记》和《诗：加倍的偿还》(《金城》1934 年第 1 期)、《好年头》(《春光月刊》1934 年第 1—2 期)、《一双黑大的眸子》(连载于《时事新报》1934 年 2 月 17 日—23 日)、《三个宝贝导演》(《电影画报》第 3 期，1933 年 8 月)。

② 齐秋生：《走向现代的都市女性形象——从〈良友〉画报看 20 世纪 30 年代的上海都市女性》，硕士学位论文，暨南大学，2004 年，第 45 页。

③ 麦：《女明星的编剧》，《申报》1932 年 11 月 2 日，第 29 版。

④ 艾霞：《现代一女性》，北京：海豚出版社，2012 年，第 1—77 页。

决然地选择了离开。

《现代一女性》电影本事对女主人公最后的出路给出了暗示，在恋爱主题和革命话题的讨论上显得更加明晰。在电影本事的故事开篇，艾霞是这样描写女主人公蒋萄萄的，"她患着流行的时代病，她要求刺激，用爱情的刺激来填补空虚的心"。[1] 在经历牢狱之灾和爱情破灭之后，蒋萄萄在思想上走近了革命者安琳，故事的结尾中，艾霞为蒋萄萄预设了两条出路，一是安琳的嘱咐，"不要忘记了自己的使命"；一是在狱中偶遇遭到情感变故后沉沦的恋人俞冷。当艾霞斩钉截铁地让女主人公选择"走，头也不回"时，女主人公蒋萄萄最终逃出了"恋爱的牢笼"，向着前面"光明的路"走去。然而，正如《现代一女性》电影小说模糊处理蒋萄萄的出路一样，《现代一女性》电影本事所描述的蒋萄萄的转变也略显僵硬，这固然是由于电影本事较电影小说篇幅极短，无法深度加工蒋萄萄的思想变化，但更深层的原因是作者艾霞本人对于恋爱和革命主题的思考上有不同的关注度。

艾霞在《现代一女性》编后感中曾这样剖析自己的恋爱观，她认为恋爱是纯洁的、神圣的、无条件的，但是它又与金钱有密切的关系，金钱可以破坏恋爱，也可维系恋爱。爱的出发点不是金钱，但金钱可以用来享乐，在寻求爱的刺激中满足空虚的心灵。[2] 从艾霞的思考来看，无论是她在《现代一女性》影片中的角色演绎，还是剧本创作，艾霞关注的是恋爱主题，至于革命主题只是靠一两个配角来点缀，她对故事结尾的处理也可以说明这一点。对于左翼作家来说，20 世纪 30 年代的小说极为流行"革命＋恋爱"的创作模式，《现代一女性》过多谈论了"恋爱"，而少谈了"革命"，[3] 无外乎当艾霞和胡萍分别将自己编写的剧本送交张石川审阅时，张石川导演看罢笑道，"这两个剧本明明在写她们的事迹"。[4] 再结合艾霞素有"性感野猫"的标签，这只能让人联想到现实生活中的艾霞可能更倾向于"恋爱至上"。在都市消费文化盛行的环境中，就像剧中女主角蒋萄萄一样，环绕艾霞的是都市的摩登生活和刺激，她在一味地追求用恋爱填补内心的空虚时，却摆脱不了与摩登并存的进步思潮、传统道德等社会因素的萦绕。虽然她也明白只有在精神与身体都寄托在事业上时，无聊的刺激、苦痛、安慰才会远离自己，但现实是她并未找到自己的出路，艾霞自杀了。

---

① 艾霞：《现代一女性》，北京：海豚出版社，2012 年，第 73 页。
② 艾霞：《我的恋爱观——编〈现代一女性〉后感》，《明星月报》第 1 卷第 2 期，1933 年 6 月。
③ 张可可：《1930 年代电影明星的文学创作研究》，硕士学位论文，华东师范大学，2012 年，第 29 页。
④ 麦：《女明星的编剧》，《申报》1932 年 11 月 2 日，第 29 版。

艾霞为什么会自杀？她自己是这样说的，"今天又给我一个教训，到处全是欺骗，我现在抛弃一切，报恩我的良心"。艾霞临死之前曾微笑着对身边的人说："人生是痛苦的，现在我是满足了"，人们在她的遗物中还发现了她留给父亲的一封遗书，大意是"我这次又受了一次欺骗，我不能再挣扎下去了，所以我走上了这一条路"。① 除此之外遗书中还有一些凄惨的话，她的父亲并未公布。由于艾霞的临终遗言内容模糊，家属又严守秘密，连新闻报道也认为真相无从得悉，只能臆测"不外乎爱途变化云"②，这使得她自杀的真正原因充满了谜团。

上海的《电声》周刊曾在艾霞自杀后专门出版了一期"艾霞遗影特辑"，其中有评论者根据艾霞生前的言行归纳出她的自杀是由于多方面的压迫，具体包括生活的困难、对恋爱的失望、生活与思想的矛盾。生活的困难方面，虽然艾霞是明星公司的演员，每月有一百数十元的收入，但要负担姐姐一家的生活费和个人的开支，还是略显困难；论者以为艾霞对恋爱的失望是她自杀"最重要的主因"，一个恋爱至上主义者，将爱情看得如此重要，却屡次遭到情感的欺骗，恋爱的失败给了她最大的打击；生活与思想的矛盾方面，论者并未详细讨论，只是说她生活在矛盾中，理想难以实现，至于什么理想，为何难以实现，我们不得而知。艾霞死后，好友王莹接连写下《没有和艾霞说最后一句话》《冲破黑暗的电影圈》《卸除一件五色的外衣》等多篇缅怀文章。艾霞死亡当夜，王莹写下了《没有和艾霞说最后一句话》③一文，由于艾霞和已婚导演李萍倩的感情纠葛为当时的电影圈所熟知，王莹在文中想到了1933年夏天艾霞跟她说的话"我最爱的人，便是最欺骗我的人"，她的死或与此有关。王莹没有想到，艾霞并没有像她曾经说的希望脱离电影圈来解脱生活给她带来的"无涯的苦痛"，而是用死亡结束了生命。王莹对艾霞之死充满了哀痛和悲悯，同样身为电影演员，她如同"换了一颗奋斗而且坚苦的决心"④，借着控诉可怕的电影圈和黑暗的社会，用自己的行动希冀与艾霞处于相同命运的人能够"冲出"黑暗。现实生活中，在《新女性》影片中饰演艾霞一角的阮玲玉也重蹈了艾霞自杀的覆辙，虽然表面上艾霞死在追求爱情的恋爱中，阮玲玉死在以爱情为基础的婚姻中，但是造成二人悲剧的时代背景却非常相似。

---

① 吴冬：《〈现代一女性〉主角明星公司基本演员艾霞服毒自杀之真因》，《电声》(上海)1934年第3卷第6期。
② 《艾霞自杀 两次服毒终于不救 红颜薄命今古同慨》，《申报》1934年2月16日，第4版，"号外"。
③ 王莹：《没有和艾霞说最后的一句话》，《大晚报》(上海)1934年2月17日，"三六影刊"。
④ 王莹：《卸除了一件五色的外衣》，《大晚报》(上海)1934年3月7日，"火炬"。

第二节　婚姻生活与新旧矛盾冲突

为爱情而自杀的情况还发生在婚姻关系中,那些为了爱情而死和因婚姻问题自杀的事件是新旧过渡时期婚恋观念的另一种面相。在上海当局的自杀原因统计资料中,出现"失恋""情死""婚姻问题"三项并存的情况,表明这三类自杀原因虽都具有爱情因素,但内涵并非一致。一般认为失恋自杀是男女一方因为失去了理想爱情而死,情死是男女双方同时失去了爱情而死,婚姻问题自杀是男女一方或双方无法建立婚姻而死,此三种情况虽然很多时候不易区别,但实际上这三者分别对应爱情的培养阶段、发展阶段、成熟阶段中情感受挫后的行为。以爱情为基础的婚恋关系不仅日渐成为社会风气,在 20 世纪 30 年代甚至代表着一种进步思潮。从"父母包办""媒妁之言"到以爱情为基础的婚恋自由,这其中发生的转变并非毫无阻力,往往需要打破旧观念的桎梏,冲破桎梏也常常伴随着牺牲。因失恋自杀、情死、因婚姻问题自杀等恰恰是这种牺牲的表现形式。

青年男女为什么会情死? 为什么会因婚姻问题而自杀? 这两个问题可以归为一体,即婚姻自由受到限制,这个限制或来自家庭,主要是父母,或来自社会固有的父母包办、媒妁之言等婚姻观念。在某种层面上,情死要比因婚姻问题而自杀的范围更广,它不仅包括因恋爱未果而自杀,还指男女双方的爱情发展到谈婚论嫁时,却未果而自杀。由于婚姻一般是指男女两性按照法律或社会习俗互为配偶,并以组建家庭为目的的生存状态,那么因婚姻问题自杀的情况便指无法实现这种状态。依据上海当局的自杀统计资料来看,自 1932 年 5 月情死事件开始被统计至 1935 年共有 66 例,因婚姻问题自杀的统计最先出现在 1929 年的报告中,到 1935 年共有 65 例;再依据《申报》自杀新闻中有关自杀原因的报道,1927—1937 年约有 181 例自杀者是因为婚姻问题而自杀的[①]。由于 1932 年之前并没有情死的统计材料,这并不意味之前就没有情死自杀的情况,更何况也无法排除当局将情死和因婚姻自杀混淆统计的情况。考虑到当局在进行自杀统计

---

① 181 例是依据 1927—1937 年《申报》自杀新闻中自杀原因的不完全统计得来,并将情死和新闻报道中明确说是因为婚姻问题而自杀的案例一并作为因婚姻问题自杀来统计,这样的统计标准是出于将二者都视为因情自杀,更多地着眼于二者的共性,当然实际上情死和婚姻问题导致的自杀还是有些微差别,这个前文已经说明,此处不再陈述。

时，有一个日渐完善的过程，最开始统计时将失恋自杀单列出来，之后又依次加入因婚姻问题自杀和情死的单项。就时间发展来看，情死和因婚姻问题自杀都发生在男女双方追求婚姻自由的进程中，所以可以将二者一并考察。

一、"同命鸳鸯"式的反抗

从很多见报的案例中，我们发现那些殉情自杀事件大多是因为父母对子女自由婚恋的干涉。

婚俗制度的变革具有过渡性，习俗的变化也非一朝一夕，婚恋自由是时代主题，但依然存在恪守传统婚俗礼制，绝对支配子女婚姻，甚至物化女子，将其视为家庭生存工具的现象。青年男女为了争取婚恋自由，首先想到的是逃离家庭，然而由于逃离只是暂时的行为，由于缺乏长久的规划性，并不具备在城市生活的条件，最终大多数情侣选择寄居旅馆，用自杀的方式寻求解脱。自杀看似成为争夺婚姻主动权的手段，但死亡结果则表明这种方式的悲剧性，"宁愿情死，不忍生离""不自由毋宁死"的悲壮感，使得情死事件的男女主角成为夫妻忠贞典范的代表。

情死不仅包括"同命鸳鸯"对父母干涉婚恋自由的悲壮抗争，还包括他们对旧婚俗观念和婚恋问题的反抗。1929 年寡妇沈王氏再醮未成，投河自尽之事即是在同"从一而终"的旧婚俗观念进行殊死斗争。沪西沈王氏 26 岁即丧偶，遗孤一子一女，为了生计到曹家渡日华纱厂做女工。期间与同厂某甲发生恋爱，遂同居于该厂附近。1929 年农历新年时，沈王氏将此事告知沈氏族长，拟再醮某甲，以维持生活。未料到族长以沈王氏不守贞节，其丈夫死后尚未除服，不应再醮为辞，拒绝了沈王氏的请求。附近流氓获知此事后，骗沈王氏只要付 150 元茶礼钱，族长就会允许其再醮。交付银元后，沈王氏才知道受骗，不免又被未婚夫某甲责备一番。沈王氏深感孤苦伶仃，遂投江自尽。[①] 寡妇守节是封建社会的旧观念，经过新文化运动的洗礼，寡妇再醮已经成为妇女解放的重要成果。在上海这样的大都市里尚发生这种寡妇再醮未成而自杀之事，尽管是偶发事件，却不能不说旧婚俗观念依然能够阻碍人们对爱情自由的追求。因此 20 世纪二三十年代上海发生的诸多为情而死的事件，恰恰表现了城市里的现代人追求进步和解放的历史痕迹，只不过这个过程充满了血泪。

情死和失恋自杀有时极易混淆，当男女一方因为无法追求到憧憬的爱情而

---

① 《寡妇再醮未成 得了许多烦恼 甚至投河图尽》，《申报》1929 年 4 月 1 日，第 16 版。

和解决这个问题是我们思考城市移民为何自杀的初衷。

最后,在沪外籍自杀者的分布情况。上海作为国际化大都市,外籍旅沪者多达 58 个国家和地区,[①]就上海的西化和开放程度而言,在 20 世纪 30 年代,"上海已和世界最先进的都市同步了"。[②] 既有研究已经指出,自上海开埠到 1949 年的百余年里,在上海的外国人中以英国人、日本人、美国人和法国人最多,[③]自杀者人数的分布情况与四国旅沪人数的分布也存在高度一致性,所不同的是法国人自杀的比例很小,并且随着 1920 年以后苏俄人的大量迁入,其在人数上已经超过法国人,[④]故从绝对自杀人数来说,显然苏俄自杀人数众多与其实际迁沪人数越来越多之间是存在相关性的。

总之,这些旅沪求生者无论是内地移民还是境外移民,他们能适应和融入上海城市生活则可以实现其旅沪的目的,而当他们在沪自杀的现象成为一种社会问题时,上海当局不得不重视起来,采取相应的措施来安置他们,稳定社会秩序,让本地人和外来移民都能安身立命于现代城市。

五、自杀原因的类型

在 1927—1937 年上海城市化向前推进的过程中,自杀问题不断发生,随着一些典型自杀事件引起了轰动,有关自杀及其预防和控制的问题应时提出。政府力量主动介入,而且尝试采取具有可操作性的救济手段解决自杀问题,这些都给城市建设带来了积极的影响。上海当局最初在面对自杀问题时,便已经认识到需要通过调查统计来了解自杀之类的社会病症,所以才会在经费紧张的情况下将自杀作为"不得不择其重要者,先行举办"的项目。[⑤] 对自杀情况进行统计不仅有助于上海当局掌握相对全面的自杀总体情势,也有助于研究自杀原因,使得自杀救济有所依据。笔者再次以上海当局编制的自杀统计材料为基础,参考《申报》的自杀新闻报道,考察当时人们自杀的原因。

---

① 邹依仁:《旧上海人口变迁的研究》,上海:上海人民出版社,1980 年,第 81 页。
② 李欧梵:《上海摩登:一种新都市文化在中国 1930—1945》,毛尖译,北京:北京大学出版社,2001 年,第 7 页。
③ 邹依仁:《旧上海人口变迁的研究》,上海:上海人民出版社,1980 年,第 81 页。
④ 1935 年公共租界里俄国人超过 3 000 人,法国人只有 212 人;1936 年法租界内俄国人有 11 828 人,占界内外国人总人数的一半,法国人只有 2 342 人,仅占俄国人的五分之一(邹依仁:《旧上海人口变迁的研究》,上海:上海人民出版社,1980 年,第 82 页、第 145 页)。
⑤ 上海特别市社会局编:《上海特别市社会局业务报告 十七年八月至十二月》第 1 期,上海:上海特别市社会局发行,1928 年 12 月,第 286 页。

死时，我们很难说这和失恋自杀有什么区别。但是在现实语境中，当因情愤而自杀时，更多的表述词语是"情场失意""因情轻生"等，并专门用"失恋"来特指青年男女之间的感情纠纷。如此看来，情死的内涵更广，它打破了年龄的限制，可以指任何年龄的男女；在死亡动因上，情死既可以指为了得到爱情而死，又可以指因为失去爱情而死。为了得到爱情，人们以死反对专制婚俗的阻碍；因为误解爱情，人们又在失去爱情后以死了结。

殉情是比较特殊的情死事件，由于男女一方的突然死亡，致使另一方通过紧随而死的方式，来体现对感情的忠诚。殉情特指男女双方感情受挫时一方追随另一方而死，那么当男女双方都为情而死时，就演变为情死事件。1929 年 3 月份上海发生的一起殉情事件同时受到了媒体新闻报道和官方自杀报告的关注。时年 22 岁的宁波妇人李阿娥与丈夫施裕清平日间感情笃深，然而施裕清忽患吐血症病亡。李阿娥遭此大故，痛不欲生，刎颈自杀。后经人发觉，送同仁医院急救。因伤势危险，命甚可虞。①

上海特别市政府社会局在 3 月份自杀统计中专门将此事件单列出来，也是该月份唯一单独分析的自杀案件。当局认为在今日的上海发生这起女子因夫死而自刎殉节之事令人惊叹，所叹的是该女子为夫殉节的精神，令人钦佩，但是当局认为女子夫死再醮和男子妻死续弦很正常，并没有什么问题。② 某乡间女子舍身殉情事件，也被舆论援引并加以肯定，认为其中所表现的毅然不屈，"较一般以金钱为恋爱标准而朝秦暮楚之新式女子诚有足多"，尤其是在城市里，"知识阶级口中之自由恋爱十九为假名济私"，还不如乡间愚蒙之人"不知自由恋爱竟有发乎自然，协合自由真义者"。③

上海当局和社会舆论在认识上的差异，正是大众对殉情现象的普遍态度，作为传统女德的殉节，此时尚偶尔发生，舆论开始更多地从自我情感的角度出发来评论。当局特别指出女子殉情的社会状况，而且强调当时上海所处的社会环境，哪怕是在开社会风气的大都市里，婚姻自主权在个人之手，但是束缚个人婚姻发展的传统女德习俗依然存在，这是殉情、殉节现象在 20 世纪 20 年代后期依然在社会上存在的原因。实际上城市中青年男女殉情有更复杂的表现，并最终反映了城市现代变迁过程中对传统的颠覆和承继。

婚姻内的殉情现象，以女子殉夫占绝大多数，男子殉妻非常少见。殉情的具

---

① 《妇人自刎殉夫 伤势甚重》，《申报》1929 年 3 月 14 日，第 15 版。
② 《三月份社会病态统计》，《社会月刊》第 1 卷第 4 期，1929 年 4 月。
③ 翼：《婚变》，《申报》1927 年 7 月 31 日，第 16 版，《自由谈》。

体原因多以一方的病故、病重或突然死亡等家庭变故为主。而与传统社会夫死妻殉不同，婚外殉情多发生于婚外情或婚外恋，这对固有的家庭无疑造成毁灭性冲击。

二、争取婚姻自主的斗争

历经新文化运动的涤荡，婚俗制度发生了极大的变革，传统婚俗所讲究的父母之命、媒妁之言的婚姻形式成为封建保守的象征，婚姻自由正作为新潮，成为男女组建家庭时最愿意选择的路径，尤以开风气之先的大都市最为明显。然而婚俗制度的变革并非一朝一夕，20世纪二三十年代大都市中发生的一些因婚姻问题自杀的情况，表明婚俗制度变革的过程中充满了激烈的抗争和牺牲。青年男女追求婚姻自由的过程，也是同封建传统婚俗制度斗争的过程。如果斗争成功，就可以组建自由结合的家庭，开启以夫妻关系为核心的家庭生活；如果斗争失败，封建婚姻将继续成为桎梏人性的枷锁，成为万千家庭悲剧的写照。因婚姻问题而自杀，反映了封建婚俗制度对青年男女的压迫，同时也是青年男女对封建婚俗制度进行反抗和斗争的极端形式。

1930年9月上海市社会局所统计的自杀材料中，用简短的笔墨提及女伶毛剑佩自杀之事，认为毛剑佩"因婚姻不自由而自投绝路，颇为社会注意"。① 毛剑佩是京剧海派名旦毛韵珂的女儿，不仅是中国第一代女电影明星，而且京剧造诣颇深，其父毛韵珂对于爱女从事电影工作不以为然，于是督促其学习京戏，并为之延请名师。毛剑佩聪慧过人，在电影和戏剧方面都取得了不小的成就，然而为何她会自杀呢？

1930年9月，毛剑佩吞食鸦片自杀。由于事发突然，新闻记者也不知晓其自杀的确切原因，只能采信较可靠的说法。《申报》记者认为毛剑佩自杀的主要原因是婚恋问题，据调查毛剑佩在武汉演出时认识了胡某，并发展为恋爱关系，二人私定婚嫁之约，但毛剑佩考虑到父亲为了培养自己花去不少金钱和精力，加之自己不愿一人决定婚姻之事，于是暂缓婚事，打算用两年时间多赚钱报答父亲。随后因为购买汽车之事，胡某对毛剑佩和汽车商闵某产生了误会。某日晚二人为此大起口角，素来趾高气昂的毛剑佩一时气愤，萌厌世之念，背人吞服大

① 《九月份社会病态统计》，《社会月刊》第2卷第6期，1930年12月；《沪社会局发表9月份自杀统计》，《申报》1930年11月16日，第16版。

量鸦片。[1] 还有一种说法是毛剑佩的父亲不愿其成为电影明星，更愿其研习京戏成为名伶，甚至为此幽禁过毛剑佩，她的自杀或是出于此。显然这样的猜测并不成立，如若毛剑佩以死反抗其父的意志，那么她的自杀应该在几年前就发生，而不是到 1930 年由武汉回沪后。再者，1928 年毛剑佩就去北平拜王瑶卿为师学习京戏，也间接表明"父女之感情，乃日见返原"。[2] 提及爱女之死，毛韵珂只剩悲哀叹息，并告诉前来采访的记者，其女儿毛剑佩患有十分厉害的肝胃病，也许是死于该病。毛剑佩临死前，或可能会有疾病的慢性作用，但她与恋人胡某因误会而发生的口角无疑具有直接作用，而且是致命的，是故当局将毛剑佩的自杀原因归为婚恋不自由，媒体报道也明确指出其自杀涉及恋人猜疑和服毒明志等。

毛剑佩因为婚恋问题而死，使其成为民国第一位自杀的电影女星，紧随其后的是电影明星艾霞和阮玲玉。她们的自杀对民国影坛和整个社会产生了巨大的震动，而她们自杀的共同诱因又恰恰归于婚恋问题，或者说婚恋问题是最重要的诱因。

如果说一个电影明星因婚恋问题而自杀具有偶然性，不足以反映芸芸众生在时代变迁中的婚俗观念和个体命运。那么我们是否可以扩大范围，考察1927—1937 年上海因婚姻问题而自杀的案例呢？

1927—1937 年上海的青年男女因婚姻问题而自杀，从根本上来说是追求婚姻自由而作出的无奈之举。青年男女的婚姻自由究竟面临哪些挑战呢？这其中包括父母反对子女自主择偶、包办子女婚姻、传统媒妁之言等婚俗的弊端，对金钱的疯狂追求，以及青年男女对婚姻自由产生的误解等。

现实中青年男女与父母、家庭甚至家族围绕婚姻问题展开的斗争，关键内容是婚姻决定权的问题，最显著的表现是子女自主选择的结婚对象遭到诸多守旧势力的反对。

案例 2-1 张汝霖，男，22 岁，上海本地人；陈婵娟，女，20 岁，南翔人。1935 年 7 月 29 日晚 7 时，二人前往福州路福建路口吴宫旅舍投宿，翌日凌晨服毒自尽。茶房发觉后报告捕房，当即被捕房送往医院救治，所幸中毒未

---

[1]《女歌剧家毛剑佩香消玉殒 恋人猜疑未免过甚 服毒明志是大可哀 可怜情歌一曲 从此人面桃花》，《申报》1930 年 9 月 14 日，第 15 版。

[2] 吉诚自鸠寄：《毛剑佩女士遗事》，《申报》1930 年 9 月 21 日，第 17 版，《自由谈》。

深，并无大碍。另据捕房调查，二人双双服毒的原因是双方家庭阻挠二人婚事，心中怨恨，于是同谋自尽。①

案例 2-2 沈宝珠，女，18 岁，上海人，在董家渡码头同恋人邱徽卿挽手痛哭意欲投浦自杀。事件起因于邱父坚决反对二人婚事，二人自知好事难成，认为"生既不能自由"，于是相约投浦自杀，所幸被守望岗警及时阻止。但邱父对记者的说法却是其子徽卿失业后性情大变，平日既不受教训，而且无职业，于是严词拒绝其与沈女恋爱婚姻自由的请求。至于其投江自杀，应该另有隐情。记者又到沈家进行调查，沈父告诉记者邱徽卿和自己的女儿发生恋爱，曾一度托人正式求婚，自己"以潮流所趋，对于儿女婚姻，绝不愿加以无理之约束"，便当即一口应允，并未丝毫留难。但邱徽卿之父却"因礼教观念太深，故对于其子之要求，完全不能容纳，致造成此种笑柄，实深惋惜云云"。②

案例 2-1 是当时大量被新闻报道的因婚姻问题自杀案例的标准形式，"婚姻不自由""父母顽固""婚姻问题发生阻挠"等词成为这类自杀案例的常用表达。自杀是为了婚姻自由，是为了反抗婚姻不自由而不得已的抉择。然而这类案例囿于新闻报道的精简，不足以挖掘这些自杀的子女与父母或家庭在婚姻问题上更深层次的矛盾。但是像案例 2-2 这种经过详细报道，并陈明子女同双方家长在婚姻问题中的不同诉求的案例也很常见。据案例 2-2，男方邱徽卿之父阻止二人婚事的理由是邱徽卿平日不受管教，且无职业。女方沈宝珠之父对于二人婚事表示支持的理由是儿女婚姻自由是潮流趋势，不应无理约束。虽说女方父亲的开明姿态减轻了二人婚姻的阻力，但是男方父亲所恪守的理念正是传统婚俗非常看重的内容。婚姻乃是家庭间的契约关系，无职业在城市里意味着无经济来源，婚姻和随之开始的家庭生活都将难以为继。这也是子女与家长在婚姻问题中最重要的矛盾之一。

案例 2-3 李钧伏，上海本地人，19 岁，1931 年 9 月 1 日深夜 11 时只身前往汉口路码头雇乘第 1001 号舢板船渡浦，船抵江心，纵身跃入江中。

---

① 《吴宫饭店男女双双服毒 婚姻问题发生阻挠 中毒未深可望无碍》，《申报》1935 年 7 月 31 日，第 11 版。
② 《婚姻问题 不自由毋宁死 私订白头家庭挠阻 挽手痛哭形色凄惶》，《申报》1928 年 9 月 5 日，第 15 版。

幸亏舢板夫用竹篙套住得救,被送至海关水巡捕房。据捕房捕头调查,李供职于南京路广生行有限公司,前与河北籍 17 岁女子胡彩云结识,由朋友发展为恋人关系,为求恋情长久,二人开始商议结婚之事。李于是按照习俗央求媒人向女方家长求婚,但是胡的父母"脑筋陈旧",不仅严词拒绝,一怒之下竟举家迁回河北原籍。自此李与胡相隔异地,无可奈何,在回忆起往事时,实在痛不欲生,终以求婚不遂,心灰意懒,投浦自尽。①

案例 2 - 4 林光兴,男,广东人,25 岁,1935 年 4 月 17 日中午吞服安神药片自尽。报道称 1934 年林光兴从沪江大学毕业,与同学罗福祥关系要好,从友谊发展为恋爱,并私下里互定白首之约。无奈林父于 1935 年 3 月间在乡间为其订婚,林为此曾特返乡要求父亲收回成议,但并未得到父亲允许。近日林重来沪滨谋求工作,寓于四川路青年会,并在闲暇时仍常往文监师路(今四川北路塘沽路)986 号罗家,与罗福祥会晤。事为林父所悉,大为不满,写信斥责。林见好事难成,顿生厌世之心。②

案例 2 - 5 洪麟,女,27 岁,安徽人,1933 年 8 月 23 日晚吞生烟自杀,24 日晨医治无效,死于宝隆医院。报载洪麟由于父母已故,一直跟随服务于军政界的哥哥洪亮丞住居北平,日军侵略平津时随哥哥避难上海,寓居法租界福煦路崇福里 7 号门牌。洪麟从某校毕业,具有相当知识,尚未许婚,待字闺中,婚事自当由兄嫂作主。但是对于选择什么样的结婚对象,兄妹分歧很大。哥哥希望将洪麟许配给北方人,但是洪麟拟在南方物色相当门户者。终于在 8 月 22 日家人再次谈及洪麟的婚事,致兄妹发生争执。洪麟念及父母早故,婚姻不自由,意生短见,吞生烟自杀。③

案例 2 - 3 中,上海本地男子李钧伏与河北籍女子胡彩云在谈婚论嫁时,遭到女方家长的反对,为了彻底隔断二人联系,竟然举家迁回河北原籍。原籍和上海本地之间的地域差别,成为横亘在双方婚姻之间的巨大障碍。案例 2 - 4 中,林光兴的父亲没有考虑到儿子毕业于沪江大学,受过新式学校的教育,与同学之间发展恋情也属于正常现象,仍然在乡间为其安排婚事。从林光兴重回上海谋

---

① 《大好青年为一女子投浦 男女有热烈之恋爱 婚事为家长所反对 李钧伏竟因是轻生 巡捕房有一番开导》,《申报》1931 年 9 月 3 日,第 19 版。

② 《青年太无大志 为婚事自杀 大学毕业生不知努力婚事不遂竟厌世服毒》,《申报》1935 年 4 月 18 日,第 10 版。

③ 《婚姻不自由女子悲叹身世自杀》,《申报》1933 年 8 月 25 日,第 14 版。

职,并再会恋人来看,城市与乡村之间的婚恋观念差异急需解决。而案例2-5中,女子洪麟希望在南方找门户相当的结婚对象,而兄嫂主张其嫁给北方人。总之,这些个案涉及的本地与外地、城市与乡村、南方与北方等地域问题,成为男女婚恋的深层问题,城市里发生的那些因为婚姻问题自杀的现象,实质上也触及城乡地域差别的问题。

除了反对子女自主选择结婚对象,父母或家庭还会按照传统婚俗,包办子女的婚姻,造成子女以死抗争的悲剧频发。与父母之命相配合,媒妁之言更是加剧了青年男女追求自由婚姻的阻力。

此外,因婚姻问题自杀还涉及经济因素、理想配偶的选择、离婚问题等。

案例2-6 王小妹,女,20岁,浦东人,于1930年5月19日晨7时许吞服生烟自尽,经家属送往仁济医院救治,无奈受毒已深,延至中午11点半身死。王小妹早在5岁时就被许配给了浦东高家巷姚同兴铜匠店姚鸿山为妻,到1930年4月22日成婚。王小妹婚后与丈夫感情融洽,但是因为她久居上海,未嫁前又是梳头女工,习惯了舒适清淡的生活,婚后并不习惯乡间辛苦的田间工作,又感乡村生活寂寞,于是回娘家后常向父母怨恨哭吵,不愿再往夫家,每次都经过劝导才回。5月11日,王小妹再次回娘家,绝口不愿再回夫家,其父决定19日送其回家时,王小妹矢口不允,哭吵一番后萌生了自杀想法。①

经济因素是支持婚姻和家庭生活的保障,许多来上海谋生的外地人,因为职位低下而无法获得理想的收入,无法保障正常的婚姻和家庭生活而自杀。这表面反映了上海低端行业的生存现状和职业层次的差别,深层次上则反映了当时上海社会保障的缺位。至于案例2-6中的王小妹自杀,表层上看是她个人不适应辛苦的田间劳作和寂寞生活,实际上可以作为城乡之间地域和观念差别的一种缩影。当新闻用"上海女愿死不愿做乡人妇"这样的标题来报道时,虽然人还是那个人,但从"上海女"到"乡人妇"的表达说明了地域身份的差别,这

---

① 《上海女愿死不愿做乡人妇 吃不起乡间的苦 归宁后不愿再去 哭吵一番寻短见 夫来探望妻已死》,《申报》1930年5月20日,第15版。

种身份差别背后蕴含经济、生活品质等方面的巨大差异，是城市与乡土社会分歧的表征。城市的繁荣和乡村的破败是无法逾越的鸿沟，置身于城乡不同体系之中，他们要想过上幸福的婚姻生活，必然只能选择其中的一种，乡土社会固有的传统封建婚俗依然顽固，城市里现代婚俗制度正在受到追捧，青年男女对自由婚姻的追逐，在现实生活中有大量鲜活的例子，也最终为自由婚姻提供了大量的支持。

上海是一个移民城市，在日常生活中外来人口同本地人口不断碰撞、交流、同化。在互相交融中丰富了城市的多样性，在偶尔的碰撞对抗中又增加了交融的复杂性。这点在理想婚配对象的选择上尤为突出，而上海某些自杀事件的发生也是因为结婚对象问题。

案例 2-7 爱格才良志氏(音译)，女，18 岁，俄国人，1927 年 7 月某日在寓所内服药自尽，后经公济医院治愈。经过上海临时法院调查该女的自杀原因是得悉未婚夫眷恋她人，以为将来成婚后未必能对爱情专一，于是心理怨恨，萌自杀之念。①

案例 2-8 王阿兰，女，23 岁，绍兴人，1928 年 2 月 27 日私吞鸦片图尽，经同仁医院诊治，得以不死。据报道王阿兰已经许配给某药材店伙计宁波人王某为妻，只是成婚前有人盛传其未婚夫贪婪成性，不善持家，阿兰听闻后日常哭泣，不愿再嫁，直至图谋自杀。②

案例 2-9 经秀英，女，18 岁，绍兴人，于 1934 年 2 月 2 日乘开往宁波的鸿兴轮船途经吴淞口外投海而死。经秀英的父亲为南市洞庭山弄义新协北货号店主经达夫，据他调查其女生前受到店中伙计宁波人王乃文诱惑，拟托付终身，但王在原籍已经订婚，而且难以解除婚约，经达夫据实告知其女秀英，致其气愤自杀。③

案例 2-10 许招弟，女，23 岁，苏州人，住居上海城内旧校场金安里 21 号，于 1932 年 8 月 3 日晚在家吞服鸦片自尽，虽经家人发觉送往仁济医院救治，但因服毒过重，延至 4 日晨 2 时香消玉殒。新闻报道中称招弟容貌秀丽，但双眼有病，每次经人说亲，都因双眼的病状导致婚事受阻，招弟由此心

---

① 《俄女自尽医愈之讯释》，《申报》1927 年 7 月 22 日，第 15 版。
② 《女子服毒两起》，《申报》1928 年 2 月 28 日，第 15 版。
③ 《少女在淞口投海 情人难以解除婚约 得讯后竟气愤自杀》，《申报》1934 年 2 月 6 日，第 14 版。

中充满怨恨，自悲命薄，终于发展到吞服鸦片自杀的地步。①

案例 2-7 到案例 2-10 是 1927—1937 年《申报》报道的四则社会新闻。虽然事由各异，但是这些悲剧人物的共同点便是找不到理想的配偶。这其中或许是因为另一方用情不专又有不德行为，或不善持家，甚至已定有婚约，或许是自己身体有病，他们的婚姻受阻不是遭到父母反对或包办而带来悲剧，而是由主客观的不利条件造成。

虽然笔者所举出的这些例子并不足以反映整个上海社会在婚姻择偶方面出现的问题，但是这些案例又真切地发生在当时社会，涉及外籍人口、外埠人和本地人，他们因为诸多现实问题而最终以自杀这样的悲剧收场。当然，因为这类婚姻问题而自杀的情况多是偶发事件，所以很难找到其中的规律性。

当时的上海还存在一些因离婚问题而自杀的现象，这是比较特殊的方面。1929 年上海特别市政府社会局在年度业务报告中记录了一个俞姓男子因为离婚而自杀的事件：俞重卿，27 岁，常州人，在王源泰皮箱店做老司务，1929 年 5 月 18 日写完一封遗书后，前往十六铺江天码头投浦自尽。报道指出俞重卿近来与妻不和而离异，后追悔莫及，忆及夫妇多年感情，痛定思痛，受刺激投浦自杀。② 社会局通过考察 1929 年上海发生的离婚案件，认为"多数因一时之意见不合，女子心慕虚荣，男子喜新厌旧，复受环境之引诱，以至不能自持而演离异之惨剧，事后追悔莫及"，而俞姓男子"因妻不安贫贱不得已而离婚，事后念及前情，悲痛至于自杀"，正是这种现象的反映。③ 俞重卿离婚后的自杀成为当局透视沪上离婚案件有增无减的缩影。

新文化运动以后，离婚自由近乎形成风气，这是社会解放、婚姻自由等思潮在婚姻家庭领域的新表现。加之政府颁行《民法·亲属编》之类的法律，规定结婚离婚相对自由，推动了婚姻自由的进程。刘志琴在《家庭变迁》一书中也有描述："20 世纪 20 年代末到 30 年代初，随着民法中有关家庭和婚姻方面法规的修改和重新颁布，离婚的自由度越来越大，离婚的现象也日益增多。"④ 婚姻难以维

---

① 《病眼阻碍婚姻 女子许招弟服毒自尽》，《申报》1932 年 8 月 5 日，第 14 版。
② 《老司务离婚后痛苦不已 多年恩情一旦乌有 痛定思痛投浦自尽》，《申报》1929 年 5 月 20 日，第 15 版。
③ 上海特别市社会局编：《上海特别市社会局业务报告 十八年一月至十二月》（第二、三期合刊），上海市档案馆馆藏，档案号：Y2-1-661；《五月份社会病态统计》，《社会月刊》第 1 卷第 6 期，1929 年 6 月。
④ 刘志琴主编：《家庭变迁》，北京：民主与建设出版社，1997 年，第 157 页。

系后可以选择离婚，从而打破封建伦常"从一而终"这类固有观念对人的束缚。从这个角度说，离婚是婚姻不自由的结果，但也可以说是婚姻自由的表现，所以上海市政府社会局自 1928 年 8 月开始统计离婚事件时，就认为"离婚率之增加，究因婚姻不自由，抑因婚姻太自由；为社会进化之表示，抑为进化之微象，此两个殊有研究之价值"。①

第三节　家庭生活与新旧伦理变化

迪尔凯姆在《自杀论》中将宗教、家庭、政治等社会形态视为社会性群体，他认为家庭生活领域和宗教、政治生活领域发生的自杀与这些群体的整合程度呈反相关系，这些群体的涣散会使得成员在受挫时得不到支持，容易出现自杀倾向。② 迪尔凯姆尤其指出"家庭结构的变化使家庭不再具有从前那种预防（自杀）的作用"。③ 在他看来，"家庭越大，即包括的成员越多，这种免疫力（预防自杀的免疫力）就越大"。④ 城市化进程中，城市家庭结构由大家庭转向小家庭，家庭规模逐渐变小，传统大家庭中起到整合作用的血缘、亲缘、地缘关系在城市中日渐淡化。

陆汉文也发现了随着近代工业的发展，人们面对家庭矛盾、生计艰难等问题时，原本可以依靠传统大家庭委曲求全地支撑下去，此时却因为小家庭的抗挫能力差而导致自杀行为增多。基于这种认识，陆汉文认为民国时期城市中的自杀现象归根结底是社会转型的结果，在很大程度上是社会转型和城市化的伴随现象，是现代化中难以摒弃的阴暗面。⑤ 为了揭开这一阴暗面，解释为何家庭纠纷、生计困难会导致自杀就很重要。这就需要回到家庭问题本身去寻找线索，探究城市家庭所发生的变化，以及为什么会发生这些变化。

城市家庭结构变化的根本原因是社会经济的发展，其中城市化起关键性作

---

① 上海特别市社会局：《上海特别市社会局业务报告 十七年八月至十二月》第 1 期，上海：上海特别市社会局发行，1928 年 12 月，第 292 页。
② 埃米尔·迪尔凯姆：《自杀论》，冯韵文译，北京：商务印书馆，2001 年，第 184—185 页。
③ 埃米尔·迪尔凯姆：《自杀论》，冯韵文译，北京：商务印书馆，2001 年，第 358—359 页。
④ 埃米尔·迪尔凯姆：《自杀论》，冯韵文译，北京：商务印书馆，2001 年，第 173 页。
⑤ 陆汉文：《现代性与生活世界的变迁：20 世纪二三十年代中国城市居民日常生活的社会学研究》，北京：社会科学文献出版社，2005 年，第 192—203 页。

用,尤其是 1927—1937 年的上海,城市的发展吸引了大量外来人口入城谋生。但是上海人口的快速增长、城市生活的巨大压力和生存竞争,又不足以有力支撑外来人口的日常生活,尤其对于举家来沪的家庭而言,更是处于脆弱的不稳定状态,典型的表现是家庭规模缩小,代际人数下降。以 1934—1936 年上海"华界"平均每户人数为例,当时平均每户有 4—5 人。① 这样的家庭规模远远小于几世同堂的传统大家庭,而更类似于一对夫妇及其未婚子女组成的现代家庭。城市发展过程中,家庭规模在变小,使得家庭代际间素有的支持和传承功能有所下降。

针对家庭的结构和规模,潘光旦最早通过问卷调查的形式对 20 世纪 20 年代末期城市知识分子的家庭观念进行调查,调查对象是江浙沪等地受过良好教育的知识分子,调查显示有 91 人赞成"中国之大家庭制度有种种价值,允宜保存",有 126 人赞成"欧美之小家庭制,有种种价值,宜完全采取",有 205 人赞成"欧美之小家庭制,可以采用,但祖父母与父母宜由子或孙辈轮流同居奉养",有 194 人赞成"采取小家庭制,祖父母与父母之生计,由子或孙辈担任,但不同居"。② 潘光旦的调查反映了当时社会对家庭问题的基本看法,揭示了人们在思想观念上接受小家庭制的形式,同时也没有忽视传统家庭具有的哺育功能。

家庭是各种亲密关系的集合,包括夫妻关系和代际关系,当诸多家庭自杀案发生时,我们不由会思考这与家庭规模的变化是否有联系?如果自杀是一面镜子,是否能够照出城市家庭生活的诸多问题?要回答这些问题,需要深入了解城市家庭的日常生活。

一、夫妻：亲密情感与日常悲剧

以 1932 年上海官方对自杀原因的统计为例,因家庭问题和口角纠纷而自杀的有 831 人,占当年自杀总数的 60.4%,因经济压迫自杀的有 269 人,占自杀总

---

① 由于当时的户口调查并非完全按照家庭为单位,不仅户的分类包括正户、附户、住户、铺户、棚户、公共处所、船户等不同类别(《市户口调查绩讯》,《申报》1928 年 8 月 29 日, 第 14 版),而且每户对应的口数也因户的不同有较大差别,并不专指家庭内的亲属人口,如 1936 年机关、学校、工厂、寺庙等公共处所类户数,平均每户超过 20 人,铺户平均每户超过 6 人(邹依仁:《旧上海人口变迁的研究》,上海:上海人民出版社,1980 年,第 23 页)。然而户口调查中,住户一类的统计约占户口统计数的 80%左右,按照户口调查解释中"一屋住了几家的当作数户算"(《市户口调查绩讯》,《申报》1928 年 8 月 29 日, 第 13 版),那么占统计大多数的住户应当是以家庭计算口数,这样每户平均人口在 4—5 人之间,则一定程度上反映出每个家庭平均人口数的范围。(邹依仁:《旧上海人口变迁的研究》,上海:上海人民出版社,1980 年,第 98—100 页)

② 潘光旦:《中国之家庭问题》,上海:新月书店,1928 年,第 39—44 页。

数的 19.55％，因疾病自杀的有 21 人，占自杀总数的 1.53％，可见家庭问题、生计困难、疾病仍然是城市家庭自杀的主要诱因。① 虽然有学者指出，从家庭矛盾、生计困难等表面现象中寻找自杀原因无法抓住根本，但是如果忽视这些具体原因，便失去了探究自杀根本原因的有效途径。抓住家庭中自杀发生的具体诱因，能够给我们提供生动鲜活的事例，以此验证那些自杀的具体诱因是否确如官方调查统计所呈现的分布特征，更重要的是可以借此探究城市化进程中家庭到底经历了什么，致使自杀如此多发。

从上海市政当局公布的第一份自杀统计报告来看，因家庭矛盾自杀的分析就赫然在列，"自杀之最大原因，为家庭问题，常占全数百分之三十以上，此项包括家庭间之争吵、斗气、动武等等"；②1929 年 3 月份的社会病态统计中，因家庭问题自杀的有 104 例，而当月一共有 147 例自杀者，当局感慨"人们唯一的归宿处——家庭——竟造成这么多自杀，这是很可悲悯的"；③5 月份自杀报告中的结论依然是"自杀的原因中仍以家庭问题为最多"；④6 月份因家庭问题而自杀的人数仍占自杀总数的大半；⑤到了 1930 年，当局在分析每月自杀统计时又重点提及因家庭问题而自杀的严重性，如 6 月份的社会病态统计中说到"因家庭问题而自杀者几占全数百分之六十"；⑥7 月份的分析中指出"动机仍以家庭问题为多"。⑦ 在随后几年的自杀统计中，家庭问题引起的自杀仍时常登上当局的官方报告。

前文已经就自杀原因的具体类型做过梳理和分类，并特别指出官方自杀统计中最常见的自杀原因是"口角纷争""家庭事故""失恋""情死""婚姻问题"等五类。⑧ 由于前文对"失恋""情死"和"婚姻问题"做了初步分析，而"口角纷争"和"家庭事故"等自杀原因本身就非常错综复杂，很难做到绝对的划分，甚至上海市

---

① 该年度的自杀统计因淞沪抗战，缺少 2 月至 4 月的数据。上海市社会局出版委员会：《上海市社会统计概要》，1935 年，第 66—67 页。

② 上海特别市社会局编：《上海特别市社会局业务报告 十七年八月至十二月》第 1 期，1928 年 12 月，第 289 页。

③《三月份社会病态统计》，《社会月刊》第 1 卷第 4 期，1929 年 4 月。

④《五月份社会病态统计》，《社会月刊》第 1 卷第 6 期，1929 年 6 月。

⑤《六月份社会病态统计》，《社会月刊》第 1 卷第 7 期，1929 年 7 月。

⑥《社会病态统计 十九年六月份》，《社会月刊》第 2 卷第 3 期，1930 年 9 月。

⑦《社会病态统计 十九年七月份》，《社会月刊》第 2 卷第 4 期，1930 年 10 月。

⑧ 当然，像养媳因被翁姑虐待而自杀这类事件也多发生在家庭之中，但是由于市政当局专门将此类自杀事件单列调查，纳入"被虐待"一类，在最初开展自杀调查时，不论被任何人虐待致自杀，都将自杀原因列为"被虐待"。于是我们发现童养媳、婢女、学徒等不同身份的人之所以自杀，是因为遭到翁姑、雇主或者师傅的虐待这一生活事件。因此，那些发生在家庭内的被虐待致自杀事件，属于家庭问题的范畴，在遇到具体的案例时，需要特别指出。

政当局对这两项的统计也前后有过明显的调整。1928年8月至1930年8月的自杀原因统计中，因家庭矛盾引起的自杀一律被归入家庭问题一项，这其中包括争吵、斗气、动武等，特别是家属间的口角占大部分，如夫妻间的口角，与长辈间的口角，姊妹间的口角，母子姑媳间的口角，妯娌间的口角，甚至与邻居无意间的口角，都被囊括其间。1930年9月开始，上海市政当局将自杀原因中的口角一项单独统计，于是我们发现自杀统计中因家庭问题而自杀的人数大幅减少，实际上这只是上海市政当局对自杀原因类别进行了细化，原本家庭矛盾引起的自杀主要集中于家庭问题一项，之后则统括了家庭问题、口角纷争诸项目。

上海市政当局依据自杀统计材料，认为上海社会自杀发生的主要原因为家庭问题和口角纷争，新闻媒体公开报道的自杀事件进一步验证了这种论述的正确性。以《申报》为例，见诸报端的3 956例自杀新闻中，明确提及的自杀原因大部分为家庭问题和口角纷争，二者合计932例（见表1.18），相当于每4个自杀者中，有1人是因为家庭生活出了问题。然而无论是官方公布的自杀统计数据，还是报纸媒体的自杀新闻报道，都至多呈现了一个数据事实，要真正理解自杀的深层原因，还应该梳理家庭问题导致自杀的具体原因，尤其是深入分析夫妻、姊妹、姑媳等家属因何口角而选择自杀，其中是否存在更复杂的因素？

在家庭结构中，夫妻关系无疑处在核心位置，夫妻是处理家庭矛盾的主体。然而在现实生活中，夫妻难免会陷入处理不好家庭矛盾的困局，甚至许多夫妻恰恰是家庭矛盾的牺牲者，他们不得已用自杀的方式来解决家庭内部遭遇困境时的各种紧张关系。虽然要从庞杂的家庭琐事中理清头绪绝非易事，但是由于城市家庭中的核心角色是丈夫和妻子，现实生活中发生的自杀案例与这二者多有关联，为了探究家庭矛盾导致自杀的深层机理，抓住夫妻关系无疑具有线索意义。

自杀事件中家庭矛盾多表现为夫妻口角，这不是某一地某一年某一阶段的特殊状况，而是具有普遍性。在中国广袤的乡土环境里，夫妻之间激烈的冲突往往更容易被夫家、娘家、乡土人情化解掉。但随着城市化的推进，对于远离故土，寄居城市的家庭来说，夫妻间依然面临各种冲突的风险，然而此时的城市生活与传统社会相比却发生了变化，与此相对应的是一系列化解冲突的方式也会发生改变。在乡土社会中，夫妻口角甚至为此自杀至多在家庭和村落中传播，很难传播更远。但是在开放繁荣的城市，一篇报道就能使家庭冲突成为公众关注的中心，而且很难预估它造成的影响。

1927—1937年上海报纸本地新闻版面充斥着夫妻矛盾引发自杀事件的社

会新闻。因夫妻口角导致自杀的社会新闻是家庭事件，更是媒体事件乃至社会事件。盐城人周宝连的女儿小巧子，22 岁时嫁于沪北胡家木桥张家巷附近唐源昌为妻。婚后夫妇二人无日不在争吵中，1927 年 8 月 26 日又因细故冲突，唐痛殴其妻，以致受伤。27 日晨小巧子缢死房中，周宝连闻耗赶往，向五区三分所控告女婿；①43 岁的赵沈氏家住虹口梧州路 656 号门牌旧货店楼上，丈夫在乍浦路日日新闻社当出店，1928 年 4 月 1 日午间，夫妻二人因细事口角，沈氏愤而吞耳环戒指自尽，经家人发觉后送往同仁医院救治；②山东德州人崔氏 25 岁，与 32 岁的同乡王凤鸣结婚数年，1929 年 5 月 27 日晨 10 时左右，夫妻因细故口角。丈夫王凤鸣随即外出办事，待到 11 时回家午饭时，在卧室见妻子已经悬梁自缢。③ 上述三个案例共同的特点是夫妻因为家庭生活中的琐事发生口角，造成另一方自杀。此类因家事不和而自杀的案例受到媒体和官方的重视。

因夫妻口角自杀的案例中又以妻子自杀占多数，不仅官方的自杀统计报告如此，报纸的新闻报道也是如此。甚至当局都疑惑"夫妇间有什么大不了的事，竟致因口角而轻生呢?"通过社会调查，当局作出的判断是"这种人的自杀并无必死之心，无非欲藉死以胁迫对方而已，哪知弄假成真，竟把性命牺牲，这是何等可惨而没有意识的事啊!"④然而如果判断家属的争吵纯属"藉死威胁"，是"逞一时的意气，走向绝路"，⑤尤其是认为女性自杀占大多数的原因，是女子"意志较为薄弱""经济不能独立"，⑥那么就忽略了家庭中夫妻关系赖以存续的关键因素，即夫妻间的亲密情感。而将"经济不能独立"视为女子自杀较多的原因，虽然看到了女子在经济上的依附地位，却未能看到在经济困乏的家庭，男女的生活际遇是相似的。所以，城市家庭中夫妻之间因为一时口角而自杀，看似焦点在日常生活琐事，实际破坏了亲密情感，随着维系夫妻关系的情感破裂，悲剧的发生便显而易见。而夫妻口角可视为夫妻关系的重要指标，夫妻频繁发生口角，起码表明他们对婚姻家庭生活的满意度不高。

城市家庭中为什么妻子更容易因为口角而自杀，这可以从男女两性在家庭婚姻中的角色和地位来考察，而不宜简单归因于女子的意志薄弱，而如果从另一

---

① 《妇人气愤自缢身死之验明》，《申报》1927 年 8 月 28 日，第 15 版。
② 《妇人吞饰图尽》，《申报》1928 年 4 月 2 日，第 15 版。
③ 《妇人细故轻生》，《申报》1929 年 5 月 28 日，第 15 版。
④ 《二月份社会病态统计》，《社会月刊》第 1 卷第 3 期，1929 年 3 月。
⑤ 《上海市社会病态统计 十九年一月至四月》，《社会月刊》第 2 卷第 1 期，1930 年 7 月。
⑥ 上海特别市社会局编：《上海特别市社会局业务报告 十七年八月至十二月》第 1 期，1928 年 12 月，第 289 页；上海市社会局编：《上海市社会局业务报告 十九年一月至十二月》(第四、五期合刊)，上海市档案馆馆藏，档案号：Y2-1-662。

方面强调女子经济不独立,那么其落脚点恰恰也在于夫妻在家庭中的地位。所以迪尔凯姆在《自杀论》中提出夫妻之间的差距让妻子在婚姻中常常处于不利地位。[①] 对于因经济拮据或失业而无法维持生活的家庭,夫妻之间的口角起因是金钱。经济的贫乏使夫妻二人任何一方都会产生自杀的念头,而不能只归因于女子经济是否独立这么片面的因素。甚至在有些案例中,妻子还是家庭里的顶梁柱。如36岁的高邮妇人祁环氏,住居闸北,帮佣度日。丈夫祁学才,秉性无赖。1928年祁环氏所有工资、衣物等被丈夫强行掠取,因此二人口角交恶,祁环氏左眼还被迷瞎。第二年春,祁环氏无法维持生活,欲自尽,幸被岗警救助,转送妇孺救济会。[②] 案例中妻子祁环氏不可谓经济不独立,但夫妻二人的家庭生活并不稳定。二人的矛盾,肇起于经济问题,终结于妻子的自尽。夫妻之间不论因为家庭琐事,还是因为金钱问题发生口角和争吵,每一次的冲突都可能削弱感情基础,增加家庭结构不稳定性的风险。

吴飞认为中国农村社会自杀的逻辑,包括两个方面:第一,自杀通常是家庭政治权力博弈的结果;第二,自杀通常是为了逞一时之气。[③] 他认为家庭中很小的琐事也可能造成亲人间莫大的委屈,亲密关系能化解家庭矛盾中的委屈,却也可能为了亲密关系而以死抗争。通过这样的解释,我们可以看出围绕亲密关系,家人之间确实存在为了掌握家庭决定权而互相博弈的现象,只不过家庭矛盾发生后为了逞一时之气而采取极端行动,绝非是简单的应激反应,而且逞一时之气的背后也并不是"一时"的问题,往往蕴含着长期积累的社会文化因素。20世纪二三十年代的上海,存在着大量移居城市的农村家庭,虽然其也在努力向城市家庭转变,但是这种转变不可能是疾风骤雨式的,传统的生活方式、习俗和观念依然会在新的家庭中发挥影响。这其中发生的夫妻冲突是家庭转型不可避免的问题。夫妻因为家庭琐事发生口角,往往为逞一时之气而自杀,这背后反映的问题也不容忽视。

家庭矛盾发生后,处于弱势的女性,会选择用自杀的方式来结束自己被压迫的处境,此时的自杀不是女性反抗压迫的表现,而恰恰证明了女性是不平等婚俗制度的牺牲品。诸如此类事件,在20世纪二三十年代的上海依然常见。广东籍女子徐翠珍在1926年12月间嫁给谢某新为妻,但是谢某家中已有妻妾数人,待

---

① 埃米尔·迪尔凯姆:《自杀论》,冯韵文译,北京:商务印书馆,2001年,第251页。
② 《可怜一妇人 银钱失去 左目迷瞎 穷途末路 自缢获救》,《申报》1929年3月7日,第15版。
③ Wu Fei. "Gambling for Qi Suicide and Family Politics in a Rural North China County". *The China Journal*, No. 54(Jul. 2005), p.11.

徐成婚后才知受骗，于是妻妾间时起口角，而谢既已得到徐女，便弃如敝屣，徐女自伤薄命，独自至北四川路桥纵身投河，适被人发现，转送济良所；[1]20 岁妇人俞叶氏，其夫俞真荣因与其不睦，另居闸北乌锁路。俞为同叶氏脱离夫妻关系，曾纠集数人，与该氏交涉，逼令其离婚。叶氏极度气愤之下，用菜刀自刎，伤重殒命。[2] 从上述例子可见，徐翠珍在纳妾旧俗中只能叹息薄命，叶氏在被夫逼迫离婚的家庭矛盾中，只能气愤自杀。在夫权的强势压迫下，徐、叶二人完全没有反抗的余地，她们的自杀是个人的悲剧，更是旧制度和观念造成的悲剧。

夫妻冲突中，若是男性处在劣势地位，同样也免不了被压迫的处境。浦东杨家渡小工陈文才常遭妻子虐待，于 1933 年 7 月 21 日再次被妻责骂后自缢身死。其妻得悉，后悔莫及，只剩放声大哭。[3] 陈文才因畏惧家中妻子，用死来摆脱虐待。这类自杀案件表明性别压迫是双向的。夫妻和谐是家庭稳定的关键，无论夫虐待妻，还是妻压迫夫，都会打破家庭的平衡，造成家庭破碎。

除此之外，夫妻之间还面临着其他的生活变故和情感危机，最常见的莫过于男女外遇。外遇对于夫妻关系的破坏是摧毁性的，夫妻之间的亲密情感可能随着第三者的插足而陷入不稳定状态。外遇造成的不仅是婚姻危机，更是家庭危机，由于外遇而破裂的婚姻，势必会造成家庭的分崩离析，而期间夫妻任何一方的自杀，更会将危机扩大化。夫妻外遇的后果除了其中一方自杀，也可能会出现离婚。至于为何会出现离婚或自杀两种不同的情况，可以从夫妻的情感维度来思考。夫妻二人情感越深，越难以割舍，也更容易采取非常极端的形式来挽救感情，自杀倾向就会压倒离婚倾向，反之则会通过离婚解除感情纠葛。总之，因为夫妻一方的婚姻不忠，选择离婚或是自杀，绝非正确解决家庭中夫妻关系的良策。

1927—1937 年上海处在快速发展期，大量迁居上海的新家庭离别故土，寄居新的生活环境，也同样面临着生活的压力和风险，任何突发事故都会影响到家庭关系。

最典型而又集中的生活变故是夫妻一方患重病或去世。随着丈夫或妻子中的任何一方终老、疾病和死亡，夫妻关系因为突发事件而破裂，城市家庭陷入极度不稳定的状态，直至新的家庭被组建。

夫妻的生老病死，是家庭"过日子"必经的自然生命状态，与造成另一半的自

---

[1] 《多妻制度下之一女子》，《申报》1927 年 6 月 15 日，第 15 版。

[2] 《逼妻离婚妻愤极自刎死 夫妇之道苦矣》，《申报》1932 年 10 月 21 日，第 11 版。

[3] 《悍妻懦夫家庭惨变 夫死后妻已懊丧不及》，《申报》1933 年 7 月 23 日，第 16 版。

杀似乎并没有必然的联系,很多时候自杀是失去爱人后情绪变化的结果,同样的情况也发生在夫妻离散时。1937 年 7 月 6 日午间,35 岁的妇人金氏投浦自尽,被附近水警救起。金氏自寻短见是由于一连串的家庭变故,先是丈夫金顺荣忽然失业,另觅工作,家用费用从而停寄多时。金氏带领 1 岁的儿子来沪找寻丈夫,却因寻夫不遇,寄居亲戚家,且受亲戚白眼,直至金氏自杀的前一日,小孩又忽生病夭亡,一连串的生活打击让金氏伤心悲惨,唯有一死。① 金氏之死反映了沪上生活之不易,虽然其丈夫求职于沪上用工资收入反哺乡村家庭,但仍然难以支撑全家生活。要支持全家几口人在大城市的生活,绝非易事,倘若家庭的经济来源被切断,或遭遇突然的家庭变故,原本就风雨飘零的家庭,因缺乏抵御风险的能力,势必面临更大的挑战。对于移民人口占大多数的上海来说,自杀问题不仅是维护家庭稳定需要解决的问题,更是维护整个上海社会需要解决的问题。

二、代际：人际关系与家庭变迁

上文已经分析过夫妻关系在面临家庭冲突时会发生的变化,那么家庭内部其他的人际关系又会出现怎样的状态？

家庭内其他的人际关系还包括亲子关系、祖孙关系、婆媳关系、岳婿关系、翁媳关系、叔侄关系等代际关系,以及兄弟姐妹关系、叔嫂妯娌关系等同代人之间的水平关系。一般所谓的家庭代际关系专指亲子关系、祖孙关系等上下代之间的垂直代际关系,这是家庭成员中夫妻关系之外又一主要关系,而且往往杂糅着夫妻间、兄弟姐妹间等同代人的水平关系。家庭内的代际关系代表着家庭结构的不同层次,涉及祖代、亲代和子代三个层次,家庭范围内的代际关系由婚姻、血缘关系决定,是家庭中同代人或几代人之间的相互传递和交往,②具体指两代或两代以上家庭成员之间的关系,即家庭中的父母辈或祖父母辈与子女、孙子女辈的关系。③

伴随着工业化的发展,以及像上海等沿海沿江通商口岸城市的城市化进程,现代工业生产急需大量的劳动力自由流动,与此同时,传统自给自足的自然经济遭到破坏,脆弱的农村经济越来越凋敝,农村人口向小城市或大城市流动,以及小城市人口向大城市有了自由流动的可能。农村人口离开故土,通过去工厂做工,或出卖劳力,或经商等途径维持城市的生活。"农民弃农而工,大量人口由农

① 《少妇寻夫不遇 投浦图尽获救》,《申报》1937 年 7 月 7 日,第 17 版。
② 邓伟志主编：《社学学辞典》,上海：上海辞书出版社,2009 年,第 284 页。
③ 邓伟志、徐榕：《家庭社会学》,北京：中国社会科学出版社,2001 年,第 96 页。

村迁入城市，逐渐与原有家庭在经济、生活上分离，成为新兴的城市小家庭族。"①农民"弃农而工"的现象，并不是一种主动行为，大多数情况下是一种被动选择。南京国民政府实业部中央农业实验所于 1935 年 10 月曾对 1933—1935 年全国 22 省 1 001 个县的农民离村情况进行了调查，结果发现农民离村赴城市的占大多数，包括逃难、谋生、迁居等，共占离村农家总数的 59.1%，农民离村的原因以旱涝匪等各种灾患及生计困难的居多，"农村破产，农民生计艰困，而一方又以捐税苛捐杂税，农民不堪负担，益以农产物价格低廉之故，农民不能安居乐业，惟有扶老携幼，转而他徙"。② 王文昌对 20 世纪 30 年代前期中国大量农民离村的研究发现，1930 年到抗日战争全面爆发前农民离村不仅逃亡色彩十分突出，而且又与城市工商业凋敝同时发生。他认为当时城市非但不能消化骤然增大的劳动力市场，甚至也难以维持旧有的劳动力水平。③

如此看来，一方面，农民迫于生计无奈地走上离村之路，城市成为他们寄予希望之地；另一方面，城市又无法提供充足的机会，即使入城他们依然贫困潦倒，无处容身，最终又被迫流离失所或回乡。在这一流动的过程中，家庭也发生着很大的变化，家庭结构的完整性受到冲击，形式越来越简单，家庭规模越来越小，尤其是随之而来的家庭伦理观念的改变，原有大家庭中家庭成员之间需要面临各种复杂的亲属关系，一个大家庭里可能同时容纳多重家庭关系，如夫妻关系、亲子关系、婆媳关系、妯娌关系、兄弟姐妹关系等，并且具有极强的凝聚性。当小家庭成为趋势时，家庭成员间的关系也被简化为最基本的夫妻关系和亲子关系，其他家庭关系依然存在，只是处于从属地位。然而城市化背景之下，家庭成员的频繁流动，势必会影响家庭成员的关系，冲击家庭稳定。

家庭成员间的人际关系与社会上的其他关系不同，所以家庭一般具有感情交流的功能，但是当亲属间的关系趋于恶化，甚至发生冲突和摩擦时，家庭的抗风险能力会随着亲密度的弱化而大为降低。1927—1937 年上海经历着城市的快速发展期，社会的大变动与家庭领域的小震动互为影响，工业化、城市化以及资本主义市场化，带来了社会的巨变。不同代人由于年龄以及生活时代的差异对社会的巨变持有不同的看法，缩小到一个家庭，祖父母辈、父母辈和子女辈势必在思想和行为方式上存在代际差异。过渡时代的家庭因此呈现出新与旧、传统与现代的变革特征，尤其对于上海这样的移民城市而言，城市家庭糅合了传统

---

① 邓伟志、徐榕：《家庭社会学》，北京：中国社会科学出版社，2001 年，第 59 页。
② 《各省农民离村调查（附图二）》，《农情报告》第 4 卷第 7 期，1936 年 7 月 15 日。
③ 王文昌：《20 世纪 30 年代前期农民离村问题》，《历史研究》1993 年第 2 期。

的乡村因素与现代的城市因素，代际间的差异会加重不同代人之间的隔阂，当隔阂达到难以调和的程度时，便增加了家庭冲突，尤其以代际冲突为主，甚至会导致自杀。

由代际冲突引起的自杀，是家庭代际关系失衡的极端结果。当亲子双方在观念和行为方式上摩擦不断，甚至出现难以化解的矛盾时，很容易导致一方用自杀行为来打破代际关系的不平衡状态，其中最易引起自杀的代际冲突包括亲子冲突、婆媳冲突，以及其他亲属冲突，如翁媳岳婿冲突、祖孙隔代冲突、兄弟姐妹姑嫂妯娌冲突等。

（一）亲子冲突

我们在前文讨论因婚姻问题自杀时，指出父母辈在婚恋价值观念中固执保守，子女为争取婚姻自主权时同父母产生了分歧，甚至进行过殊死斗争。父母同子女有关婚恋问题的交锋，实质上也是一种典型的亲子代际冲突。像上海这样的移民城市，工业化、城市化的发展让城市里的家庭伦理观念受到巨大影响，来自不同区域、具有不同文化背景的人，一方面有业已形成的家庭观念，另一方面又在城市里受到现代生活方式的影响，受到婚恋自由、男女平等、妇女解放等思潮的洗礼。亲子两代往往具有新旧不同的思想观念，他们之间的差异是社会历史变迁的产物。费孝通在 20 世纪 40 年代，就认为亲子两代的隔膜不易消除，"子女可以时常觉得父母的过分干涉，没有道理，甚至感到压迫，父母是代表着吃人的礼教。在父母看来，子女不能体恤他们，倔强，不肯顺服，进而觉得是悖逆，不孝，大逆不道的孽障"。[1] 亲子冲突代表着代际冲突的最典型形式，其导致的自杀是代际冲突最严重的后果之一。

首先，亲子冲突中的亲代自杀。在日常生活中，上下代之间的矛盾和冲突肇始于各种生活事件，而且亲代人的自杀并非偶然，或者是因为子女不成器，或者是因为经济困厄，最终老无所依而自杀，或者是因为家庭细故与子女争执后出于气愤而自杀，总之和下一代有着千丝万缕的关系。

从大量被公开报道的案例来看，无论亲代的自杀是因为子女不孝，还是因为生活艰难、老无所依，作为父母辈的亲代和作为子女辈的子代发生冲突的焦点是代际关系的失衡，而代际关系之所以会失衡，根本原因是城市社会发生的巨变。按照费孝通先生对中国传统社会代际关系的概括，那是一种"反馈型"代际关系

---

[1] 费孝通：《乡土中国》，北京：商务印书馆，2011 年，第 258—259 页。

模式,亲代负责哺育子代,履行其抚养、教育的责任与义务,子代则在亲代年老后进行反哺,承担赡养的责任与义务。在哺育与反哺之间,家庭代际关系达到一种平衡。陈柏峰通过对当代农村老年人自杀的分析,指出代际关系的变迁与老年人的自杀有着密切关系。他所说的代际关系是对"反馈型"代际关系的具体化,包括支配层面的关系,即父母与子女的关系中何者占主导或支配地位,何者占被动或被支配地位。还包括交换层面的关系,即父母与子女的代际交换是否平衡,在何种意义上平衡或不平衡。① 陈柏峰的这种观点给了笔者很大的启发,然而实际上代际关系在支配和交换层面的失衡并非当代特有的现象。近代以来,随着工业化和城市化的驱动,家庭代际之间的支配和交换已经开始发生变化,从1927—1937 年上海代际关系冲突中亲代自杀入手,就可以窥见一二。

父母辈对不成器的子女进行劝诫却招来子女的不满,最终怀着愤恨之情自杀;经济总体不景气的环境下,父母辈毋庸说获得子女的经济反哺,尚需承受成年子女剥削性的索取,老无所依成为他们绝望自杀的直接根源。凡此种种亲代自杀的现象,进一步表明亲代所处的境遇。传统家庭成员因血缘和姻缘而形成亲密关系,父母辈依靠家庭伦理,在物质和情感上进行代际间的传承和交换,尽力减少代际冲突,使得家庭成为人们感情寄托之所在。而在现代社会,特别是城市家庭,中青年一代受到现代教育和城市文明的启迪,在实现自我价值的时候,必然和老一辈发生传承上的对立和脱节。在经济不景气的情况下,不能从物质上反哺父母,两代人在代际关系上也无法达到平衡。

其次,亲子冲突中的子代自杀。父母和子女是家庭的中心角色,围绕日常生活事件,他们很可能会根据他们那一代人的经验和思维给出相应的回应。这本身没有统一的是非对错标准,但当回应是以家庭冲突的形式出现时,无疑会对家庭成员造成感情伤害,带来了家庭的不稳定,造成代际关系的失衡。实际上,两代人固有的差异,以及城市化所带来的社会巨变,对两代人造成了不同的冲击。年轻的子代会更容易受到城市文明的影响,敢于接受新潮事物,而父母辈往往保持一贯的传统思维和处事理念。这种矛盾会让任何家庭事务都能成为导火索,此时亲子冲突导致子代自杀的典型表现是子代遭到亲代责打,而这种冲突的源头是生活观念和生活方式的差异、生活困境的影响、家庭琐事的刺激等。

在观念层面,父母辈同子女辈发生的分歧从婚恋观念问题,到日常生活喜好

---

① 陈柏峰:《代际关系变动与老年人自杀——对湖北京山农村的实证研究》,《社会学研究》2009 年第 4 期。

都有涉及。新文化运动以来，青年一代对自由新潮事物的向往到了又一高度，子女越来越认同婚恋自由自主，一些父母却依然固守传统婚恋观念，干涉子女婚恋。

生活方式上，子女同父母发生的分歧更是庞杂。当女子截发是一种潮流，青年纷纷效仿时，却遭到父母的反对。当少男少女出于天性，乐于交友时，父母一代人却认为行为不检，轻则加以规劝，重则严厉斥责。对于很多正处青春期的青年来说，横亘在两代人之间的差异与其说是叛逆的个性导致的，不如说是迅速的社会变迁让保守的父母担忧子女的成长，这是代际差异在家庭内的反映，也是整个社会上两代人根据各自经验作出的不同回应。

在经济困境方面，父母同子女的矛盾表面上是因为金钱匮乏，实际上是代际关系失衡在经济生活领域的表现，那些极端自杀事件的发生，表明了亲子矛盾已经到了不可调和的地步。29 岁杨关林和其父亲之间的矛盾便是如此。杨关林在沪充当茶房，老父亲由原籍来沪，向关林索取生活费用，但关林并未给予，只答复所入绵薄，自己衣食时虞不给，实无余款。乃父闻此大怒，声言生子何用，将关林痛责一番而去。关林气愤，遂萌自杀之念，乃出外购鸦片若干，潜吞图尽。后经人急送同仁医院救治，服毒颇多，性命难保。① 杨氏父子间的矛盾因为赡养费而公开化，一句"生子何用"直指传统社会典型的"反馈型"亲子关系。杨关林的例子透露出两种可能：一是如果子代真的无力赡养老人，那么进城谋生便可以解决这个问题，然而实际上像杨关林这样从事茶房的人，收入微薄，侍养老人有心无力；二是子代不愿养老，既然已经脱离原籍，进城工作的目的是立足于城市，维持新家庭的生活，在此种情况之下，对待原籍尤其是老人的支持必定会不足。无论上述哪一种可能，都表明一旦经济匮乏，代与代之间哺育与反哺的互动行为便难以持续。杨关林表面上是因父亲的痛责而气愤自杀，根本原因是自己承担着代际冲突责任者的压力，如果不是他无法供养老人，那么代际关系的失衡便不会发生，这也是为什么新闻报道会使用"理屈"一词来表达他的自杀动机。

在家庭琐事方面，亲子之间的矛盾频繁发生，稍有不慎便可能酿成悲剧。1929 年，21 岁的陈正元在其父店内照管店务，由于是家眷同居，其父并未雇佣伙友，只有陈正元一人帮忙料理。但正元近来忽变常态，似发呆戆之状，渐渐疏远店中事务。因为柜台上缺少盐鸭蛋一只，被父斥责，不料正元忽萌短见自杀，送

---

① 《子被父责气愤服毒》，《申报》1928 年 12 月 27 日，第 15 版。

医救治无效死亡。[①] 人们可能很难理解怎么会有人"因缺少盐鸭蛋送掉一命"，其实陈正元不是死于丢失一个盐鸭蛋，而是死于父亲的斥责，这其中寄托着父亲对下一代人的期望，也纠缠着儿子对家庭既定生活安排的不满，归根结底是两代人互动关系失衡的结果。至于那些因为偶然细故而导致子代自杀的例子更是不胜枚举。

观念和生活方式上的差异、经济困境、家庭琐事是亲子冲突主要集中的三个方面，尤其是在城市家庭，迁居城市的青年人体验到城市的开放包容、独立自由，父母辈此时的权威受到了挑战，当他们继续加强这种权威的时候，下一代人感受到前所未有的压力，增加了子代自杀的风险。总之，亲子冲突导致亲子双方都存在自杀的倾向，反映出亲子关系面临着很大的挑战。

（二）婆媳矛盾

传统女性素以"贤妻良母好婆媳"为美德，封建伦理规训下的"婆强媳弱"模式让家庭中的女性关系得以基本维持平衡。近代以来，随着社会的变迁，越来越多的女性追求自由平等，传统的婆媳关系受到冲击。虽说婆媳关系并未发展到基本平等的地步，但是整体上向着现代城市家庭转型的方向发展，然而毕竟婆媳之间没有任何血缘联系，她们的情感纽带需要后天培养，而且很大程度上婆媳还具有两代人之间特有的差异，是代际关系中比较特殊的一组。由婆媳关系失衡带来的"婆媳战争"也在所难免，而且由于婆媳二人在家庭中的重要地位，会间接影响到夫妻、亲子、姑嫂、妯娌等亲属关系。关注城市家庭中婆媳矛盾的焦点何在，有助于把握城市化背景下家庭所经历的变迁。

侯艳兴认为中国的婆媳不和是一个主体为女性的人际冲突，是家庭内身份和性别方面各种冲突的具体表现之一。[②] 他将婆媳矛盾导致的婆婆自杀或者媳妇自杀，看成婆婆和媳妇身份地位迥异的结果。这种认识对解释 20 世纪二三十年代上海家庭里的婆媳自杀有一定的启发，笔者认为从代际关系的角度来考察婆媳矛盾，尤其是将代际关系变迁结合上海城市化进程来理解，才能深入解释婆媳关系、代际变迁与城市化的内在联系。

事实上，上海家庭中婆媳矛盾既导致了婆婆自杀，也带来了媳妇自杀，而且媳妇比婆婆更容易因婆媳矛盾而自杀，这从自杀人数上就能明显看出来。

---

① 《因缺少盐鸭蛋送掉一命 父子口角吞烟身死》，《申报》1929 年 10 月 23 日，第 16 版。
② 侯艳兴：《上海女性自杀问题研究(1927—1937)》，上海：上海辞书出版社，2008 年，第 197—206 页。

城市谋生的不易,使得婆媳之间发生冲突的概率加大。婆媳矛盾极端化的结果是自杀,但是婆婆和媳妇为什么会在自杀人数上形成很大的差异,婆媳矛盾中媳妇比婆婆更倾向于自杀的现象,需要继续挖掘婆媳矛盾的焦点所在。

封建传统文化里婆婆的身份地位要比媳妇略高一等,传统婆媳关系是"婆强媳弱"的压迫和被压迫关系。但是近代以来,特别是随着新文化运动对封建文化的挞伐,自由平等观念的勃发,婆婆对媳妇的压迫被视为专制家庭的表征而受到否定。1927—1937 年上海家庭中因婆媳矛盾导致婆婆自杀的情况,非常典型地代表着城市社会正经历一场家庭伦理新观念的变革。

"婆强媳弱"的传统婆媳关系虽然面临着挑战,但仍然是这时期婆媳关系的重要特征。在众多由婆媳矛盾引起的家庭悲剧中,恶婆婆充当了很不光彩的角色。尤其是在 1927—1937 年的上海,媒体曝光的案例中媳妇自杀的人数显著多于婆婆,而且这只是现实社会的缩影,未被曝光的此类自杀事件应该更多。同样是属于婆媳矛盾引起自杀的情况,媳妇自杀数量大于婆婆,这说明婆媳矛盾中往往受伤害最大的一方是媳妇。在新旧过渡的情况下,婆婆作为长辈的权威地位,并没有随着家庭规模的变小而衰落,其对家庭成员的支配能力,尤其是对儿媳妇的支配能力仍然很大。所以在婆媳代际关系中,婆婆仍具有支配层面的主导性,青年媳妇仍处在被压迫的地位。家庭关系中受到支配的一方,会在代际互动中处于劣势,她们的自杀很多时候可以看成解脱而不是抗争以扭转自己在家庭中的地位,除非媳妇自杀后有来自娘家或者社会舆论对恶婆婆的攻击,然而现实中属于这种情况的例子毕竟是少数。

婆媳关系是家庭成员间主要的人际关系之一,在一个完整的家庭里,婆婆和媳妇都是不可取代的重要角色,婆媳矛盾作为家庭矛盾的重要方面,势必会影响整个家庭的稳定和谐。

(三) 其他代际冲突

翁媳、岳婿同婆媳一样也是家庭内不涉及血缘关系的两组亲属关系,在中国传统文化中翁媳、岳婿之间的人际互动往往存在伦理禁忌,要尽量规避过分的亲密,行为上应该符合家庭伦理习俗。同时,他们在家庭中的关系具有亲代与子代分层的特征。因此,如果翁媳、岳婿之间发生冲突,很可能是代际与伦理两个层面发生了问题。1927—1937 年上海家庭中发生的翁媳、岳婿冲突的情况,正是这类问题的极端表现。

祖孙隔代冲突是家庭内代际冲突中比较特殊的一对,祖辈代表着家的过去,孙辈喻示着家的未来，他们之间存在隔代抚养、支配与反哺的代际关系。但是在近现代的中国社会里，祖辈坚守着中国传统家庭伦理，孙辈在社会转型的时代背景之下，受到新文化的熏陶，祖孙之间的隔代冲突必然也会发生。虽然祖辈与孙辈之间的代际摩擦，尤其是出现自杀的情况比较少见，但也反映了城市家庭受时代变迁的影响。

家庭中的兄弟姐妹、姑嫂、妯娌之间也极易发生摩擦和冲突。虽然他们属于同辈人，但依然掩盖不了相处时可能存在的摩擦和微妙关系，尤其是随着家庭规模和结构发生变化，家庭伦理向现代转型时，这种差异和转变会更加明显。

首先，中国传统家庭伦理讲究的兄弟长幼有序、悌友相亲的理想面临着城市生活的现实压力。在大家庭向核心家庭转化的过程中，兄弟姐妹在处理一些具体的家庭事务时难免意见相左，纠纷不睦，甚而为此自杀，这反映出城市现代文明培育了个人独立平等的意识，但兄长辈在家庭中所具有的尊长者的权力受到质疑，同时他们为了组建和维持新家庭，还要考虑自身利益，这都使代际支配能力有所弱化，加剧了家庭离散的可能。例如王阿根与弟弟阿华之间的纠纷便是如此。22 岁的阿华曾借给其兄 7 元大洋，却屡索不还，二人由此发生口角。1929 年 8 月 24 日晚，阿华再次提及此事时，被其兄推出门外。气愤的阿华于次日晨 8 时许，吞药自尽。[①] 7 元大洋是阿华和阿根兄弟间纠纷的起点，却导致阿华自尽。兄弟间的财产纠纷只是他们感情疏离乃至自杀的表象，兄友弟恭人伦关系的变化才是关键因素。

其次，姑嫂、妯娌没有血缘联系，都是由婚姻关系派生出来的家庭关系，彼此之间的冲突是除婆媳冲突之外又一类的女性冲突。姑嫂、妯娌虽然在性别、辈分上相同，在年龄上相近，但是在家庭中的关系却复杂而敏感，这或多或少和她们在家庭内身份地位的变化有关。侯艳兴认为姑嫂之间的矛盾是最常见的代际摩擦，[②]苏全有认为民国时期妯娌关系紧张是常态现象，[③]1927—1937 年上海家庭中的姑嫂妯娌冲突偶有发生，甚至出现自杀事件。再来看妯娌冲突，原本在每个大家庭中发生妯娌不和、争执甚至仇恨的一些原因，如"权利义务的不均衡、公婆待的不平等，丈夫能力的不相同"，[④]在城市化过程中，随着家庭越来越小，分家后的兄弟别居，妯娌之间不会像在大家庭里那样朝夕相处，从而降低了她们发生

---

① 《兄弟失和痛不欲生 潜服安眠药水图尽》，《申报》1929 年 8 月 26 日，第 15 版。

② 侯艳兴：《上海女性自杀问题研究(1927—1937)》，上海：上海辞书出版社，2008 年，第 216 页。

③ 苏全有：《民国时期家庭伦理关系探析——以妯娌关系为例》，《鲁东大学学报》(哲学社会科学版) 2016 年第 5 期。

④ 玲玲：《如何解除妯娌间的纠纷》，《新东方杂志》第 1 卷第 3 期，1940 年 5 月 10 日。

冲突的概率。

最后，除了夫妻矛盾和代际冲突这两个主要方面，还应该考虑由亲戚、朋友甚至邻里为纽带的庞大的家庭网。不过由于亲戚、友人、邻居等在这一庞大的家庭网中，彼此的互动关系更加庞杂、繁琐，而他们之间发生的矛盾纠纷依然不外乎家庭生活事件。如1929年7月上海特别市政府社会局在分析该月自杀统计情况时认为，"家属或邻居的无意识的口角都有造成自杀的可能"，七八两月自杀增加的原因之一是"受不了鸽笼式房屋内的热，而走向里弄里纳凉，增加和邻居吵嘴的几乎，直接地说就是增加自杀的机会"。① 不过，这些经验层面的观察给我们带来一些启示，即可以将亲友、邻居的人际关系纳入家庭网中进行考察，再以家庭为单位理解他们各自在经历家庭关系转变时的行为。

---

① 《七月份社会病态统计》,《社会月刊》第1卷第8期,1929年8月。

第三章
城里人的生存危机：自杀的经济诱因

　　20 世纪二三十年代，是整个近现代中国城市快速发展的时期，但是由于同时遭受自然灾害、战争、世界经济危机等国内外不利因素的影响，经济的增长也潜伏着危机，最突出的就是贫困和失业问题。对于上海这样的大都市而言，在城市快速发展的 1927—1937 年间，同样面临上述问题。一方面上海作为全国工商业中心，工厂、企业、商业经营需要有足够多的廉价劳动力，另一方面来自全国各地的劳动力辗转来到上海谋生，造成城市劳动力的供过于求。而受 1929—1933 年资本主义世界经济危机的波及，上海缫丝业等劳动密集型产业遭到重创，加上城市生活原本就充满了激烈的竞争，谋生困难，生活成本高昂，乞丐、流氓、无业、失业人群流荡于城市街角，成为影响城市稳定的社会问题。为了在城市中生存，他们或者铤而走险，或者被生活压垮，走向自杀的悲剧之路。所以，迪尔凯姆会说混乱是经济状态的特点，个中的失败和风险会造成极大损害的危机频繁发生，尤其强调"经济危机对自杀的倾向有着严重的影响"。[1]

　　本书第一章在对自杀原因进行类型分析时，曾总结过上海 1927—1937 年间由经济问题导致的大量自杀，无论是上海市政当局的自杀原因调查，还是媒体新闻报道的自杀案例，在公开报告的自杀人数上，因经济问题而自杀的人数排在因家庭问题而自杀的人数之后，位居第二。本章将从涉及经济因素的自杀个案入手，依据对自杀问题的经验研究，把握当时上海自杀问题中的经济因素，重点解读经济贫困、失业等问题如何造成自杀的悲剧。

---

　　① 埃米尔·迪尔凯姆：《自杀论》，冯韵文译，北京：商务印书馆，2001 年，第 254 页。

第一节　经济贫困与自杀发生

经济发展和社会流动是城市发展的重要助推力量，二者互相促进和影响，随着城市化的发展，人们的社交范围扩大，不仅有亲缘、地缘，还加入了学缘、业缘等要素，这表明城市化背景下，经济领域的变动比家庭生活和伦理制度的变迁更直接、更迅速，也更能代表现代城市所具有的工商业本质属性。城市居民的日常生活需要一定的经济支撑，"过日子"中的"活不下去"指的就是城市里依靠各种收入生活的人没有了经济来源，他们甚至绝望地用自杀这样的极端方式来应对生存危机。上海作为民国时期全国的工商业中心，特别是在 1927—1937 年城市快速发展之时，"沪地繁华，赚钱较易"的观念对当时仍处于战争、天灾频仍的其他省份居民来说无疑充满了诱惑。然而，当时上海也发生了大量由经济问题引起的自杀事件，这是对"十里洋场"和"冒险家天堂"的另一种注解，经济繁华的背后暗藏着随时陷入贫困境遇的隐患，如天灾、谋生乏术、遭劫受骗、负债、营业失败等；经济贫困还纠缠着疾病、赌博等，更加重了生活的艰难，甚至造成了自杀的悲剧，而通过自杀事件也可以反思期间上海经受了哪些考验。

一、经济压迫

1927—1937 年，水灾、旱灾、虫灾、冰雹、地震等自然灾害几乎年年在全国各地发生，灾荒所到之处，房田尽毁，饿殍遍野，造成成千上万灾民、饥民流离失所，沦为逃荒的流民。每每发生自然灾害，报纸媒体对灾情和后果关注尤甚。

1927 年山东省旱灾、蝗灾严重，造成九百万人受灾，一直持续到 1928 年，《申报》记载"山东奇灾，广及六十余县，有卖儿鬻女者，有阖户饿死者，有全家自杀者，种种惨状，不忍殚述"，[①]"灾民概以糠秕及野菜为食，亦食草根树皮，甚至有食破毡及败棉者，其忍饿不胜典卖待尽，借贷无门者或闭门不出任令饿毙，或悬梁自尽以速其死，此均数见不鲜之事"。[②] 1929 年陕、甘、豫、晋、察、绥、皖大

[①]《山东省慈善家为鲁省灾民请命》，《申报》1928 年 3 月 21 日，第 14 版。
[②]《山东遍地灾荒之惨状　华洋义赈会之报告》，《申报》1928 年 3 月 2 日，第 9 版。

旱,灾民三千四百万人,[①]其中陕西灾民四百万,自杀者日必数十百人。[②] 浙江温州所属乐清、瑞安、永嘉等县遭遇几十年未遇的虫灾,颗粒无收,米价腾贵,农民们被迫来沪谋生活者,"与年俱增,往往因谋生不得,遽萌短见,服毒投浦者有之,流为盗匪,身罹法网者有之"。[③] 1930 年陕、晋、察、甘、湘、豫、黔、川、苏等遭遇水灾,死亡人数达 10 860 人,[④]上海中国红十字会筹振处,"常闻有合家自尽、全家逃亡、烹婴宰孩诸说",在半年时间里筹集善款二十三万,积极支援受灾各省,设立粥厂、逃荒接济所。[⑤]

1931 年,苏、皖、赣、鄂、湘、豫、浙、鲁八省大水,灾民达 1 亿人口,[⑥]安徽受灾最重,饥民自杀时有所闻,[⑦]江西九江受灾损失财产价值千万,十年之中难以恢复元气,"饿死病死者过半数,亦有愤极而投水自尽投环自缢者"。[⑧] 1932 年豫、陕、皖、甘、青、鲁大旱,[⑨]"交春以来,灾民饿死,日有所闻,草根树皮,食尽无遗,竟有以铜元十数枚,付其幼子上街买食物,而全家服砒霜以死者"。[⑩] 1933 年 8 月,黄河决口,死亡 18 293 人,影响绥、晋、冀、豫等省。[⑪] 1934 年苏、皖、浙、鄂、豫、赣、滇、陕等省遭遇旱、水、蝗灾害,浙江各地因天旱绝望自杀者时闻。[⑫] 1935 年冀、赣、苏、豫、鄂、浙、闽、晋、皖等省旱,又虫灾,[⑬]湖北蕲水县灾民达三十万,"易子而食,灾民多以观音土树皮草根充食,饿毙自杀者相继"。[⑭] 1936 年四川受到旱灾、水灾、地震、风灾、冰雹灾害影响达 104 县,"有全家饿死者,食树皮白泥,有自杀者,有避匪患转徙流离因病死亡者"。[⑮] 1937 年皖、陕、豫、黔、桂、宁、贵、鲁、甘等省旱,"灾民食树皮充饥",四川、河南灾情尤重。[⑯] 通过上述对 1927—

---

① 邓云特:《中国救荒史》,上海:商务印书馆,1937 年,第 44 页。
② 《平津旧闻》,《申报》1929 年 1 月 12 日,第 8 版。
③ 《浙绅筹组移民协会 救济故乡农民》,《申报》1929 年 11 月 7 日,第 14 版。
④ 邓云特:《中国救荒史》,上海:商务印书馆,1937 年,第 44 页。
⑤ 《红会救灾保种之成绩》,《申报》1930 年 2 月 10 日,第 14 版。
⑥ 邓云特:《中国救荒史》,上海:商务印书馆,1937 年,第 45 页。
⑦ 《各善团所得各省水灾乞赈电》,《申报》1931 年 8 月 13 日,第 15 版。
⑧ 《九江灾民啼饥号寒 灾民达十五万以上 振灾款项寥寥无几 难民收容亦未实行》,《申报》1931 年 9 月 18 日,第 8 版。
⑨ 邓云特:《中国救荒史》,上海:商务印书馆,1937 年,第 45 页。
⑩ 《济生会所得各地灾况 惨状不忍卒读》,《申报》1932 年 4 月 27 日,第 8 版。
⑪ 邓云特:《中国救荒史》,上海:商务印书馆,1937 年,第 45 页。
⑫ 《浙旱依然严重》,《申报》1934 年 8 月 1 日,第 3 版;《自杀到处听闻》,《申报》1934 年 8 月 7 日,第 18 版。
⑬ 邓云特:《中国救荒史》,上海:商务印书馆,1937 年,第 47 页。
⑭ 《鄂各县灾情严重》,《申报》1935 年 1 月 29 日,第 8 版。
⑮ 《川省进行救济灾区 蒋委员长向绅耆垂询灾情》,《申报》1936 年 4 月 25 日,第 8 版。
⑯ 邓云特:《中国救荒史》,上海:商务印书馆,1937 年,第 48 页。

1937年间全国主要灾害的罗列,可以看出几乎年年发生自然灾害,灾害的后果令人触目惊心,灾民为了生存不免踏上逃亡之路,然而一些灾民在未流亡之前生活便无以为继,自杀之事常有。那么他们迁徙外地是否就意味着可以过上正常的生活呢?

灾民受灾后大都被迫离开家乡踏上逃荒之路,向更有吸引力的城市迁徙,成为城市的移民人群。上海繁荣的经济使其对移民具有足够的吸引力,然而各地灾民、流民进入上海的途径和过程却并不容易,除了被动的迁徙以便在沪地谋得职业、寻亲访友,甚至在辗转的过程中被拐骗遭盗窃等都是常有之事,面对回不去的家乡,布满荆棘的入城过程,被生活逼迫而无奈自杀者屡见报端。

沪地谋生不易。灾民、流民等入城者,要想在城市立足,必须谋得一份职业。然而由于他们普遍缺乏谋生技术和职业能力,即便其中一些人原本从事过相关职业,要想短时间内在上海找到合适的工作也非易事。当他们所携带的旅费用完后,沪地又无亲友资助,无法度日导致的自杀或可说明谋生过程的艰难。1927年12月3日镇江人王少臣投黄浦江图尽;[1]1928年1月8日宁波人胡阿根意图投河自尽。[2] 所幸他们二人都被巡逻的华捕救起,经捕房调查,二人意图自杀的理由都是自原籍来沪谋生未成,所带川资用罄,举目无亲,借贷无门,无法生存。像王少臣、胡阿根这样来沪谋生未成,一时盘缠用尽而自杀的例子有很多,特别是在1929—1931年间,这类的自杀新闻报道更多。谋生未成而自杀的情况反映出当时上海的经济形势并不景气,流落沪上的一些求职者由于缺少资金,又无钱返回原籍,进退维谷之际想到自杀,原本入城为求生,却不想走上的是死路。

投亲访友不顺。投奔沪地的亲戚朋友是移民入城的重要途径,这种利用既有社会关系网在城市中谋得职业的方式,可以避免移民的盲目性。然而当时也不乏一些因投亲访友不顺利而自杀的情况。镇江人余根生于1929年1月来沪找寻亲友,不料投亲不遇,川资告罄,加之人地生疏,借贷无门,于2月3日吞鸦片自杀。[3] 时年16岁的安徽青年黄延年,于1935年7月来沪找寻友人图谋生活,不料四处找寻不见,而所带川资,已经用尽,沦为乞丐度日。饥饿交加,黄遂萌短见,投浦自杀,所幸被法租界探员救获,并当即集资为其购船票遣送回籍,黄

---

[1]《谋生不得投浦获救》,《申报》1927年12月4日,第16版。

[2]《穷人投河图尽获救》,《申报》1928年1月9日,第14版。

[3]《寻亲不遇服毒自尽》,《申报》1929年2月4日,第16版。

称谢而去。① 上述例子中,镇江人余根生和安徽人黄延年都试图通过亲友关系在城市谋生,但是当这一途径不顺利时,没有了依靠加之盘缠用尽,最终结果是一人自杀而死,一人被遣送回原籍。

遭盗被骗频发。经济的贫困使得社会治安问题堪忧,盗窃和诈骗案件在上海司空见惯,成为一些入城谋生者经常面临的威胁。一旦他们用来谋生的盘缠、经营生意的本钱被盗骗,不仅直接造成他们缺少经济来源,对他们个人心理也会带来莫大伤害,甚至导致自杀的现象。反过来说,由于入城谋生者个人往往缺乏应对类似突发危机的策略,加之政府与社会缺乏社会保障,只有偶尔应急的金钱帮扶,无法从根本上解决此类问题,他们的自杀恰恰说明了遭盗被骗对来沪谋生者的致命影响,也间接影响上海经济的稳定发展。比如来沪谋生的 27 岁宁波人张凤标于 1928 年 8 月 2 日前往浦东烂泥渡码头投浦自尽,原因是他随身携带的14 元盘缠被人窃取。岗警救获张凤标后,将其交由宁波同乡会安顿。②

一些女性被拐骗来沪,家人入城寻觅未果,反而使自己贫困潦倒,结果自杀于沪上。海门人沈金才,因为妻子被人拐来上海,于是来沪寻觅,但无着落,而所带川资均已用尽,顿萌短见,幸为行路学生张志丰救获。③ 同年又有一个 30 岁左右的海门人沈根善,来沪寻觅被拐妻子,由于川资告罄,不能回乡,在南市九华路商会胡街里面铁门上自缢,后被人救起。④ 上述例子中的两位沈姓男子,均是因为妻子被拐来沪,寻找不着而无奈自杀,他们的入城并非为了谋生,当遭遇亲人被拐,又无力在沪上生活时,他们的自杀只是一时权宜之计。

经济纠纷不断。城市居民遭到经济压迫还有很大一部分与经济纠纷有关,这也是 1927—1937 年自杀最常见的诱因之一。当时的经济纠纷主要以债务纠纷为主,由于资金的缺乏,来沪谋生者为了维持家计或者经营生意只能依靠借债,当无法清偿债务的时候,不仅日常生活难以继续,债务也随之而来。陆明忠在南华印刷所工作,每月工资 30 余元。但值米珠薪桂之时,他的工资难以维持一家生计,只能靠借贷维持,致使债台高筑,无法应付,于是写下两封遗书后服药自杀,家人发现后,急送浦东医院治疗,生命垂危。⑤ 背债个人或者家庭成员的自杀反映了当时家庭的经济基础的脆弱,经济纠纷由债务而起,而借债的直接原

---

① 《青年落魄投浦获救》,《申报》1935 年 8 月 5 日,第 11 版。
② 《滔滔江水底事轻生》,《申报》1928 年 8 月 3 日,第 15 版。
③ 《寻女不遇资尽自缢之获救》,《申报》1927 年 1 月 13 日,第 16 版。
④ 《觅妻不遇资尽自缢获救》,《申报》1927 年 2 月 10 日,第 15 版。
⑤ 《青年困于生计 厌世服毒自杀 打强心针三次 尚未脱离险境》,《申报》1930 年 5 月 17 日,第 15 版;《不忍卒读陆明忠之遗书 衣服当尽借贷无门 无颜在世走此绝路》,《申报》1930 年 5 月 18 日,第 16 版。

因是个人和家庭生活的困难，根本上与城市物价高昂、生活成本高等因素有关。

经营商业失败。虽然当时上海作为全国工商业中心，为工商业的繁荣发展提供了良好的环境，然而社会上依然存在因为经营失败，营业亏损严重而最终导致自杀的情况。沈子荣的自杀便是例子，沈子荣曾在上海白克路（今凤阳路）开设古玩肆，平素任事勤谨，待人忠恕，为朋侪所称道。然而由于营业失败，亏蚀至巨，遽萌短见，欲跳船自尽，幸被捞救。[①] 年近而立之年的姚秉士，近因营业失败，致负债累累，遽萌短见，在家吞服生烟自尽，虽经灌药打针治疗无效，延至14日10时殒命。[②] 营业失败意味着做生意破产，势必会发生债务纠纷，所以姚秉士自杀的例子表明营业失败与经济纠纷会纠缠在一起，使入城谋生者以及普通沪地居民的生活雪上加霜。

综上所述，1927—1937年上海发生的一些自杀事件，直接诱因多涉及经济问题。从遭受自然灾害到谋生乏术，从沪上投亲访友不顺到遭盗被骗，从经济纠纷到营业失败，诸多的风险使人陷入经济困难的境地，没有了生计，从而导致了自杀结局。对于城市居民来说，贫穷的表层是金钱的匮乏，其深层原因是城市居民缺乏生活保障，而社会保障的缺乏无疑表明整个社会经济的运行是有瑕疵的。

二、因病致贫

近代以来，中国社会所经历的时代巨变，给人们的思想观念、精神和行为带来了诸多影响。资本主义市场经济的繁荣和城市化浪潮，让大量的人背井离乡，辗转来到城市，他们渴盼立足于城市，然而现实的入城之路往往是机遇和挑战并存，风险与愿景并在。

1927—1937年上海的经济得到了快速的发展，同时城市的快速发展也给人们带来了一些不适应。这体现在入城过程的曲折经历对人们精神的刺激，尤其是一些城市居民因病致贫，贫病交迫，最终只能选择自杀来摆脱困境，对上海社会的健康稳定发展带来恶性影响。江北人韩克子以拉黄包车为业，妻张氏近因久病不愈，医药无资，贫病交迫，怨愤填胸，致萌厌世之心，竟趁丈夫外出拉车之际，悬梁自缢毙命。[③]

当贫穷和疾病交织在一起，这种因贫得病、因病致贫的恶性循环，让一些深

---

① 《老古董轻生遇救 为了房租问题 遽然投海图尽 沈古董几作古人 刘买办替人买命》，《申报》1928年6月24日，第15版。

② 《一日间三男子投浦自杀 投浦图尽不及捞救身死 社会隐忧应筹挽救之法》，《申报》1930年8月14日，第16版。

③ 《车夫妇为贫缢死》，《申报》1930年10月19日，第16版。

陷此困境的城市居民看不到希望，他们的自杀说明了经济贫困和自杀之间的关联，也反映了普通大众在当时社会环境下所面临的生存危机。

三、因赌致贫

1928 年 8 月 24 日，上海公共租界纳税华人会为了取缔租界内的赛狗赌博，分别致信有关部门，指出"上海为中国第一市场，中外观瞻所系，正风易俗，刻不容缓。本会鉴于绑匪盗贼之横行与黄浦江边自杀者之众多，探原厥故，胥行赌博。因此对于花会、番摊等设局诱赌，均经一再注意，设法划除"。并用通俗的劝诫语气敬告上海市民，"现在生活程度，何等高昂，生活问题，何等困难。一个人有一种职业，勤勤恳恳，谨慎做事，尚且有的时候不够敷衍，如果再不知自爱，拿了辛苦得来的血汗金钱，跑到赛狗场里，以为偶一为之，买一张票，是无害于事的，不知道输了一元，要想翻本，再来一元，三个不相信，火气朝上冲，结果是尽其所有，连明天买米买菜买柴买油，养家活口的钱，都送在这几条不知不觉作人工具的狗腿上"。① 租界当局以为赌博乃影响上海社会发展的毒瘤，并将社会治安和自杀问题归咎于赌博盛行，虽则这样的认识失之偏颇，但若考察新闻中大量因赌致贫，又因贫自杀的事件，不难发现当时上海赌风之盛以及对城市居民生命与财产的危害绝非空穴来风。

1927—1937 年间的上海社会伴随着商品经济的畸形发展而日渐繁荣，与此同时在中外势力共存的特殊环境之中，上海被打上"冒险家乐园"的标签，逐利意识滋长了民众的拜金主义，这让一部分人趋利而动，依靠工商业谋求一席之地，而另外一部分人则做着发大财的美梦，加入赌业之中。"上海赌博之盛，为各地冠。"② 就赌博形式而言，"若麻雀、牌九、番摊、摇宝、花会等几无时无处而无之，大至于卖空买空，小至于途中摇筹掷骰子，更有定期之跑马票奖券，泅旺且昌矣"。加之开埠通商之后，外国赌马、赌狗等西式赌博方式的传入和流行，吸引了庞杂的赌客群体，如果说富商巨贾沉溺于赌博带有娱乐消遣的性质，那么贫苦劳工大众、投机小商小贩、普通公职人员、自由职业者、无业游民等将微薄的家当悉数投入赌场，则是希望依靠赌博实现发快财、发大财的梦想。孤注一掷的后果是越赌越输，越输越穷，越穷越赌，直至举债累累，一贫如洗，轻生自杀。

从 1927 年开始上海盛行一种花会赌博，"近数月来，忽有花会者突起，猖獗

---

① 《纳税华人会竭力反对赛狗》，《申报》1928 年 8 月 25 日，第 14 版。
② 谢鄂常：《杀子祈梦之骇闻》，《申报》1927 年 12 月 28 日，第 17 版。

有胜于昔日奖券潮"，由于花会赌注"细小至一枚铜钱而可为，尤易以洗穷人之袋"，所以"在途上及公共场舍中，必有闻谈打花会者，且均属中产阶级以下之人"。① 沉湎于花会者，"输负颇巨，债台高筑，驯至断炊，犹不回头"，甚至因花会赌博而牺牲生命者也非少数。② 尤其到了农历新年，赌风鹊起，借着娱乐休闲的名义，聚赌纵赌的恶习俨然成了风俗，可是赌输后往往负债难弥，因赌自杀尤为常见。

1929年花会赌博最猖獗的时候，上海特别市政府社会局连续数月在自杀统计中披露因赌自杀的情况：一月份上海发生自杀事件183起，因赌博失败而自杀的有8人之多；③二月份发生的117件自杀事件中，直接和间接死于赌博的有7人，其中5人因赌博倾家荡产而自杀，1人因儿子嗜赌不悟而自杀，1女子因私房钱被兄赌尽而自杀，当局因此认为赌博这种旧习惯是深刻的社会流毒，④主张"废历新年赌博之恶习，实有严禁之必要"；⑤三月份上海自杀的147人中因为赌负而自杀的有4人，而且当局认为因赌自杀只不过是赌博对社会危害的一个方面，因赌而倾家荡产的应当不计其数，这正是"赌博为害于社会之烈"的表现；⑥四月份一起特殊的因赌自杀案件引起当局的注意，一名女子善于挥霍，荒唐好赌，先后嫁了三任丈夫，皆因其赌博而自杀，当局直言"这妇人简直是杀人犯，不顾一切将丈夫的血汗钱挥霍，迫着他走向自杀，一而再，再而三，这是何等惨毒啊"！⑦ 五月份上海发生的237件自杀事件中有7人因赌博而自杀，当局抨击了租界内开设的花会赌博"引诱劳动界的民众和无知的妇女把血汗钱孤注一掷，造成无限的惨果"；⑧六月份上海报告了198件自杀事件，其中因赌负而自杀的有4人，由于当局已经连续几期在官方报告中披露了赌博对于社会治安的影响，此时当局再次呼吁希望能对花会赌博加以严厉的处置。⑨ 随着公安局、法院等开始禁赌，拘捕聚赌祸首，查禁诱赌书籍，以及花会本身舞弊导致的信用降低，1930年以后花会之类的赌博方式热度降低，但是由赌博导致的自杀事件依然存在，上

---

① 谢鄂常：《杀子祈梦之骇闻》，《申报》1927年12月28日，第17版。
② 《妇人赌花会自缢身死》，《申报》1928年1月4日，第16版。
③ 《一月份社会病态统计》，《社会月刊》第1卷第2期，1929年2月。
④ 《二月份社会病态统计》，《社会月刊》第1卷第3期，1929年3月。
⑤ 上海特别市社会局编：《上海特别市社会局业务报告 十八年一月至十二月》（第二、三期合刊），上海市档案馆馆藏，档案号：Y2-1-661。
⑥ 《三月份社会病态统计》，《社会月刊》第1卷第4期，1929年4月。
⑦ 《四月份社会病态统计》，《社会月刊》第1卷第5期，1929年5月。
⑧ 《五月份社会病态统计》，《社会月刊》第1卷第6期，1929年6月。
⑨ 《六月份社会病态统计》，《社会月刊》第1卷第7期，1929年7月。

海当局 1931 年 11 月份还披露了 9 人因赌负自杀，并直言嗜好花会者大都为中下阶级中人及无知妇女等，所以贻害社会为最甚。[①]

赌博的动机是贫穷，赌客遍布上海社会的各个阶层，他们中除了一部分人抱着游戏娱乐的动机，大部分人怀着以赌博摆脱贫穷生活的迷梦，然而纵赌使得他们入不敷出的生活更加贫瘠，尤其对大部分中下层民众来说，赌博的危害尤甚。从因赌自杀被公开报道的案例来看，赌博所造成的危害大抵分为两种，一是赌负背债，穷困难抑，赌客被逼无奈自杀；一是赌客嗜赌，入不敷出，甚至倾家荡产，造成家庭生活失序，乃至家庭成员受到波及而自杀。

第二节　失业问题与自杀发生

失业其实是经济贫困的另一常见原因，由于失业对城市居民的影响较大，也格外引起时人重视。诸多见诸报端的自杀新闻中，常常注明自杀者是受到失业的影响。所以为了深入剖析城市生活领域的自杀诱因，免不了重点考察一下失业问题与自杀之间的关系。

20 世纪二三十年代，上海已是"工商荟萃的大都市"，但失业问题却非常严重，从 1928 年 8 月到 1930 年 2 月，上海市劳资调解委员会调处工人劳资纠纷案件时涉及失业工人 8 249 人。[②] 上海特别市政府社会局也曾对 1928 年 9 月和 10 月两个月内 187 家工会的会员失业情况做过调查，在 155 069 名注册会员中失业会员有 10 009 人，占比为 6.45%。[③] 1932 年，由于日本侵略上海本土发生了淞沪抗战，工厂纷纷倒闭，失业工人达 169 004 人。[④] 加之世界经济危机的波及，白银价格下跌，对以缫丝业、纺织业等轻纺工业为主的上海影响巨大，工厂一蹶不振，工人失业严重。上海市总工会对 1935 年上海工人失业情况的调查显示，上海的棉纺、染织、橡胶、营造、卷烟、面粉、造船、针织等工厂失业工人达

---

① 上海市社会局编：《上海市社会局业务报告 二十年一月至十二月》(第六、七期合刊)，上海市档案馆馆藏，档案号：Y2-1-663。
② 徐直：《上海市失业问题及其救济方法》，《社会月刊》第 2 卷第 2 期，1930 年 8 月。
③ 《上海特别市职工失业统计之试编》，《社会月刊》第 1 卷第 8 期，1929 年 8 月。
④ 《日寇侵沪后之工人失业统计》，《劳工周刊》第 1 卷第 2 期，1932 年 5 月。

126 959 人。①

　　造成上海失业问题严重的原因有很多，除了战争的直接破坏和经济危机的间接影响，频繁的天灾人祸造成的农村劳动力纷纷涌向城市，导致城市中的劳动力供过于求也是一方面。而民族工商业在不平等条约的束缚下先天发展不足，像缫丝、纺织等依靠出口的工商企业，很容易受到资本主义经济危机的冲击，导致工人失业，加剧贫困，而贫穷又滋生乞丐、娼妓、犯罪、自杀等诸多问题。上海市政部门将自杀原因中的"失业"一项单独列出来进行统计，一方面真实反映了当时自杀者正经历着失业的困扰，另一方面不难看出失业所引起的诸多恶性后果中，自杀是最致命的，还可能引起社会的恐慌，扰乱正常的社会秩序，威胁社会的稳定。

一、全家自杀案的发生

　　1930 年 10 月—1931 年 6 月，沪上纸媒对湖南人卫民因为失业而全家自杀一事进行过大量报道。

　　卫民，湖南衡山人，38 岁，字延织，曾任福建省光泽县县长一年有余，又被委任为河北省丰润县公安局局长约三个月。妻子徐氏，35 岁，同为湖南人。生有一子名卫堂，只有 12 岁，五年级学生。卫民失业日久，穷困潦倒，于 1930 年 9 月 5 日由原籍同妻儿乘船来沪，途经南京时访旧友希图谋得一职务未果，到沪后寄宿在爱多亚路 515 号中央公寓 2 楼 16 号房间，每月房金为 15 元大洋，由于所带盘缠有限，卫民只得与妻子商定自己卖文度日，妻子往纱厂做工，将儿子暂送普育堂或孤儿院留养，但这些动议均未如愿。由于略通文墨，卫民曾向报馆投去十余万字的稿件，但未能刊载，甚为失望。送儿子到新普育堂，因超龄未收。四十余日的沪地生活，靠典当随身衣物维持，吃尽当光，山穷水尽，于是卫民萌生自杀之心。

　　1930 年 10 月 5 日晚，卫民在中央公寓内写完几百字的遗书，内中详细剖析了自己的自杀动机"鄙人不学无术，年来诸事辄逆。抵沪以来，已四十余日，投辄不着，气运可知，此外又不能武，又不能艺，一家数口，何其生活。若论沪地，原极富庶，讵哀鸿竟是遍野，求怜求助者，又几满坑满谷，岂非乞讨，亦无鄙人余地。不知鄙人生性执拗，向见苟延喘息，当街叫花者犹且耻以毫无志气，未免预备一

---

　　① 上海市通志馆年鉴委员会编：《上海市年鉴二十五年》，载张研、孙燕京主编《民国史料丛刊》998 册，郑州：大象出版社，2009 年，第 351—352 页。

死,亦不为其祖宗门第争光。鄙人不敢称节烈,然而自问尚有血性,特将弱妻幼子,先自处毙,亦惟恐其遗留独世,贻羞故乡,同归于尽,庶可称干净也"。遗言中卫民让公寓经理典当自己的衣物补偿房租,交代完后事后,坦白自己未死于公寓是怕连累公寓,希望公寓经理能将其留下的文稿投寄新闻报纸或托付给查访者以便表彰,聊慰自己。①

10 月 6 日中秋夜,卫民一家三口行至汉口路新闸码头,叫来一宁波舢板船,声言欲渡浦到浦东杨家渡码头,商定 4 角船费后,三人坐到舱内,吃下安神药片,妻子吃完后又喂食儿子吃下。将抵码头时,卫民与妻子哭声愈烈,旋即卫民抱起儿子向浦中抛掷,卫妻随后向浦中一跃,卫民最后跃下。舢板夫急忙将一竹竿伸入水中,因三人入水迅速,难以救起三人,唯有卫民尚浮在水面未沉。卫民得以拉住竹竿,舢板夫努力将其救起,随后送往水巡捕房。捕头设法给卫民灌以姜汤等物,见其仍不省人事,于是将其送往上海仁济医院救治。

卫民得救,但其妻子和儿子却身死浦江。7 日上午 11 时,恰值水巡捕房 45 号华捕巡江经过,将卫妻许氏的尸体捞起送至捕房,经捕头派探传召中央公寓人员前来辨认,认明尸身后将尸体运往救生局验尸所,验明卫妻系投浦溺死,交由救生局先行备棺收殓,候卫民出院后领回。卫民儿子卫堂尸体直到 12 日才被捞起,13 日午后地方法院派检察官验明尸身后,谕令善堂给棺殓埋义冢。②

8 日上午 11 时,卫民经过休养,精神恢复原状,水巡捕房将其带回捕房调查,并传唤中央公寓经理吴运祺和舢板夫方兴荣。经过捕头核查三人供词,认为卫民预谋将其子卫堂杀死,犯有杀人罪,同时唆助其妻许氏自杀,当向地方法院提起公诉,依法究办。午后,捕房即派包探程永年将人证解送法院,经王思贤检察官预审后,谕令羁押卫民,候侦查办理。③ 15 日卫民被保释候讯。④ 后经地方法院侦查,认为卫民并无故意杀子行为,同时卫妻是同谋自杀,所犯罪名不成立,但由于其子卫堂年仅十余岁,并无自杀意识,非本人同意,卫民应当负有教唆帮助其子自杀之罪。于是地方法院认定卫民犯有帮助教唆自杀罪,提起公诉,并送达起诉书。⑤

---

① 《人间有此悲惨事 卫民一家投投浦 亲生子 猛抛入浦 夫与妇 先后一跃 卫民获救 妻尸发现 生活压迫下之一幕悲剧》,《申报》1930 年 10 月 8 日,第 15 版。

② 《卫堂尸体发现》,《申报》1930 年 10 月 14 日,第 12 版。

③ 《卫民自杀真相 舢板船户置竹竿入水 卫民竟拉住竹竿而起 捕头控其犯杀人罪》,《申报》1930 年 10 月 9 日,第 11 版。

④ 《卫延残犹在禁押中 投浦自杀之末路》,《申报》1930 年 10 月 16 日,第 15 版。

⑤ 《卫民教唆其子自杀 法院侦查结果 业已提起公诉》,《申报》1930 年 10 月 24 日,第 11 版。

　　10 月 28 日上午 11 时，地方法院审理了此案。审判官再次复核卫民、中央公寓经理吴运祺、舢板夫方兴荣三人口供，以及检察官王思贤的起诉意见。起诉书条陈完卫民全家自杀案经过后，给出了起诉意见，认为"该被告因环境逼迫，生计维难，竟与其妻谋为同死，联袂投浦，其情殊堪悯恻，依法得免其刑。惟其子卫堂之死是由该被告推入浦中，供证确凿，无可遁饰，虽据称事前得诸承诺，殊不知年仅十二岁之幼童，尚无辨别世事之能力，其杀人行为非出自被杀者之本意，该被告实有教唆而兼实行之手段，是此破毁法益行为实不可恕，应即按照刑法第二百九十条一项起诉"。义务辩护律师严荫武也提出了自己的辩护意见，认为"上海虽然慈善机构很多，本律师并非批评，假定无生机者而投到慈善机关收容，实际上恐不能，所以小孩不收。他本人靠笔杆生活，尤难劳力，所以完全逼迫无路，至其子虽十二岁，然知识良好，并非别童可比。所以被告教唆帮助或受其嘱托等等方法绝对没有此事，请为赦之"。① 最后法官定 10 月 30 日上午 10 时宣判，被告卫民交原保人。

　　10 月 30 日上午 11 时，地方法院宣布卫民案审判结果，以卫民犯教唆杀人罪，处有期徒刑一年，缓刑三年。法官给出的判决理由是，"其妻徐氏之死系同谋自杀，以《刑法》二百九十条第二项之规定免诉。关于其子卫堂之死，因年只十二龄尚未成年，无辨别能力，故应犯罪，但汝自杀确为实事，情殊可悯，故为缓刑"。② 卫民当庭表示服从判决，签字退庭，仍交由原保人领回。

　　卫民自被救之后自感"家破人亡，自己虽得偷生残躯，亦无以对泉下之亡妻，且念前途茫茫，生趣索然，仍认死荣于生"。果不然，被判缓刑的卫民第二年再次自杀，终究未独活于世。在其多封遗书中，有一封致信旅社经理，大意为迫不得已而自杀，希望死后与妻孥同葬公墓。③ 卫民由于吞服大量药片，无法挽救，于 22 日晚毙命。遗体由老闸捕房派探车送斐伦路验尸所。23 日捕房将旅社侍者沈忠甫传唤至验尸所，由特区地方法院派出郭检察官验明尸身，探员呈上千言遗书，旅社侍者陈述卫民投宿旅社及发现卫民服毒自杀详情。郭检察官以其无家属到案领尸，谕令中国公墓领去棺殓。④ 至此，卫民一家三口悉数死于沪上。

---

　　① 《卫民案审讯记 卫民陈述自杀经过 公寓经理到庭作证 严荫武为义务辩护 定期明日上午宣判》，《申报》1930 年 10 月 29 日，第 15 版。

　　② 《教唆杀人之卫民判罪 处徒刑一年 准缓刑三年》，《申报》1930 年 10 月 31 日，第 11 版。

　　③ 《卫民仰药自杀 去年杀妻与子者 今服大量安神药》，《申报》1931 年 6 月 22 日，第 11 版。

　　④ 《卫民尸体之相验》，《申报》1931 年 6 月 24 日，第 20 版。

卫民全家自杀案发生后，"颇引起社会人士之注意"。① 上海市政当局在自杀统计报告中专门记述了卫民全家自杀一案的简要经过，指出该案动机是卫民以其"失业来沪，既不得枝栖，生活亦无法维持"，其行为在法律上虽有帮助教唆自杀罪，但情形实堪怜悯，实为"经济压迫下最残酷之一幕"。② 纵观这起全家自杀案，客观上卫民夫妻二人没有足以谋生的职业技能，加之城市救济的滞后与不足，主观上卫民同其妻子曾经是官爷、官太太的身份，他们失业后在沪上甚至难以求得足以谋生的一般职业，不免会形成巨大的心理落差。这与大多数的工商业失业者和无业人群相比，或许多了几分复杂性，但失业无疑是导致他们自杀的关键因素，而他们的自杀身亡也再次验证了失业问题的危害之大。

二、从失业恐慌到自杀

失业时间愈久，生计愈难以维持；失业人数愈多，其对经济发展和社会稳定的危害愈严重。1936 年实业部调查上海失业者达到 610 704 人，规模仅次于广州的 630 230 人。③ 据上海市社会局对失业自杀的专门统计来看，从 1928 年到 1935 年共有 206 例自杀者是由失业导致的，在绝对数量上呈递增趋势，特别是 1932 年至 1935 年，失业自杀者有增无减。而同时期《申报》新闻报道的自杀案例，失业自杀者的人数在 1932 年之前缓慢增长，之后逐年递增，直至抗日战争全面爆发。这两方面的统计，都是从自杀的角度间接证明了失业问题所产生的严重后果。而如果我们深入考察一些失业导致自杀的案例，会发现失业所造成的这种极端结果不仅涉及各行各业，而且对职场的中青年劳动力影响颇大。

案例 3-1 宁波人赵筱和，年 35 岁，家住七浦路归顺里后面平屋内，娶妻王氏，扬州人，25 岁，膝下有八个月大的儿子。赵之前在永安公司衣服部做裁缝，近则赋闲在家，已有两三年，生计艰难，居恒抑抑。昨晨赵筱和又与其母徐氏以米盐细故，大起口角，事后徐氏负气出外，其媳王氏，亦上街购物，家中只余筱和及襁褓之孩两人，赵反复思考，不觉悲从中来，即于午饭时

---

① 《生活压迫下保卫团员自杀 失业已久绝无收入 全家老幼何以为生 不得已而出此下策》，《申报》1930 年 10 月 19 日，第 15 版。
② 《十月份社会病态统计》，《社会月刊》第 2 卷第 7 期，1931 年 1 月。
③ 《沪杭平津失业工人日增》，《实业部月刊》第 1 卷第 4 期，1936 年 7 月 30 日。

出外，向友人处借得小洋两角，尽购鸦片，携回吞服，待其母回来，见筱和伏案呕吐不已，诘之始悉服毒，即车送同仁医院救治，尚无大碍。①

　　案例3-2　粤人李国文，年25岁，数年前曾开设章记烟纸店于虬江路广舞台对面，至今年正月间倒闭，赋闲在申，行踪无定，常食宿于亲友处。昨日午前12时，李往老靶子路李姓姨母家，适姨母他出，李觉得前途茫茫，不如一死了事，即潜服黑头自来火数包，横陈于姨母榻上，至1时半，李氏返家，瞥见满地自来火梗，心疑之，旋见李已毒发，深知李服毒无疑，亟饬人送入同仁医院求治。②

　　案例3-3　江北人王小山，年20岁，曾在纱厂为工人，于去年赋闲迄今，无事可为，经济拮据，遽萌短见，悬梁自缢。③

　　案例3-4　苏州人陈国珍，现年23岁，寓于沪之闸北，家有一母，陈失业已达五年，长日坐守家园，欲谋一相当职位，希作糊口之计，苦不可得。值此百物昂贵，度日维艰。而陈仍努力以求出路，卒归无效，遂起厌世之念投浦自尽，幸而获救。④

　　案例3-5　曹丞铎，24岁，自宁波原籍来沪，迄今有年，最近失业，虽托亲友设法介绍，终未成就，赋闲已久，饱尝痛苦，且身无分文，食宿无依，因此顿萌厌世之念，吞服生鸦片烟就寝，直至被人发现送医院急救。但中毒过深，无法施救，未几即毙命。⑤

　　案例3-1到案例3-5是从《申报》摘录的五则新闻报道，这只是1927—1937年间《申报》对此类案件记载的极少部分，但是它们却有一个共同点，即全是有关失业者自杀的报道。不难发现，这些自杀者大都来自外地，年龄多为二三十岁，从事裁缝、职工、小商小贩之类杂工。由于经济不景气，他们或被辞退，或店铺倒闭，赋闲待业，由于失业时间之久，加之上海生活成本高昂，生计日渐艰难，食宿无依、前途渺茫的窘迫生活致使他们萌生厌世的想法。

---

① 《生计艰难吞烟图尽》，《申报》1928年7月3日，第15版。
② 《生活艰难服毒自尽》，《申报》1929年6月11日，第16版。
③ 《工人因经济压迫自缢》，《申报》1930年3月17日，第16版。
④ 《投浦者何多　幸均获救　失业可畏青年厌世》，《申报》1931年5月19日，第11版。
⑤ 《青年太无勇气　受经济压迫即自杀》，《申报》1935年6月10日，第10版。

第四章
舆论导向：自杀防控思想的传播

前面章节介绍了 1927—1937 年上海在城市快速发展的背景下出现了严峻的自杀问题，当时上海社会的自杀问题与城市家庭的变迁和经济生活领域的变化都有千丝万缕的关系。循着自杀发生的原因，如何处理、预防和控制自杀成为时人不得不面临的大问题。

中国传统文化很少谈及自杀，儒家经典《孝经》中曾说，"身体发肤，受之父母，不敢毁伤，孝之始也"，自杀行为因为违背了孝道而遭到否定，这正是从社会伦理道德的立场出发来思考自杀问题。但在忠义等更重大的主题面前，事关生死的自杀反而显得不那么重要。真正单独提出自杀命题，并加以科学地审视，要到近代人文社会科学肇兴之后。

有关自杀的知识和研究并非本土自生的学问，而是随着现代医学、心理学、精神病学、社会学等近代西方科学知识的传入而形成的"外来的学问"。只是在近现代中西文化的碰撞和交融的过程中，有关中国社会的自杀问题，渗透了中国人自己的思考和观察。史学家钱穆曾说："在中国历史传统上，每一个政治的措施，或成立一项制度，便有朝廷许多作官人，乃至社会普通平民，都可发表意见……我们学历史，更重要的，要了解在当时历史上的人，看他们对当时的事是怎样的看法？"[①]整个民国时期，时人对自杀的看法发端于社会上存在的诸多自杀问题，当繁华的都市频繁发生自杀事件时，不能不引起社会各方面的关注。时人针对上海社会的自杀问题发表各自的主张和意见，从描述自杀的表层分布特征，到挖掘自杀发生的深层原因，再到形成处理和防控自杀的救济策略，最终配合行政、司法、社会组织等实施具体的自杀救济措施。这些有关自杀的主张和意见形成了一种公众舆论，其中最有价值的部分正是关于如何预防和控制自杀问题的自杀防控思想的生成和传播。

---

① 钱穆：《中国史学名著》，北京：生活·读书·新知三联书店，2000 年，第 148 页。

第一节　媒体视阈下的自杀防控舆论

一、自杀防控舆论的兴起

一起或一系列社会事件演变成公共舆论事件有着一定的发展轨迹，当社会事件发生后，媒体迅速捕捉并公开在新闻上，即成为新闻事件，或者以电影、戏剧、广播等方式向公众传递事件的相关信息。围绕新闻事件，既可以发现媒体如何通过事件的报道影响公众的态度和行为，又可以看到社会各方面就事件发表的意见和主张。在这两方面的合力之下，社会事件背后的公共舆论得以形成。

1927—1937 年上海发生了大量的自杀事件，从历年纸质媒体公开报道的自杀新闻，到电影、戏剧、广播等演绎、播放的自杀题材故事，尤其是明星等公众人物的自杀以及一些具有特殊特征的普通人自杀，被这些媒体争相报道和宣传。上海社会的自杀事件被大量曝光，那么，公众是如何认识这一现象，又将如何解决日益严重的自杀问题呢？这正是自杀事件发生后，公共舆论关注的焦点所在。

公共舆论之所以会将视线转向自杀问题，特别是如何防控自杀，源于媒体对自杀事件的曝光。最开始是 1928 年上海投浦自杀的流行引起了社会各方面的关注。自杀具有极端性和隐秘性，民众在猎奇心理的驱使下，非常关注 1928 年上海大量出现的投江自杀事件，这也相应吸引了媒体的注意。作为当时主要媒体的报纸，每遇自杀事件，都会第一时间派出记者调查，采写相关信息并及时地刊登出来。

据不完全统计，《民国日报》1928 年报道的新闻中曝光了 30 例自杀事件，这些自杀者中有 17 人选择了投水，投水地点包括黄浦江、苏州河、海滨、海塘等，其中投黄浦江者达到了 10 例，[①]也就是说有三分之一的自杀者选择投黄浦江自杀。同年《申报》也报道了大量投水自杀的事件，投水自杀者共计 129 人，其中投黄浦江自杀的有 100 人，占投水自杀总数的 77.52%。且该年夏季雨水充沛，日

① 这 10 例分别是 3 月 22 日报道的马振华自杀、4 月 22 日张永倍、6 月 9 日吴淑英、8 月 2 日萧士澄、8 月 3 日石菊生、8 月 12 日张丽美、9 月 6 日杨翠仙、9 月 7 日张存生、10 月 10 日李施氏、10 月 28 日陆丽芬。

均降水 12.5 毫米。① 有 62 人是在夏季投水，可以说充足的降水为投水自杀者提供了有利条件。然而这只是投水自杀流行的表面因素，投水自杀尤其是投黄浦江自杀成为风气的原因，主要在于人们的观念。

在上海，投浦自杀事件的大量出现，加之新闻媒体的大量曝光渲染，在社会上很快形成了一种舆论认识，即投浦自杀在上海到了非常严重的程度。媒体惊呼"此数月中，本埠投浦自杀案件日有所闻"，当局惊叹"查近月以来，青年男女，投浦自尽者，报不绝书"，②时人惊疑"在上海，投水的地方并不仅只限黄浦一处，而投水自杀的却一定要到黄浦江里去"。③

1928 年 8 月上海媒体在短时间内反复曝光了大量的投浦自杀新闻，"黄浦自杀潮"④反映了上海投浦自杀的流行。石涵泽认为投浦自杀事件较多的最大原因是人类富于模仿性，"对于自杀一门，既没有学堂传习，又没有书籍参考书，自杀者得到关于自杀的知识，只是报纸上诸先辈的自杀谈而已"。⑤ 媒体对自杀的大肆渲染很多时候会使公众误认为自杀是一种常态行为，毕竟社会上有这么多人因为各类原因而自杀，于是最终演变为模仿自杀的风潮，这种现象类似于"维特效应"。⑥

报纸新闻是民国时期大众媒体传播的中心介质，"报纸为社会之缩影，吾人既一日不能脱离社会，即一日不能不读报纸"。⑦ 但是当人们打开报纸，纵入眼帘的自杀新闻占据了大幅新闻版面，着实能够引起舆论重视。频繁见诸报端的自杀新闻使得上海市政当局、新闻媒体以及普通民众意识到了自杀问题的严重性。或言"此数月中，本埠投浦自杀案件日有所闻"，⑧或言"近几月来，自杀噩耗，风起云涌，这自然是社会上一种很不幸的现象"。⑨ 民国报人戈公振将报纸看作人类思想交流的媒介，认为"社会为有机体之组织，报纸之于社会，尤人类维持生命之血，血行停滞，则立陷于死状；思想不交通，则公共意识无由见，而社会

---

① 《上海通志》编纂委员会：《上海通志》第 1 册，上海：上海社会科学院出版社，2005 年，"第 2 卷 自然环境"，第 564—567 页。

② 《救济投浦自杀问题》，《申报》1928 年 8 月 10 日，第 15 版。

③ 石涵泽：《自杀问题》，上海：华通书局，1930 年，第 130 页。

④ 怀冰：《记中央之〈何必情死〉》，《申报》1928 年 9 月 4 日，第 21 版，《自由谈》。

⑤ 石涵泽：《自杀问题》，上海：华通书局，1930 年，第 131 页。

⑥ 1774 年德国著名作家歌德出版了小说《少年维特之烦恼》，由于小说里的男主人公因情开枪自杀，小说出版后，许多身处同样境况的青年也用同样的方法结束了生命，在欧洲引发了模仿维特自杀的风潮，这种自杀模仿现象被称为"维特效应"。

⑦ 赵君豪：《中国近代之报业》，《民国丛书（第二编）》49 册，上海：上海书店，1989 年，第 1 页。

⑧ 《救济投浦自杀问题》，《申报》1928 年 8 月 10 日，第 15 版。

⑨ 蒋抱一：《苑肇善君之死》，《民国日报》1928 年 8 月 25 日，《觉悟》。

不能存在"。① 当社会上发生了投浦自杀潮之类重大事件或新闻时，时人势必会通过报端阐发自己的立场和看法，公众有关如何应对自杀潮的社会思想，正是现代公共意识觉醒的体现。

由于 1928 年夏季大量投浦自杀事件的发生，无论是报人还是当局都意识到需要从舆论引导上着手解决自杀问题。《民国日报》编辑姚赓夔呼吁："不幸的朋友啊，请你们以后不要把'自杀'来做社会上的谈料吧！"②上海特别市政府社会局从该年 8 月份开始连续出台多项自杀救济的行政措施，并最先开展投浦自杀的救济（详见本书第五章）。

社会舆论对自杀问题的关注，发端于社会上发生的典型自杀事件。1934 年1—2 月间上海发生了几十起自杀事件，据《申报》曝光的自杀者约有 40 人。由于这些自杀者中有 25 位是 30 岁以下的青年男女，③再加之连续发生的几起典型的女性自杀事件，使得舆论注意到青年女性的自杀已经不是"小事"，而是"不可轻视的潮流"。④ 1934 年初春，先是有女教员黄汕因校方欠薪不发，反遭校长侮辱被辞退后，服安眠药意图自杀；后有出演《现代一女性》而名声大噪的电影女星艾霞因婚恋问题而服毒自杀；再到 20 岁的女子严秀娥再嫁后因未婚夫嫌弃其非处女而遭到遗弃自杀。⑤ 接连发生的女子自杀事件让媒体意识到，"自杀的潮流又在澎湃，以后自杀的事件，也说不定正方兴未艾呢"！⑥

从 1934 年到 1935 年，上海的舆论界充斥着"自杀年"的说法，1935 年端午节前后发生的两起全家自杀案被认为是"自杀年"中最惹人注意的自杀案件。5月 30 日夜，天津人岳霖在失业后全家陷入生活困窘，无奈携妻子和三子三女吞服鸦片烟自尽，造成 6 人丧命，仅小女儿被救，岳霖也被判教唆自杀罪。5 天后的端午节夜晚，张月鑫一家六口在法租界爱多亚路大世界游乐场跳楼自杀，全部当场身死。当时的评论者通过考察上海和北平两地严重的自杀问题，发现几乎每日都会发生两三件自杀案件，与此同时，全国各地也有很多自杀者，论者担忧如果任由如此严重的自杀风气发展下去，"中国大有成为'自杀国'的可能"。⑦

---

① 戈公振：《中国报学史》，《民国丛书（第二编）》49 册，上海：上海书店，1989 年，第 1 页。

② 姚赓夔：《自杀》，《民国日报》1928 年 7 月 6 日，第 5 张第 1 版，"闲话"。

③ 数据来源于 1934 年《申报》所报道的自杀新闻，其中 1 月份 30 岁以下的自杀者有 12 人，2 月份有13 人。

④ 宸：《青年女性自杀潮》，《申报》1934 年 2 月 28 日，第 21 版，《申报本埠增刊》"谈言"。

⑤《薄幸郎朱荣深几害杀严秀娥 新婚妇自非处女 绝命书写出苦衷》，《申报》1934 年 2 月 17 日，第16 版。

⑥ 雅非：《自杀》，《申报》1934 年 3 月 2 日，第 19 版，《申报本埠增刊》"谈言"。

⑦ 编者：《半月评坛："自杀年"》，《社会评论（上海）》第 1 卷第 9 期，1935 年 6 月 20 日。

正是由于当时上海蔓延着严重的自杀风气,报纸才会如此关注自杀问题,进行曝光,进而呼吁社会重视自杀问题。为了解决自杀问题,时人对自杀防控发表各自的观点和意见,这些应对与防控自杀的主张成为自杀救济的公共舆论。

二、自杀防控舆论的内容

20 年代末期,报刊越来越将引导舆论看成自身的重要功能。清末报人在办报时就已经注意到"报刊并非只是简单地传递民众的意愿和呼声而'呈现'舆论,更重要还需要'创发意见',以'引导'舆论"。[①] "报纸对于社会的效用,全在'记录'和'批评'。"[②]报纸作为"社会之缩影"能够充分发挥"记录"的作用,将社会生活事件公之于众,使得报纸完成了"传达正确消息"的使命,而其另一层使命就是要"建立公众舆论"。[③] "传达正确消息"要求报纸如实"记录"新闻,"建立公众舆论"要求报纸践行和恪守新闻媒体的责任与道德。由于"载于报上的文字的影响,实能够上下一世的风教,左右一国的政治;或是推进文明,动摇思想;或是引起人民的新趣味,兴起国家的新事业"。[④] 因此,"报业经营者和记者应负的社会的责任,也是很大的"。[⑤]

自杀是一种社会病态现象,报纸上充斥着许多自杀新闻,反映出社会上自杀风气的蔓延,时人从报纸"移风易俗,启迪愚氓"的特质出发,倡导发挥报纸的教育功能。"从事报业者,既知报纸具有教育性质,应于撰稿或编辑之际,体会此中作用,将优良之事迹,予以宣扬,卑劣之描写,极力减削,盖报纸与读者关系密切,影响所及,亦复匪浅也。"[⑥]报纸移风易俗的教育功能,恰恰适用于解决自杀的不良风气,于是一方面可以看到社会上层出不穷的自杀事件被大量曝光,另一方面也看到纸媒通过刊载评述文章,围绕自杀事件进行各种讨论,积极而理性地分析自杀事件和自杀现象,引导公众正确看待自杀问题。公众舆论针对如何救济自杀这一问题,主要涉及两个方面的内容:一是舆论对待自杀问题的观念和态度;二是舆论对自杀的处理、预防和干预的意见。

---

① 方平:《从"耳目""喉舌"到"向导""政监"——略论清末报人的办报理念与公众舆论的话语伦理》,《学海》2007 年第 2 期。
② 任白涛:《综合新闻学》,《民国丛书(第三编)》40 册,上海:上海书店,1989 年,第 56 页。
③ 赵君豪:《中国近代之报业》,《民国丛书(第二编)》49 册,上海:上海书店,1989 年,第 2 页。
④ 任白涛:《综合新闻学》,《民国丛书(第三编)》40 册,上海:上海书店,1989 年,第 77 页。
⑤ 任白涛:《综合新闻学》,《民国丛书(第三编)》40 册,上海:上海书店,1989 年,第 79 页。
⑥ 赵君豪:《中国近代之报业》,《民国丛书(第二编)》49 册,上海:上海书店,1989 年,第 3 页。

（一）社会舆论与自杀观念的转变

民国初期，自杀才作为现代社会问题进入公众视线，尤其是五四时期，报纸在报道自杀，特别是爱国运动中的自杀时，多以"烈士""殉国"作为标题或者关键词，评论中也出现"自杀烈士"的说法，"这些词语在定位自杀行动社会意义的作用是非常独特的，……在五四、五卅等运动中，自杀者能够受到社会公众的尊重，将他们与其他受难者一样称为烈士，称他们是'为国捐躯'，为他们举行追悼会，是与媒体报道的价值定位紧密相关的"。①

到了 20 世纪 20 年代末期，报刊作为舆论的主体，在对待自杀问题的态度方面较 20 世纪初发生了一些变化，"新闻界对于自杀事件的铺张扬厉，已经渐渐有人反对了"。② 新闻媒体报道和评述自杀事件的方式与策略，反映出公众舆论对待自杀问题的态度和观念。人们对自杀一般有两种不同的观念——表示同情和根本反对，"（一）表同情于自杀者，他们的理由是人有怕死的本能，对于死没有一个不畏缩的，而自杀者竟能战胜生的欲望，临死而不畏，此是大勇，非庸者所能及，所以值得赞美。（二）根本反对者认为自杀是懦弱的表现，意志坚强的人绝不肯做的，人世的阻碍、困窘和失败是磨炼我们意志的伴侣，生就是奋斗，最后的胜利终究属于最后的努力者，所以自杀是一种自暴自弃的行为，是弱者的表现"。③ 虽然判断自杀者究竟是"大勇"还是"弱者"，是根据自杀动机所做的评判，然而都难以弥补自杀带来的损失。随着社会上自杀事件的增加，舆论对自杀救济的呼吁也越来越多，首先体现在如何认识自杀问题。同情自杀者，甚至赞美其勇的声音受到抨击；反对自杀行为，尤其是反对通过自杀来解决现实困难的声音受到肯定。

迪尔凯姆认为："能够促使自杀或凶杀增加的不是谈论这些事件，而是谈论这些事件的方式。在这些行为遭到痛恨的地方，这些行为所激起的感情通过这些行为的叙述流露出来，因而抵消而不是加强这些个人的天性。"④因此，媒体报道和评述自杀新闻事件的方式，关系到社会大众能否对自杀形成正确的认识观念。如果媒体以"痛恨"的语气讨论自杀事件，对自杀持否定态度，则可以一定程度上打消人们自杀的念头。相反，如果媒体以赞美的语气讨论自杀，视自杀为解决生活难题的路径，很可能会对遭遇同样困境的人产生某种不良暗示，增加他们

---

① 刘长林：《社会转型中一种极端行为研究——1919—1928 年爱国运动中的自杀与社会意义》，上海：上海大学出版社，2015 年，第 67 页。

② 章乃器：《自杀问题》，《新评论》第 18 期，1928 年 8 月 21 日。

③ 弱夷：《自杀问题的研究》，《金陵月刊》第 1 卷第 2 期，1929 年 1 月 10 日。

④ 埃米尔·迪尔凯姆：《自杀论》，冯韵文译，北京：商务印书馆，2001 年，第 131—132 页。

自杀的风险。

1927—1937 年上海连年发生大量的自杀事件，在自杀问题最严重的时候，媒体舆论还兴起"自杀潮""自杀年"的说法，在这样的语境下如何救济自杀不仅成为市政当局亟待解决的问题，也是社会舆论特别关注的事情。时人认识到"补救（自杀）之道，在市政府方面，固当治标与治本并重，所谓教育问题，维持风化问题，民生问题，皆将兼筹并顾。而最重要之助力，厥惟有力之舆论。苟社会舆论认自杀为解脱之门，离婚为解决婚姻问题唯一之道。甚或附会哲理，侈谈末俗，从此鼓励之、传扬之，则社会情况愈不堪问矣"。① 公众对于某事物的意见形成了舆论，而舆论界又以新闻媒体为最强大阵营。"新闻界的诸多载体每天发表丰富的深刻见解，多角度、多侧面地对社会生活作出解释，形成强大的意见合流。"② 鉴于此种影响，新闻媒体必须通过传播正确的观念来引导舆论。近代新闻界以报纸为大宗，报纸在传达公众对社会生活的态度意见方面具有重要作用，它也同样要以传播正确观念来引导舆论。因此要想形成公众反对自杀的舆论，报纸的力量不容忽视。报纸结合自身宣传的优势，对于自杀的报道和分析进行良性的引导，诸如向大众传达一种反对自杀的态度，进而为自杀救济思想的传播提供观念上的支持。

纸质媒体是当时社会舆论传播的主体，舆论反对自杀的声音也以纸质媒体为主要传播渠道，常以"批评"与教育的语气对自杀行为给予否定性评价。1928年1月7日下午，宝山县立师范学校四年级两名女生徐洪澜、顾明纲在宝山北门外海塘自杀，引起了沪上两大主要报刊《申报》和《民国日报》的关注，两报同时予以了报道。由于二人自杀前留下遗书"现在中国的社会，实在是腐败不堪。人心是多么奸恶，道德是早已沦亡，在这种社会中间过活，哪能使人不抱着厌世主义。人的生死，原没有什么价值，好似海中浪花，一起一伏，倒不如死了干净"，于是她们的死被看成"愤世嫉俗"。③ 虽然媒体舆论也有主张赞扬和哀悼徐顾二人的死，但其立足点是其"愤世嫉俗"的大无畏精神，对于她们所采取的自杀行为，论者除了表示同情并提倡心理建设外，直指是"一件最无谓的玩意，简直是丧心病狂"。④ 随着调查结果的见报，徐洪澜的死因是受到家庭干涉，恋爱不自由；顾明刚作为徐的朋友因施救不及同死，舆论的认识便更加理性，在指出徐同学"为了

---

① 钧：《自杀与离婚》，《上海特别市市政周刊》第 52 期，1928 年 10 月 25 日。
② 刘建明：《社会舆论原理》，北京：华夏出版社，2002 年，第 224 页。
③ 寒如：《双双蹈海 愤世嫉俗 随波逐流》，《民国日报》1928 年 1 月 10 日，第 3 张第 3 版，"上海社会"。
④ 志鸣：《死话》，《民国日报》1928 年 1 月 11 日，第 3 张第 3 版，"上海社会"。

恋爱不得自由而自杀，未免缺乏胆量"的同时，还从批判顽固守旧家庭和社会的角度认定她们是"新旧思想冲动下之牺牲者"。①

同年5月5日，上海某保险公司职员黄侠魂从报纸上了解到驻济南日军残杀千余华人，当即"掷报于地，悲愤万状"，下午便血书两封遗书，一致同胞，一致好友谢君，随后失踪。虽然黄侠魂在遗书中直言自己自杀的动机是"救国无能，空存热肠，觍见人世，无俾于时""懦弱无能，不愿闻日人之蛮暴"，但他的好友谢君仍然认为他是"有血性之男儿"，不过有的评论者却认为面对"日本帝国主义的压迫、侮辱，不图最后的报仇，最后的雪耻便低首下心表示屈服去自杀，可以一了百了，这样自杀我敢绝对相信他神经和理智的薄弱、懦怯、罪恶。"很显然，舆论并没有一味地鼓吹黄侠魂自杀的殉国价值，而是根据自杀者的遗言判断其自杀意图，理性地分析，合理地否定了自杀者的自杀行为。②

1928年7月吴和翠投水事件引起了报人姚赓夔的注意，虽然吴和翠是因为受到丈夫的虐待而自杀，但是由于她投水后在身旁留下"无聊"的诗词，于是姚赓夔认为"这一层或者又是新闻纸的效力，她正因此而想留个死后的微名，以博得社会的同情呢"。对此，舆论也认为吴和翠女士"实是个糊涂虫"，她的自杀"足见她头脑的简单和思想的愚鲁"③。

从徐洪澜、顾明刚、黄侠魂到吴和翠等自杀事件，上海社会如此密集的自杀事件，吸引了媒体的热烈讨论，是舆论重点关注的内容，虽然它们的原因各异，但舆论的态度基本一致——否定自杀行为。甚至有的评论者认为"自杀的人都是弱者，也只有弱者才自杀"，④"自杀是一件最愚蠢的行为，最懦弱的行为，最无自信力的行为"。⑤ 这些讨论中反复出现的懦弱、罪恶、愚鲁等贬义词，说明纸质媒体作为舆论传播的主要手段对自杀行为的否定。评论者认为这些自杀者面对压迫、侮辱、恶环境、恶势力不图报仇雪耻，而选择自杀，看似一了百了，实际没有任何意义可言。

舆论除了通过尖锐的词句对自杀行为直接否定外，用文学创作的形式传达否定自杀的思想也很常见。纸媒刊载以反对自杀为主旨的文学作品，在诗歌、短

---

① 泪波：《新旧思想冲动下之牺牲者 徐顾死因之又一传说》，《民国日报》1928年1月13日，第3张第3版。

② 鲍庆荣：《黄侠魂自杀感言》，《民国日报》1928年5月10日，第4张第1版，"闲话"。

③ 姚赓夔：《"吴和翠的死"：社会上不良好的同情 以后舆论界必须注意 环境不良不可彻底解决 吴女士实是个糊涂虫》，《民国日报》1928年7月7日，第5张第1版，"闲话"。

④ 捣玉：《自杀小言》，《民国日报》1928年6月28日，第4张第1版，"闲话"。

⑤ 胡彦云：《最懦弱者才自杀 最愚蠢者才自杀 最无自信力者才自杀——对悲观的青年谈自杀》，《民国日报》1928年7月16日，第3张第1版，"闲话"。

篇小说等文学体裁中反自杀主旨被恰当地表达出来。在一篇文章中，作者借用"飞蛾扑火"的典故，以向灯"飞扑的小虫"隐喻求死的自杀者："在黯然的油灯之下/可以看见许许多多的小虫飞扑着/和被灼死的遗骸/同时/在灿闪的电灯之下/也可以看到无数的灼尸/和飞扑的小虫/似乎油灯下的小虫/牺牲得太不值了/也许它们的兴趣是相同的/但油灯下灼死的小虫/永远不会想到尚有更光明的死所。"[1]作品所刻画的自杀者就像被电灯或油灯灼死的小虫那样，显然牺牲得太不值得，因为世界上还有"更光明的死所"。作者用美学的话语告诫人们自杀不值得，应该努力追求更光明的人生。左联五烈士之一柔石曾写过《狗的自杀问题》一文，通过对话的形式讨论了一只浑身疮痍的癞皮狗为何苟活于世，而不自杀。我们若仔细考察文中话语，会发现所谓狗的自杀问题，实则是隐喻人的自杀问题。"狗这样的活，也是勇敢的，忍耐的。它也希望它有幸福的将来，虽然它的幸福的将来，或仅仅是一块别人所遗落的猪肉骨头而已！它的偷生，我想，倒比我们更有实在性""狗无论你们如何打它、踢它，它饿着肚皮，它还是这么说——我要活，我怎么样也要活——这真是它厉害的地方。人有这样的勇气么"。[2] 虽然柔石拿狗的不自杀隐喻人应该学习狗的不自杀值得商榷，但这种隐喻所蕴含的反自杀观念正是舆论极力构建的。

如果舆论只是使用严厉的词语传达否定自杀的导向，则易流于煽动性，不易取得公众理性的支持，但是借助深度剖析自杀者的自杀原因或者动机，则能更加有理有据地反对自杀。遗书是自杀者自杀原因的直接反映，自杀事件发生后，记者依据调查采访获得自杀者遗书、遗言等相关信息，来了解自杀者的自杀动机、自杀方法、自杀前的情况和检察官的审查。有的自杀者甚至会在自杀前将遗书投递报纸，希冀引起社会关注，评论者再根据这些信息，还原自杀事件的来龙去脉，并针对事件发表讨论文章，解析自杀者的自杀原因或动机。虽然对于自杀事件而言，自杀者留下的遗书无疑是不容忽视的，但难免会出现没有遗书的情况，自杀新闻此时只能"说原因不明，或写出被访问的人所说各点"。[3] 自杀动机的挖掘过程，一方面是记者们努力追求报道的真实性，另一方面自杀者遗书和被访者又不同程度地存在讳言自杀或有意拔高自杀价值，这又使自杀报道存在一定的失实性。正是此种原因，才使得舆论非常重视自杀者的遗书内容，通过剖析遗书，对遗书所透露的自杀原因进行鞭辟入里的分析，用釜底抽薪式的诘难，引导

---

① 王大维：《求死？——告自杀者》，《民国日报》1928 年 8 月 25 日，第 4 张第 2 版，"社会闲话"。
② 柔石：《狗的自杀问题》，《朝花周刊》1929 年第 6 期。
③ 管翼贤纂辑：《新闻学集成（第四辑）》，《民国丛书（第四编）》45 册，上海：上海书店，1989 年，第 60 页。

公众反对自杀行为。

　　舆论将日常生活琐事导致的自杀视为诘责的主要对象，认为自杀是懦弱的表现，如情感问题、环境压迫等导致的自杀事件，"都是愚蠢，都是懦弱"，①是不可取的。在一篇探讨是否应该为贞操而自杀的文章中，评论者（署名香楠女士）便抓住几个要点加以批判：第一，她认为贞操不是女子单方面的事情，应该是男女双方都应具有的美德；第二，判断一个女子应不应该为贞操而自杀的唯一标准是爱情。烈妇因夫妇恩爱可以为贞操而殉夫，贞女与未婚夫恩爱有限，为贞操自杀则纯属图名；第三，为图贞节的好名声而自杀，属于沽名钓誉，"绝对是不应该的"。② 虽然她肯定烈妇殉夫行为的观点颇可商榷，但其批判自杀行为时所采取的话语策略，直接抓住了自杀背后所涉及的男女平等问题、爱情问题等。贞操问题、男女平等问题在五四时期曾兴起过热烈的大讨论，胡适曾说："贞操是男女相待的一种态度，乃是双方交互的道德，不是偏于女子一方面的"。③ 而爱情在这种道德交互中又处于基础地位，香楠女士在评论中所使用的话语，正是五四时期舆论惯常使用的表述，随着男女平等、爱情至上等观念越来越深入人心，苦守贞节的封建文化观念既然与这些命题背道而驰，自然被视同落后与守旧，而因落后观念导致的自杀更是受到批判。

　　那些爱国运动中的自杀行为，由于其目的是在国难背景下通过自杀实现死谏，舆论如何引导民众，在不消弭民众的爱国热忱时，又有效地防止他们用自杀这样的极端手段释放爱国情怀？ 舆论的基本态度是"其情可悯，其法不可取"，具体的做法是积极参与爱国运动中自杀行为的讨论，解构自杀者的遗书、遗言与社会各方面对殉国自杀的认识，建构起舆论反自杀的基调。1928 年 5 月 3 日，日军制造济南惨案后，上海两位青年黄侠魂、刘维贤的自杀抗议，为笔者解析舆论如何引导反对自杀的讨论策略提供了典型的例子。

　　济南惨案作为日本侵华的一次试探，是其实施侵华战争步骤的罪恶开始，无怪乎不少学者将该案看成日本发动九一八事变的前奏。④ 惨案的屈辱结局和当局的妥协处理激起了全国人民反日浪潮的高涨。济南惨案发生后，民众用自杀唤起社会注意，上海在短时间内也发生了几起自杀事件，这是对反日浪潮进行声援的一种极端形式。济南惨案发生后两天，上海某保险公司职员黄侠魂在报上

---

　　① 胡彦云：《最懦弱者才自杀 最愚蠢者才自杀 最无自信力者才自杀——对悲观的青年谈自杀》，《民国日报》1928 年 7 月 16 日，第 3 张第 1 版，"闲话"。

　　② 香楠女士：《因贞操而起的自杀问题》，《民国日报》1928 年 6 月 28 日，第 4 张第 1 版，"闲话"。

　　③ 胡适：《贞操问题》，《新青年》1918 年第 5 卷第 1 号。

　　④ 臧运祜：《中日关于济案的交涉及其"解决"》，《历史研究》2004 年第 1 期。

获知惨案消息，他的悲愤之情可以在其血书的两封遗书中得以一窥。

  致谢君书：维扬我兄，日人残暴成性，乘我北伐胜利时，驱我留学生，杀我交涉使，前之国耻未渐，今之国耻又增，层层国耻，何时得雪？此种残酷行为，人道灭绝，弟救国无能，空存热肠，觍见人世，无俾于时，愿投水死，反觉爽快。兄将谓我无志，我实不愿再看日人之横暴也，临书匆匆，诸祈珍重，小弟黄侠魂绝笔。五月五日夜。

  告同胞书：同胞乎，日兵深入鲁境，故意挑衅，阻我义师，杀我官长，割鼻抉目，惨不忍闻。蔡公为国牺牲，其如旧耻新耻，不遑渐雪，何如此重大侮辱，实属神人共愤。侠魂懦弱无能，不愿闻日人之蛮暴，愿一死以快心胸，所盼爱国同胞，一致兴起，据理力争，以慰蔡公英灵。同胞乎，北伐将成，国耻未雪，紧要关头，不可稍息，国民革命成功之日，即帝国主义消灭之时也。悲愤书此，不知所云，黄侠魂绝笔敬书。五月五日夜。[1]

  好友谢君根据黄侠魂留下的遗书推断其为投水而死，便到黄浦滩一带寻找，由于未找到黄的尸身，他不无遗憾地告诉记者："不能令人瞻其遗容，以激发一般人之爱国心"。谢君作为黄侠魂的好友，他将黄的自杀解读成有价值的行为，"黄平日言语中富爱国心，此次日本之残杀，以黄君为一富有血性之男儿，悲痛之余，定以其身殉国"。[2] 围绕黄侠魂的自杀举动，《民国日报》（上海版）刊载了讨论文章，然而关于黄侠魂自杀的价值，评论者却持相反的看法，"相信他神经和理智的薄弱、懦怯、罪恶"。对于同一起自杀事件，自杀者亲友与公众舆论截然相反的表述和解读，既宣传了反自杀的论调，又证明自杀殉国未必是真正的爱国。

  6 月 14 日，上海南洋医科大学学生刘维贤愤慨日军在山东制造的济南惨案，于是投黄浦江自尽，死后留有遗书两封，一致其叔叔，一致南洋医科大学全体学生。15 日，刘维贤的同学涂茂林将刘致其叔叔的遗书投递《申报》馆，请求报馆予以披露。

---

  [1]《国耻声中之殉国者 黄侠魂投海而死，不愿闻日人暴行》，《民国日报》1928 年 5 月 7 日，第 2 张第 3 版。
  [2]《国耻声中之殉国者 黄侠魂投海而死，不愿闻日人暴行》，《民国日报》1928 年 5 月 7 日，第 2 张第 3 版。

刘君维贤，江西福安人，年二十四岁，秉性温蔼，诚朴寡言。去年夏入南洋医科大学一年级肄业，所学各科，屡冠同侪，而对于国事尤为热心。迨"五三惨案"发生后，热烈奔走，宣传甚力。组织学生军议起，君毅然加入，并力劝各同学加入，为国操劳，以实现男儿裹尸疆场之本色。然观其意态方面，异常消极。言语之间，多系愤恨。慨党国多故，五分钟热度又现，济南惨案之呼号，已呈东流之泡影。君愤慨之余，已于本月十四日午夜十二时一刻，投黄浦江自尽。①

《申报》虽然按照涂茂林的请求刊登了刘维贤自杀的新闻，但与涂茂林的观点并不一致。《申报》不仅质疑"投江自尽"和"救国"之间的关系，登载该新闻时用"投江自尽岂足救国"这样疑问式的主标题，而且剥茧抽丝般再现刘维贤自杀的关键内容，用三个副标题"南洋医科大学学生刘维贤自尽""有志爱国青年岂能一死了之""玩其遗书似为婚姻问题而死"，陈述了刘维贤自杀的真正价值。"从报道角度看，标题最吸引公众注意力，而关键词尤甚，因而在取得社会认同感上至关重要，也是记者刻意策划的。"②如果类似爱国自杀的新闻发生在五四时期，新闻媒体会以醒目的大标题直接突显其爱国之举，而此时刘维贤的自杀却被媒体以"岂足""岂能""玩其遗书"等带有怀疑和否定性质的话语，稀释了自杀事件所彰显的爱国价值和殉国内涵。

20世纪前期，报纸上还盛行"自杀烈士"的说法，到了此时，媒体却话锋一转，开始怀疑自杀者的殉国价值，不再将自尽行为视为爱国之举，甚至将自杀定位于个人层面的小我的行为，而非社会层面的为了国家。媒体面对爱国运动中发生的自杀事件，没有借机造势，煽动爱国情绪，而是否定用自杀来宣泄反日反帝的民族主义情感。自杀者由于担心国人没有持久的反侵略意志，因此在国难中试图通过自杀唤醒公众抗敌爱国的斗志。而实际上，在济南惨案发生后，民众反对日本帝国主义的情绪在短时间内达到了高潮，尤其是一些民众借助自杀行动，表达对日本侵略者的愤恨以及对当局的不满。新闻媒体特别是官方媒体格外重视自杀抗议所引起的骚动，要想引导民众走上正确的救国之路，必须否定极端的自杀行为，而只谈救国之策。

---

① 《投江自尽岂足救国：南洋医科大学学生刘维贤自尽 有志爱国青年岂能一死了之 玩其遗书似为婚姻问题而死》，《申报》1928年6月16日，第15版。

② 刘长林：《媒体建构：自杀社会意义的赋予——以中国1919—1928年社会运动中自杀事件报道为例》，《社会》2010年第3期。

刘维贤本人在自杀前将致全校学生的遗书投寄《民国日报》,《民国日报》副刊《觉悟》全文登载了遗书《为日本暴行绝命书》。① 刘维贤在近三千字的遗书中,首先表达了对国民党政府只在口号上反日的不满,然后从国民党腐化、抵制日货等具体方面,陈述了面对日本侵略者的暴行,当局和民众的奋斗方向。《觉悟》的编辑对遗书中的两句关键话语加了着重号,以突出其重要性,一句是"我切求我最亲爱的同学们,多多注意,将看小说的时间抽出一部分来研究三民主义及中国革命的导师总理孙先生所有的救国学说,共同把中华民族跻身于各民族平等的地位",另一句是"弟才学疏薄,不能有所贡献,故不惜以一死促醒国人,倘能收得相当效果,虽死之日,犹生之年。"刘维贤将遗书投给《民国日报》,对于自杀者本人和新闻媒体来说,都具有正面的宣传意义。然而对于刘的自杀,舆论却认为属于"种种借着国家的问题,来做他自杀的护身符,博一个爱国的好名誉! 自己是消极到死了,却教别人积极地去救国。自己是懦怯到极点了,却教别人勇敢地奋斗,……种种的矛盾的话,都足证明他们的死是投机沽名钓誉的,他们的死,绝不是为国的!"②而且"自杀原是非常悲惨的事,而有勇气自杀的人,偏好整以暇,还要希望着留个死后的纪念。这种现象,是不是新社会的好现象呢!"③这种言论虽亦有偏激过头之处,但目的是反对自杀,力图将个人自杀同社会价值相剥离,更加理性地引导爱国救国的正确途径。

虽然自杀的动机和诱因各异,从日常生活的琐事到外族入侵的国难,但是评论者围绕自杀事件,阐发的观点基本是反对自杀,建构起舆论的反自杀论调。报纸对自杀问题的评述充满了否定性的话语,甚至由评论自杀行为转向谩骂自杀者的人格,如果接受舆论这样的否定和谴责,不论现实生活中是出于什么原因才走上自杀绝路,受众自然会抵触自杀,认为自杀是不可取的行为。上海媒体报道自杀案件的话语策略转向谴责,是面临严峻的自杀形势而自觉形成的集体意识,同时也暗合了执政当局对舆论的引导。随着上海市政当局自 1928 年下半年开始纠正媒体的自杀报道,报纸的这种反自杀态度正好符合政府应对自杀问题时对报界的要求。④ 这就说明媒体报道自杀问题的话语策略转变,是社会舆论反

① 刘维贤:《为日本暴行绝命书》,《民国日报》1928 年 6 月 17 日,"觉悟"。
② 心华:《自杀也可投机沽誉吗?》,《民国日报》1928 年 6 月 21 日,第 4 张第 2 版,"闲话"。
③ 赓虁:《自杀》,《民国日报》1928 年 7 月 6 日,第 5 张第 1 版,"闲话"。
④ 上海特别市社会局在开始应对自杀问题时,曾致各报函,要求郑重刊载自杀新闻。姚赓虁对此回应说:"舆论界自有采纳之必要。本报(指《民国日报》)对于自杀事件,素不下同情之批评,我们闲话并出过自杀问题号对自杀大加攻击,颇愿以后社会上不再有这种不幸的事,报纸上也不再见自杀的新闻!"(《生命何等重大》,《民国日报》1928 年 8 月 10 日,第 4 张第 2 版,"闲话")。

对自杀行为的现实需要。

（二）社会舆论视阈下的自杀防控

媒体在谴责自杀行为的同时，还积极提出应对自杀问题的意见和建议。自杀救济策略随即出现在报刊媒体中，公众纷纷以报刊为平台，发表自杀应对策略的看法。自杀作为现代社会问题进入公众的视线起于晚清，特别是五四时期，知识分子公开在报纸上讨论自杀问题，解剖自杀原因，引介西方有关自杀问题的现代科学知识，提出应对中国自杀问题的策略。此时媒体中出现的有关自杀问题的讨论，不仅涉及极具中国文化内涵的生命哲学问题，也开始触及社会改造、人生观改造、革命等具有时代特征的社会命题。在五四运动初期，群众越来越容易受到社会事件的感染，从而投入社会运动中。如果民众用自杀行动声援爱国运动，那么普通的个人自杀事件极易演变成社会事件，并引起社会舆论的重视。知识界有关自杀救济的讨论主要从社会改造和人生观改造入手，他们认为自杀的根本原因在于社会中存在危险（厌世）的人生观和罪恶的社会制度，因此提出改造社会制度和人生观等救济自杀的途径。①

时至 20 世纪 20 年代末，五四时期倡导的社会改造、新人生观已经受到了极大重视，而南京国民政府的建立以及二次北伐的进行又带有一些颇具时代特色的印记。所以 1928 年 8 月上海市政当局开始实施自杀救济措施时，舆论也从个人和社会两个方面寻求解决之道，并将国民革命、三民主义、国家等话语纳入自杀救济的讨论中，提出的看法和建议主要包括：重视舆论的作用、主张改造人和社会、强调国家立场。除此之外，个人因受舆论导向的影响，积极参与自杀救济的讨论，进一步增加了城市媒体的活力。

1. 重视舆论作用

社会舆论兴起于报刊报道的一些具有社会轰动效应的事件，公众也意识到在救济自杀时需要重视舆论的作用。典型自杀事件发生后，引起社会大众对自杀事件本身的关注和关于自杀相关问题的讨论，公众通过表露对自杀问题的意见和认知，渐渐扬弃和综合各家意见，最终形成具有导向作用的主流舆论。

①　刘长林：《社会转型中一种极端行为研究——1919—1928 年爱国运动中的自杀与社会意义》，上海：上海大学出版社，2015 年，第 271—288 页。

在 1928 年的自杀事件中,马振华投浦自杀就曾引起社会舆论的极大轰动。该事件发生后的两个月内,"经报章过量的宣传和舞台刺激人心的表演",使得"自杀两字成为民众的谈资",①这带来很多连锁反应。按照时任上海特别市政府社会局第四科科员孙詠沂的说法,一是自杀案在几个月里增加是受到媒体自杀报道的影响,一般狡黠者受了"这种宣传的暗示,感觉着不论有怎么困难,很值得一死了之,赖几封'恨国家多故,叹人生不遇'的遗书,还可以博得社会的同情,而掩蔽生前的罪恶";意志薄弱的人"受了这宣传,便感觉着在万恶社会中生存的无聊,一切行动都趋向消极,稍受外界的刺激便以一死了之"。②二是关心社会的人看到自杀的流行和社会的不稳定,而积极谋防范自杀的方策。马振华投浦这起引发社会轰动的自杀事件,使得时人更加看重自杀事件发生后的舆论反应。

孙詠沂所概括的舆论反应可以从直接引导和间接引导两个层面加以区分,直接引导手段要求媒体重视自杀新闻报道,削弱其消极影响,间接引导手段则积极谋求防范自杀的良策。对于前者,时人也通过著文给予支持,如有的评论者号召读者对于沽名钓誉的自杀者不要怜悯和同情,而应尽力揭穿他们。③ 身为编辑的姚赓夔对"反自杀"舆论的作用,认识得最为深刻。在他看来公众对自杀的好奇态度,使得自杀现象成为舆论关注的热点,因此,他呼吁读者"不要把自杀来做社会上的谈料",④至于编辑、记者等报人,"因为现社会这种不幸的事实一天多一天,我们执笔为文者,似乎不能不尽一些纠正的义务",⑤而"舆论界对于社会上这种不幸的问题,更必须予以严厉的纠正"。⑥ 这也就是倡导公众对自杀问题形成正确的舆论。对于后者,所谓以间接手段引导自杀事件发生后的舆论反应,主要指通过思考和研究防范自杀的策略,探讨出防范自杀的有效手段,并付诸切实行动。

总之,通过分析舆论反应,我们发现时人已经注意到了舆论在自杀的流行和防范中所起到的作用,并试图以报刊等大众传媒提出防范自杀的建议,以达到减少自杀人数的效果。而他们所提出的防范自杀的策略,恰恰又说明他们对现代自杀问题的认识深度。

---

① 孙詠沂:《社会问题讨论 自杀(一)》,《社会月刊》第 1 卷第 1 期,1929 年 1 月。
② 孙詠沂:《社会问题讨论 自杀(一)》,《社会月刊》第 1 卷第 1 期,1929 年 1 月。
③ 心华:《自杀也可投机沽誉吗?》,《民国日报》1928 年 6 月 21 日,第 4 张第 2 版,"闲话"。
④ 姚赓夔:《自杀》,《民国日报》1928 年 7 月 6 日,第 5 张第 1 版,"闲话"。
⑤ 海鸥女士:《读者来函》,《民国日报》1928 年 7 月 15 日,第 4 张第 1 版,"闲话"。
⑥ 姚赓夔:《再论"反自杀"——乘便答江嘉炎君》,《民国日报》1928 年 7 月 19 日,第 4 张第 1 版。

2. 改造人和社会

五四时期，无论是解决社会问题还是个人问题，知识界都试图从个人和社会两个层面来分析并寻求解决办法。评论者在媒体上所发表的自杀救济主张，仍然延续此种思路。伴随着社会上出现的自杀事件越来越多，自杀事件为社会大众注意，而且上海市政当局也感到，自杀这种"社会病"的预防刻不容缓。[①] 社会舆论既将自杀归为个人问题，同时又视其为一种"社会病"，将救济自杀归位到个人问题和社会问题两个层面。

之前提到社会舆论在否定自杀时常常抨击自杀是懦弱的行为，自杀者是弱者。因此要改变自杀者在遭遇生活困境时的逃避与怯弱心理，需要从改造人的角度出发，于是我们在时人的评论中，很容易发现他们经常鼓励人们以奋斗的精神同困难做斗争。如1928年6月2日南京女中学生杨家庆自杀，7日消息传到上海，一位叫陈铁僧的读者给《民国日报》投稿，他在文中针对媒体披露的杨家庆遗书和其自杀原因，一一提出补救策略。他认为，杨家庆自杀的诱因包括：深恨近来黑暗世界与万恶社会；为同学宋连鸾冤死打抱不平；痛国家多故。陈铁僧补救的建议是：① 倘若杨家庆本人能坚持奋斗到底，将黑暗的社会改造成光明世界，万恶的社会改变成合理的社会；② 倘若她同学宋连鸾的冤死得到明白解决，惩办罪魁祸首，那么类似的案件将不会再发生；③ 倘若国家多故屡受外人欺侮时，她能尽力打倒使国家多故的人和帝国主义，助国家立于强盛的地位，那么这将是伟大而光荣的事情。[②] 然而，杨家庆已死，陈铁僧的三个"倘若"终究只是假设，如果我们从这些假设的对立面考虑，杨家庆女士的自杀显然没有价值，因为她并没有坚持奋斗到"假设"的实现。在陈看来，要改善社会制度，圆满解决社会问题，唯一的条件就是"靠大家自强不息的奋斗精神"。

如何防控那些用自杀践行爱国之志的自杀者？舆论从个人层面考虑，依然主张鼓励他们形成奋斗的意志。中国近代社会频遭列强侵夺，国家积贫积弱，民众深陷半殖民地半封建的泥沼，国家罹难，特别是青年的爱国主义情绪高涨。曾为《民众导报》编辑的胡彦云[③]发表于《民国日报》的一篇文章认为半殖民地背景下的中国社会制度造成了青年的烦闷、苦痛乃至自杀现象，要想补救，就应该让那些悲痛国难者意识到，"要爱国，便先要惜身，因爱国的热情而自杀，实际上等

---

① 孙詠沂：《从捞尸报告观察投水自杀》，《社会月刊》第1卷第1期，1929年1月。
② 陈铁僧：《杨家庆的投江自尽》，《民国日报》1928年6月15日，第4张第1版，"闲话"。
③ 胡彦云：《有关〈民众导报〉的订正》，载中国人民政治协商会议全国委员会文史资料研究委员会编《文史资料选辑》第5卷第18辑，北京：中国文史出版社，1981年，第194页。

于害国。要救国，便要珍重自己宝贵的身体，预备作殊死的奋斗。如果因奋斗而死或是斗不过敌人而死，那才是一个真正的爱国者，那才是自己承认自己生命的意义"。① 文章中胡彦云把奋斗作为救济自杀的关键手段；雪影叮嘱同胞牢牢记住两句话，即"你要忍耐！你要奋斗"；②李宗文认为世间一切自杀皆是由"愤世嫉俗"而起，"'世'而可'愤'，志士应该努力去创造出乐的世界来；'俗'而可'嫉'，志士该努力去移风而易俗，使可嫉成为可爱……自杀是短见，非上策。从奋斗中把自己葬了才有意思"。③ 知识分子公开撰文，倡导用积极向上的奋斗精神应对因爱国无门而消极自杀，正是立足人的改造，即从个人意志的角度加以考量。

"奋斗"一词被报刊频繁使用，舆论在表达自杀防控想法时，还常用一些与"奋斗"意思相近的话语。如鲍庆荣认为要救济被帝国主义压迫、侮辱而自杀的人，应该号召同胞，"准备去拼命"；④一个青年因恋爱遇挫，徘徊江畔，内心思忖着自杀还是不自杀，曾也鲁在文章中揣摩着该青年挣扎的内心，并在其最终迷途知返时着力刻画了青年的转变："我要打破我周围的一切恶势力，而另外创造新的环境来。然后，在新的环境中，去获得我新的生命，和幸福的幸福"，⑤其中"打破""创造""获得"等动词的使用，与"奋斗"一词有异曲同工之妙；王卓然呼吁青年不要自杀，应该"把全副的才力，满向创造新的原地上去努力，逃去烦恼痛苦之网"，最终"走到大同的世界去"。⑥

舆论除了使用"奋斗"之类的词语鼓舞人心，还常采取喊口号的方式，以警醒人们注意自杀问题。如陈铁僧对杨家庆自杀的评述中，最后就使用了几个"勿"字口号："同胞们呵！勿自馁，勿自寻短见，勿刎颈，勿自缢，勿投水自尽，当一个无能的弱者。"⑦雪影也以"自杀是弱者的表示！自杀是退化的现象！诸君！努力！努力！努力向生命的恶魔进攻！"的口号结尾。⑧ 而胡彦云的"世间最懦弱者才自杀，最愚蠢者才自杀，最无自信力者才自杀啊"⑨更是被讨论自杀的文章

① 胡彦云：《最懦弱者才自杀 最愚蠢者才自杀 最无自信力者才自杀——对悲观的青年谈自杀》，《民国日报》1928 年 7 月 16 日，第 3 张第 1 版，"闲话"。
② 雪影：《自杀问题》，《民国日报》1928 年 6 月 30 日，第 4 张第 1 版，"闲话"。
③ 李宗文：《寻短见》，《民国日报》1928 年 7 月 27 日，第 4 张第 1 版，"闲话"。
④ 鲍庆荣：《黄侠魂自杀感言》，《民国日报》1928 年 5 月 10 日，第 4 张第 1 版，"闲话"。
⑤ 曾也鲁：《自杀之前——愿献给我还静默着的情人的眼中》，《民国日报》1928 年 6 月 28 日，第 4 张第 1 版，"闲话"。
⑥ 王卓然：《自杀》，《民国日报》1928 年 7 月 19 日，第 4 张第 1 版，"闲话"。
⑦ 陈铁僧：《杨家庆的投江自尽》，《民国日报》1928 年 6 月 15 日，第 4 张第 1 版，"闲话"。
⑧ 雪影：《自杀问题》，《民国日报》1928 年 6 月 30 日，第 4 张第 1 版，"闲话"。
⑨ 胡彦云：《最懦弱者才自杀 最愚蠢者才自杀 最无自信力者才自杀——对悲观的青年谈自杀》，《民国日报》1928 年 7 月 16 日，第 3 张第 1 版，"闲话"。

频频引用。这些口号旨在更直接、直观、明确地表达立场，宣传反对自杀的看法，进一步提振了个人走出自杀困局的勇气。

除了强调用"奋斗"的精神来克制自杀的想法，时人更是从生命意义和信仰维度寻找能够支持自杀防范的因素。例如在马振华自杀案引起的讨论中，《民国日报》主笔袁业裕便从信仰的角度，提出避免自杀发生的可能性。他在文中做了一个横向的比较，对比了上海的马振华自杀案和同年发生在日本的大学教授与女仆双双殉情案，他发现两起情死案的根本差异在于"日本人的信仰生活是较为纯洁的，积极的，不打算的"。[1] 基于此种结论，他指出"要救中国，要把中华民族的自信力恢复起来；要恢复中华民族的自信力，就要有一种信仰生活的训练，要有纯洁的，积极的，不打算的信仰生活"。[2] 虽然袁业裕对于中日两国人们信仰生活的概括过于偏颇，但其论调中所倡导的信仰生活与传统意义上的宗教信仰并不相同，这是一种要求"纯洁""积极"生活的态度，是一种对生命意义应该抱有的追求之念。

当然，舆论中也不乏从纯粹的宗教信仰角度思考个人自杀问题的论述。1928 年下半年，一个署名为黄庆澜的读者在《申报》上发表了《劝人勿自杀文》。全文主要分析了贫穷、压迫、男女情爱问题三种情况导致的自杀现象，认为应该用佛家的因果报应说来劝慰受到上述三种问题困扰的人们。依照佛法上的因果报应道理，自杀是万万做不得的。人们若是自己寻死，"那是罪业很重的，那是又造了恶因了。到了下世，更加要受苦报，恐怕比起今世，还要加倍的苦"。[3] 在作者的论述逻辑里，无论怎样苦，总不可以自杀的。因为造了多少恶因，就一定要受多少苦报的，哪怕自杀也还是逃不出这种因果报应的轮回。普通民众易受善恶轮回思想的影响，如若明白前世造因，今世受报的道理，便极易理解作者所谓的"无论怎样总不绝人的，万万不可以自杀的"。[4] 尤其是对于那些动了自杀念头的人，作者认为他的这篇文章会有很大的帮助。与袁业裕倡导的"纯洁""积极"的生活信仰不同，黄庆澜所主张的是纯粹的宗教信仰，他用佛教因果轮回说来劝慰自杀者，让自杀企图者意识到天无绝人之路，如果不考虑这种观点的迷信成分，那么从带有中国本土特色的生死哲学角度来探讨自杀应对的途径，的确是一种全新的角度，应该肯定它的价值。《申报》将此信披露，不仅具有和读者互动

---

[1] 袁业裕：《最近中日两件情死的比较观》，《民国日报》1928 年 3 月 21 日，第 3 张第 2 版，《觉悟》。
[2] 袁业裕：《最近中日两件情死的比较观》，《民国日报》1928 年 3 月 21 日，第 3 张第 2 版，《觉悟》。
[3] 黄庆澜：《劝人勿自杀文》，《申报》1928 年 11 月 21 日，第 16 版。
[4] 黄庆澜：《劝人勿自杀文》，《申报》1928 年 11 月 21 日，第 16 版。

的意味，也有益于社会大众加深对自杀问题的理解。

自鸦片战争以来，近代中国自强图存的重要途径，由器物师夷扩展到制度、文化强国层面，这是历史的进步和发展。经过几十年进化论思维的浸润，近代科学知识在西学东渐大势的助推下，已然渗透中国经济、政治、社会的方方面面。尤其到了 20 世纪 20 年代末期，伴随西方社会科学知识的引介和发展，我国的社会学迎来了发展之势，从解决中国社会问题着手，自杀之类的社会问题也正式进入科学研究层面，这正是五四运动爆发后的近十年里，自杀事件能够引起学者们注意的原因之一。新文化运动时期，陈独秀、陶孟和、胡适、李大钊等思想家以及学者、报人、读者多次讨论自杀问题，他们除了讨论了一般意义上的自杀，更强调自杀在思想解放、社会改造与社会革命层面的意义。[1] 现代科学越来越倾向从心理、社会、生理等多重维度来理解自杀问题，虽然当时自杀的研究深度和防范自杀的建议很难做到这么全面，但也注意到自杀问题是涉及个人心理与社会的双重问题。如一位叫钧的读者，将上海的自杀和离婚作为社会问题进行了比较研究。通过他的论述，可以发现改造人不能忽略社会因素。在上海这个中西文化杂糅的社会，固有的传统道德受到海外文明的冲击，渐渐失去维系力。人生的大问题，得不到解决转而自杀。要解决此种问题，就应该从挽救颓俗，正人心的角度加强心性建设。[2] 重视人的心性建设，得出要"加强心性建设"的结论，说明此时公众对自杀救济的看法，已开始突破个人视角，试图融合社会因素。

上述评述者认同自杀与社会之间的密切联系。曾也鲁也拿自杀同社会上的强奸现象进行了比较，认为强奸、自杀是重要的社会问题。他指出，人们心理上受到了强烈的冲动与刺激而造成了强奸或自杀的事实，但背后的经济因素才是酿成悲剧的真正原因。因此，"要求这些（自杀、强奸）问题之补救或减少，则惟努力以谋社会经济制度之改良或毁灭，才能彻底，才是治本的方法"。[3] 至于那些因失恋而自杀者，则应该通过"爱的讲述"来应对。不过，《民国日报》的编辑姚赓夔却认为曾也鲁文章中的见解有偏狭和不妥的地方。他认为，强奸、自杀行为确实是社会上不良的行为，但并不是所有的强奸、自杀行为都是因为经济因素。对于那些经济因素之外的自杀，应该首先谴责社会教育的不普及与不发达，其次才是不好的社会经济制度。而要想从社会的角度来应对自杀，"需要社会上各个有

---

[1] 刘长林：《社会转型中一种极端行为研究——1919—1928 年爱国运动中的自杀与社会意义》，上海：上海大学出版社，2015 年，第 6 页。

[2] 钧：《自杀与离婚》，《上海特别市市政周刊》第 52 期，1928 年 10 月 25 日。

[3] 曾也鲁：《强奸自杀与社会问题》，《民国日报》1928 年 8 月 20 日，第 3 张第 4 版，"社会闲话"。

能力的分子，负起责任来。向社会民众去做宣传的工作，使他们一齐能明了如何做一个健全的人"。①

除了反映大众对救济自杀问题的基本态度和建议，社会舆论还具有监督的作用。当政府开始积极筹措办法应对社会上严重的自杀现象时，舆论中出现的反思政府自杀防控措施的话语，本质上是对政府行为的一种监督。比如，针对1928年上海市政当局最初实施的几项救济自杀举措，舆论的批评声音直指要害，"政府既没有好的方法来帮助他们（自杀者）谋生之路，又没有机会来引导他们的思想入光明之途，见他们自杀得多了，才这样的禁止报纸登载，增加浦江巡查，何异头痛医头，脚痛医脚"。② 舆论认为政府的自杀应对并未抓住主要的社会原因，而仅仅流于表面，这对救济自杀是非常不利的。

舆论主张从改造人和改造社会的两种途径救济自杀，一些评论者倡导自杀救济应该立足于这两个方面的共同改造，而且强调社会改造开始于人的改造，人的改造目的在于社会改造。这种从人和社会两方面考量自杀应对策略的评论者不乏其人。一位叫天任的评论者认为，"要补救青年人的自杀，一方面当然要努力改革社会制度，同时须从自身方面着手，使精神方面得到安宁，更是先决的政策"。③ 虽说他的论述对改造社会和改造人的侧重点不同，但这样兼顾的视角也应该引起人们注意。

持此论者还认为，不能简单地将自杀问题归于社会或个人，进而做出自杀是不好的判断，而应该抛开"好"与"不好"的评价，进一步考究为什么发生自杀，同时把自杀"与现存的社会，即变革中的社会保持着密切的关系（方面）去考察"。④ 该论者认为要想防止自杀，"只有根本地来变革社会，打倒一切的落伍时代的社会组织"，另一方面"应该放弃从前的观念的、被动的、厌世的人生观，努力去获得变革社会的热烈的、能动的人生观"。⑤

3. 强调民族大义

九一八事变后，中日民族矛盾上升，国人的抗日情绪高涨。引起公众热议的

---

① 赓夔：《强奸自杀与社会：参观昨天曾也鲁君投稿》，《民国日报》1928年8月21日，第3张第4版，"社会闲话"。

② 钟协：《青年问题：（一）自杀是谁之罪》，《新评论》第22期，1928年10月30日。

③ 天任：《怎样补救青年自杀？》，《民国日报》1928年8月9日，第4张第2版，"闲话"。

④ 未明：《社会与自杀》，《思想月刊》1928年第2期，"批判"栏。

⑤ 虽然该论者非常鄙夷从社会和个人两方面考察自杀问题的现象，将其讽刺为"伟大的折衷主义"，但是他的论断却恰恰是从改造社会和改造人两个方面探究自杀应对的(未明：《社会与自杀》，《思想月刊》1928年第2期，"批判")。

社会问题皆会带有国家与民族主义情怀，舆论的自杀讨论也不例外，甚至表现得更为强烈。国民革命、三民主义、现代政府等词出现在媒体的讨论中，带有浓厚的时代痕迹。

掌握着舆论话语权的编辑对自杀救济的看法和意见，很多时候具有指导意义。《民国日报》的编辑姚赓夔曾发表过多篇讨论自杀问题的社评和文章，而且多有自杀应对策略的论述。姚赓夔认为社会有识之士负有向民众宣传如何成为健全人的责任，使健全的人一起站在革命的立场上，建设一个健全的国家。否则的话，自杀等社会病有增无减，那就不是一两个人的灾难了，"实在是社会国家的一个初期肺痨病呢"。① 一位署名光明的评论者认为那些以爱国名义自杀的青年，应该意识到中国的事不是一个人自杀足以了事的，应该拿自杀的精神去努力国民革命，从实际着手才是正途。② 天任认为，要想救济自杀，尤其要注意养成青年们顽强的意志，对于青年人来说，他呼吁"革命的青年们！抖擞着革命的精神吧！大家联合起来，死守着革命战线，与其没有意义而自杀，宁愿奋斗而死"。③

志鸣认为，人类的劣根性造成了社会的腐败、人心的奸恶和道德的沦丧。要想革除这些弊端，必须主动同恶环境奋斗。而具体应该怎么进行奋斗呢，他认为应该提倡三民主义，"革命的领袖孙总理在民族主义里主张恢复中国固有的旧道德，更提倡心理建设的学说来唤起民众，共同奋斗；这是改造社会，建设心学，恢复道德的唯一指南"。④ 志鸣的上述论断主要针对徐洪澜、顾明纲自杀案，他认为死者的国民党党员身份应该格外引起人重视。在他看来，国民党党员负有改革社会、建设心理的责任，二女士的无谓自杀显然与党员身份不相符。

讨论中除了出现民族主义的话语，民生主义也被运用到自杀防控上。如江嘉炎认为因经济因素导致的自杀，应归咎于实业的不振，而这应该由政府来负责。国民党当政后，民生主义未能施行，他哀求当局："兴实业！取消苛捐杂税！解除民众痛苦！"⑤

上海社会舆论关于自杀防控的主张也具有典范意义。新闻媒体的繁荣使得自杀新闻得到了广泛的报道，虽然这会带来社会公众的恐慌，但是新闻记者、编辑、普通文人、官员、读者等通过对自杀问题的关注和评论，以报刊为媒介，传播

---

① 姚赓夔：《强奸自杀与社会：参观昨天曾也鲁君投稿》，《民国日报》1928 年 8 月 21 日，第 3 张第 4 版，"社会闲话"。
② 光明：《谈谈自杀问题》，《民国日报》1928 年 6 月 29 日，第 5 张第 1 版，"闲话"。
③ 天任：《怎样补救青年自杀？》，《民国日报》1928 年 8 月 9 日，第 4 张第 2 版，"闲话"。
④ 志鸣：《死话》，《民国日报》1928 年 1 月 11 日，第 3 张第 3 版，"上海社会"。
⑤ 江嘉炎：《谈不了 行不了 禁不了的自杀》，《民国日报》1928 年 8 月 24 日，第 4 张第 2 版，"社会闲话"。

了自杀相关的科学认识，而且评估和纠正着政府的自杀救济措施。上海舆论探讨自杀问题方兴未艾之时，毗邻上海的苏州，在随后几年里也面临着自杀屡见报端，自杀讨论文章骤起的现象。

可见，无论上海还是苏州，在近代社会经历了前所未有的繁荣和发展，在作为现代城市崛起之时，如何处理好发展进程中遇到的社会问题而又不失去发展机遇，是两座城市都需要解决的问题。而上海以其在近代社会尤其是在所谓"黄金十年"里的繁荣，无疑更具有典型意义。

4. 鼓励个人参与

现代化转型过程中的核心问题是人的转变，因此个人是否正视现代城市的社会问题，无论对于城市的现代化转型，还是对于个人的现代转变都是不能忽略的关键因素。在传媒聚焦自杀问题时，具有现代意识的个体如何看待自杀问题，以及是否在社会实践中形成了自己对防范自杀策略的看法，这些内容虽然是从个人维度思考自杀防控问题，但是却能与社会舆论形成互动，可以深化理解当时的自杀救济。

社会舆论针对如何防范自杀问题，提出了重视舆论作用、主张改造人和社会、强调国家立场等三种主要论调，不仅从具体行动上进行反自杀的舆论导向，而且潜在影响了社会大众对自杀及其防范的重视。舆论和大众的这种互动，使得个体在救济自杀问题上所进行的行动，更加具有实践性。他们不仅在遇到自杀者或者自杀未遂者时会出力出钱，进行直接救济，而且还参与自杀问题的讨论中，通过发文声援反自杀的舆论，和社会舆论一同构筑了反映时代特色的自杀防控思想和观念。

个人直接救济自杀的方式多种多样，实施救济措施的人员、身份和采取行动的时机也各异。他们有的是偶然遇到自杀者，采取的紧急帮助，有的是由于自身的职业关系可以直接救助自杀者，或者是出于人道主义精神，非常关注自杀者，并倾力相助。1928 年 3 月 18 日午后一人用草绳自尽昏倒后，被路人救醒。自杀者是崇明人沈根才，因其妻被同乡顾海章拐逃，找寻无踪，一时怒气填胸寻死。由于家中尚有孩子寄养于邻家，后经旁人劝慰，并给以川资嘱其回家。[①] 这个案例中的"旁人"正是偶然碰到自杀事件而实施紧急帮助的人。22 岁的安徽庐江人朱庆昌因来沪谋生不得，资斧告罄，沦落乞丐一月之久，解带自缢，幸经路人救

---

① 《男子寻妻不遇自缢遇救》，《申报》1928 年 3 月 19 日，第 15 版。

活。朱庆昌正在涕泪哭诉时，路人为其捐资，朱庆昌接受捐助后踯躅而去。① 和上一个案例一样，朱庆昌自杀后受到路人救助的事情，表明个体在实施救济自杀行为时具有广泛的参与度，陌生人的一点善举可能就会拯救一个落难者的生命。

而一些审判官、善堂工作人员等，在面对自杀者尤其是自杀未遂者时，也会进行适当救助。于公而言，救助自杀者是他们的职责所在；于私来说，他们对自杀者的直接救助反映出个体也常常参与自杀救济活动。尤其是他们的善举被媒体报道之后，会鼓励更多的人进行自杀救助。1927 年 11 月 15 日宁波人奚纪坤由上海往汉口寻找父亲，却被骗子骗去所有衣服行李，情急无奈之下欲在法租界外滩码头投水自尽，幸被救，并被送往法公堂听候发落。审判官聂承审见状，掏出洋 20 元给予奚纪坤，并代购船票，送回原籍。②

善堂工作人员在日常慈善救济活动中往往也会给予自杀未遂者适时救济。1927 年 9 月 13 日晚 11 时，同仁辅元堂救生局在黄浦江畔救获男子李立人，22岁的李立人系四川成都人。曾在黄埔军校读书，后在北京大学肄业，因病到沪医治，由于丢失所有银洋，又生了难以忍受的脑病，愤而觅死。李立人被救后，同仁辅元堂救生局司事当即派人送至同仁辅元堂，善堂堂董凌伯华不仅资助衣物，又给他 80 元大洋，并代购船票，将李立人遣送回籍，以免流落。③

除此之外，一些社会人士也关注并开展自杀救济活动。"大世界"游乐场总经理黄楚九曾筹划成立"自杀救济会"，《申报》和《民国日报》在 1930 年 1 月 5 日同时予以了报道。

> 近年来，本埠自杀之风日盛一日。报纸所载，几于无日无之。被救之后，解送法院，一讯释放，即为了事，求死不得，谋生无路，惨苦之状，闻之心恻。最近有人发起释犯善后会，而自杀者不在释犯之列，未能一体邀泽。黄君楚九恻然悯之，拟组织自杀救济会，专为自杀者谋自新之路，所有开办经费，黄君自愿首先担任，并由所办各机关如日夜银行、大世界、福昌烟公司、九福公司、中法中西药房等共同担任。每月经常费 200 元，惟兹事体大，事务既繁，需款亦巨，所赖群策群力，方能成斯美举。现时正起草缘起章程，将定期邀集各大慈善家共同发起，并觅相当房屋为事务所云。④

---

① 《少年穷途图尽遇救 告地状究非良策》，《申报》1928 年 6 月 25 日，第 15 版。

② 《被骗图尽获救》，《申报》1927 年 11 月 16 日，第 11 版。

③ 《凌伯华搭救病迫图尽之学生》，《申报》1927 年 9 月 15 日，第 15 版。

④ 《创组自杀救济金会 黄楚九君等所发起》，《申报》1930 年 1 月 5 日，第 15 版；《黄楚九等发起自杀救济会》，《民国日报》1930 年 1 月 5 日，第 2 张第 3 版。

　　成立"自杀救济会"的提议出自商人黄楚九,他在开办经费和组织运作上大力支持,这一专以救济自杀为主旨的民间组织实为民国首创。然而该组织的出现并非偶然,主要是当时社会上自杀问题较多,甚至在"大世界"游乐场自杀也常有发生。作为"大世界"游乐场的老板,黄楚九肯定不愿"大世界"成为自杀的集聚地,这成为他首倡并筹拟"自杀救济会"的直接动因。① 媒体报道了"自杀救济会"的筹拟情况,民众也通过报刊报道了解了这一新闻,从而使黄楚九所做的自杀救济活动,突破个人层面,带来更大的感召性,无形中壮大了应对自杀的民间力量,提升了"反自杀"舆论的传播力。

　　个人参与自杀救济行动的另一个重要内容是阐发他们对自杀救济的看法。舆论中有关自杀救济的讨论涉及不同的参与主体,其中有报人、知识分子、政府人员等,他们在发起反自杀的舆论导向上起到了主体作用,也有一些普通大众受到舆论导向影响,不自觉地参与了反自杀的舆论建构。他们的言论所发挥的效力虽不及报刊主笔、编辑等报人,但也是一种正面的声音。尤其在九一八事变之后,面对外敌入侵的国内外局势,报刊日渐成为爱国精神和民族情感的宣传阵地,像《申报》这类在沪上有广泛影响力的大报以及《生活》周刊这类杂志,都在宣传抗日主张。为了调动社会各界的爱国热情,积极开拓新的读者群渠道,各大报相继开辟了"读者通信""读者顾问""读者问答"等栏目,不仅关注时弊,而且通过回答读者在读书、生活方面的各种问题,化解他们的苦恼。这样不仅满足了大多数民众的诉求,而且借助对政治经济、社会生活、家庭婚姻等相关问题的讨论,起到了启迪新知、开启民智的作用。读者通讯栏目的设置,让读者与编者之间的沟通变得顺畅,通过读者寄信件给报刊,报刊刊登读者的来信,信函中的问题与答疑成功引起了社会的注意和讨论,最终在一问一答之间产生了双向的影响。以《申报》为例,1932年总经理史量才对《申报》进行了一系列改革,以发挥其最大的宣传力量,尤其是在加强报刊同读者大众的联系方面,鼓励读者来信,鼓励读者发出"人民自己的声音"。于是我们得以发现《申报》在此期间通过搭建的通信专栏,解决了读者关心的社会时事、科学知识乃至日常生活的问题。

　　在史量才和《申报》骨干黄炎培的力推下,1931年9月《申报》开设了"读者通信"专栏,专门发表读者来信。这和已往刊登一些读者的"来函"有很大区别,不仅在形式上用专栏的位置凸显其重要性,而且在内容上和一般的"来函"也大

---

　　① 笔者因于史料所限,有关"自杀救济会"是否开办成功、具体的内部运作情况等无从考察,有待史料进一步发掘。

不相同。"读者通信"栏的信件篇幅较长，大多传递出明确的想法与观点，而不是新闻性质的简单信息。《申报》在 1931 年 9 月里收到的读者来信被刊登在"读者通信"栏里，几乎每一篇来信都会加上简短的回复，1932 年初该栏目也偶尔被称为"读者通讯"，而 1932 年下半年至 1934 年，该栏的名称为"读者顾问"，这个名称持续时间也是最长的。为办好"读者顾问"栏，《申报》特地聘任工作人员负责编辑，截至 1931 年 12 月 31 日，《申报》在四个月时间里收到的读者通讯总数达 1 459 封(实际是 1 456 封)，[①]平均每月 364 封，所涉及的议题广泛，其中关于时事问题的来函有 687 件，关于求学问题的读者来信也有 336 封，还有关于职业问题、婚姻问题的。[②]《申报》通过读者通讯的形式答复和公开发表读者关心的问题，不仅借助这一渠道评述时事，进行爱国宣传，而且通过回答读者最关注的日常生活问题，拉近了同普通读者的距离。

在《申报》的"读者通信"栏中，有一些关于自杀问题的询问信件和回答，所以读者通讯专栏针对此问题公开发表的答复，必定具有广泛教育意义，而且所反映的问题是社会舆论的聚焦所在。读者的自杀困惑不仅牵涉婚恋家庭问题、教育就业问题、赌博问题等，还包括舆论热议的舍生殉国等。

一些读者因为教育、就业等问题，来信表达出想要自杀解脱的想法。一个叫李天放的学校教员曾做过商人，称现在当教员的月薪在 150 元左右，但家用开支浩繁，除去七八十元日用外，三个儿子和一个女儿的求学问题成为他的最大困扰。因为无力送子女上学，不由产生想以死谢子女的念头。为了自己，也为社会上处于同样处境的人，李天放致信"读者通信"栏，以求解决这类社会问题的办法。[③]"读者通信"栏公开发表了李天放提出的问题，并在四天后发表了关于"如何解决子女的教育问题"的讨论，这些讨论同样出自普通读者的来信，他们或是提议在家自学、当局免去教育界子女学费、半工半读等方法来解决子女教育问题，或是否定自杀，认为"惟有就其所学，择相当职业，焦虑无益，自杀尤愚"。[④]而当周文清在沪上的生意因为战事而衰落，甚至连邮票钱也负担不起时，他向"读者通信"栏提及自己想自杀的念头。"读者通信"栏给他的答复是他所面临的

---

① 材料中所计通讯总数为 1 459 封应为笔误，实则为 1 456 封。因为材料中披露了男性来信 1 363 封，女性来信 64 封，机关团体来信 29 封，合计 1 456 封；上海本埠来信 658 封，本国各埠来信 784 封，外国各埠来信 14 封，合计 1 456 封(《读者通讯四个月间之统计》,《申报》1931 年 12 月 31 日，第 16 版)。
② 《读者通讯四个月间之统计》,《申报》1931 年 12 月 31 日，第 16 版。
③ 《李天放君讯，十二、四》,《申报》1932 年 12 月 5 日，第 10 版，"读者顾问"。
④ 《对于李天放君所提问题之讨论 如何解决子女的教育问题》,《申报》1932 年 12 月 9 日，第 13 版，"读者顾问"。

问题是"在各大城市，各农村中几百万，几千万的失业的人的共同问题"，这个失业问题需要"从整个的社会问题——打倒帝国主义及其工具入手，才有办法"。①根据上述公开发表的来信和答复，我们能够发现面对普通读者的生存危机，新闻媒体除了明确否定他们自杀的想法，还试图分析和解决他们所面临的根本问题，通过科学知识化解他们的生存危机。

九一八事变后，民众团结御侮之情高涨。学生罢课、民众游行、各界抵制日货，甚至有民众通过自杀来表达仇日忧国情怀，经媒体曝光后引起社会舆论的震动。然而普通读者面对社会舆论中出现的自杀殉国现象，他们的反应是怎样的呢？我们通过"读者通信"栏里的来信，可以透视普通读者对于爱国自杀行为的认知。

读者林特非看到《申报》上刊载了少数爱国同胞因愤日忧国而自杀的新闻，专门给"读者通信"栏寄去《自杀不足爱国》的信函，以阐明自己对这种现象的看法。他在信中指出忧国自杀是一种自暴自弃的爱国途径，虽然"其爱国之热心，固属可嘉，然其举动吾有所不取"，因为自杀是"人类最懦弱的表示"，是"愚蠢的举动"。林特非驳斥了社会上的忧国愤日自杀，认为他们的死并不能救活中华，"死而爱国不如活而救国"。至于他们自杀的理由中有所谓"自杀可以激起国人抗日之热潮"，林特非也予以反驳，"盖国人抗日之热烈与否，全在暴日予我以事实的战利、知识阶级诚实的宣传。纵然要表示汝个人之激烈，唤醒国人，尽可作扩大之宣传文字，尽可断指写血书，何必轻生自杀。假如四万万同胞都一个个自杀，那么中华民国也就不亡而自亡了"。林特非还强调国民可到前线抗日，同日本侵略者拼命，而不是将自杀视为积极反日救国。②林特非作为《申报》的一名普通读者，他对自杀殉国者的看法说明，不论是报人还是普通读者，都认为自杀行为不可取，爱国救国运动应该有更可取的途径。尤其是走在抗日运动前锋的青年人，如若视自杀行动为救国壮举，那么这样的抗日爱国应该是"走错了路"。有的读者为此提出正确的救国路径是做好准备，同时"很诚挚的鞭策政府，切实的向民众宣传，告诉民众们暴日横行的真相"。③

1933年上半年，"读者来信"栏曾集中发表了几篇专门讨论自杀问题的读者来信，立足普通读者的角度，这些有关自杀问题的提问、答复和相互讨论，不仅反映了个人是如何构建防范自杀立场的，而且与已往自杀讨论相呼应，凸显了自杀

①《又一个要自杀者——芜湖周文清君来信》，《申报》1933年5月23日，第12版，"读者顾问"。
②《浮梁林特非讯（自杀不足爱国）》，《申报》1931年10月31日，第16版，"读者通信"。
③ 王乐逸：《青年救国运动应取之途径》，《申报》1932年1月12日，第15版，"读者通讯"。

救济观念对个人的影响。读者任望月有感于"读者顾问"栏很多来信中有许多想自杀的人，希望求助专栏，但是专栏总是用"自杀不是我们具有向上心的人类所应有的念头，是懦者可耻的心理"之类的话答复，任望月不满于绝对地反对自杀，认为身体疾病、生活被奴役、精神苦闷等问题造成不得已的自杀有一定的价值，并且他自己也因穷困苦闷有自杀的打算，于是他写信向专栏陈明自己的"自杀观"。"读者通信"栏斩钉截铁地答复任望月"来信所赞成的三种自杀，在我们看来，通统应该反对"，专栏还将否定自杀的论述连同来信一并公开发表。针对第一类因为身体不健康而自杀，专栏回复时给出的反对理由是，如果有健全精神和思想的人处于此种境地，应该努力找到造成身体不健康的社会原因和生理卫生原因，并同它奋斗；针对第二类由于奴役带来的自杀，专栏指出"黑暗的奴隶的生活是压迫社会与不平等的社会的一种黑暗势力形成的，要打破这种黑暗势力，非结合社会上极伟大、极坚决的革命力量，并蕴蓄着极悠久、极宝贵的斗争的经验，并挟有极坚强、极稳固的战争组织，不能达到成功"；针对第三类由于感到处处苦闷而自杀，专栏在答复中要求人们找出苦闷的根源。①

来信的读者和回信的编辑，围绕自杀问题进行了交流，并被公开发表在报纸上，于是引起了其他读者的关注和评点，他们也同样采取写信的形式，参与自杀观的讨论。如读者朱次循同情任望月的自杀观，认为"自杀不一定是弱者的表示"，自杀的原因根本上要归咎于"社会制度的不良"。② 由于朱次循在来信中对任望月的自杀观表示同情，"读者通信"栏在次日的回复中抓住了个中关键，同情自杀者虽然认同编辑反对自杀的理由，但认为"不应该责备自杀的人"，而应该从根本上归咎于不良的社会制度。对此，专栏认为应该从积极方面拼命地"反对任君的消极自杀观"，而"对于个人抱有消极自杀观点的青年，总要想方设法打消他的消极的自杀的心情，鼓励他积极反抗恶势力的革命精神"，并认为这正是"反对自杀的积极革命观"，即"从根本上推翻这种逼人自杀的社会制度"。③ 还有的读者循着专栏回复中的说法来信询问：既然只有奋斗才能对抗消极的自杀，那么怎样奋斗？奋斗的路径在哪里呢？专栏的编辑在回答这些问题时除了针对个别提问者做出有针对性的指导，特别反对"只从个人或本身着想的旧观念"，④强调

---

① 《我的自杀观对否？——任望月君来信》，《申报》1933 年 2 月 5 日，第 16 版，"读者顾问"。
② 《同情于任望月君的自杀观——朱次循君来信》，《申报》1933 年 2 月 16 日，第 14 版，"读者顾问"。
③ 《"同情于望月君的自杀观"——复昨日朱次循君来信》，《申报》1933 年 2 月 17 日，第 13 版，"读者顾问"。
④ 《怎样奋斗？——陈君来信》，《申报》1933 年 2 月 18 日，第 16 版，"读者顾问"。

要看到"许多人在奋斗，这力量是非常伟大的"。①

时隔近一个月，任望月再次致信"读者通信"栏，为同情自杀辩解。"读者通信"栏以"来书再论自杀问题，极所欢迎"的姿态发表了复信，认为自杀不会推倒社会黑暗势力，也无法唤起恶势力对我们的怜悯，如果"一遇环境的困难，便要消极，消极的念头发展到一定程度便要自杀。若果照你的自杀观演绎下去，则人类的一部斗争史便不会有……恐怕你我这样从从容容在报上研究自杀问题的机会都还没有"，"大部分被压迫的社会方仰望着有力量愿为之奋斗的志士，出而与恶势力相抗拒"，如果因不敌恶势力的胁迫就萌生自杀念头，那么社会也不会同情这样的人。②

读者与专栏编辑连同答疑者，通过"读者通信"栏交流对自杀问题的看法，这是社会舆论对自杀问题关注的需要。正是由于媒体的鼓励，才使得普通读者在面临生活困局和苦闷，甚至有自杀冲动时，有了相对科学的指导，而读者与媒体的互动也深化了社会大众对自杀问题的认知。

第二节　广告宣传与自杀防控观念的传播

从 1843 年上海开埠到 20 世纪 20 年代末，上海的经济取得了飞速发展，经济的繁荣，意味着物质基础的雄厚，能够为市民消费提供源源不断的基础性资源。在市民消费欲求的刺激之下，商品生产与流通又会进一步扩大。在这种影响之下，加之社会各方面西化的熏染，上海市民的消费行为和观念较开埠之前发生了巨变，这正是乐正在《近代上海人社会心态》中所说的"消费革命"，一种市民的消费观念、消费模式和消费心理上的重大变化，并在生活态度、审美情趣和人格体验上形成独特的消费风格。③ 许纪霖、王儒年继续乐正"消费革命"的论述，称这种"消费革命"到 20 世纪二三十年代，在经济基础的保证和大众媒体力量的作用之下，形成了具有相当自觉的消费主义意识形态，即市民通过消费在人生态度、价值和目标上普遍追求理想的生活模式和生活世界。④ 许纪霖、王儒年以 20

---

① 《奋斗的径在那里？——海门江定远村来信》，《申报》1933 年 2 月 20 日，第 12 版，"读者顾问"。
② 《再论自杀——望月君来讯》，《申报》1933 年 3 月 5 日，第 12 版，"读者顾问"。
③ 乐正：《近代上海人社会心态(1860—1910)》，上海：上海人民出版社，1991 年，第 98 页。
④ 许纪霖、王儒年：《近代上海消费主义意识形态之建构——20 世纪 20—30 年代〈申报〉广告研究》，《学术月刊》2005 年第 4 期。

世纪二三十年代《申报》广告为中心，来考察大众传媒特别是广告如何建构起当时上海人的消费主义意识形态，通过对该时段内《申报》广告的解读，他们发现在上海市民消费主义意识形态的形成过程中，大众媒体通过言论、文艺和广告发挥了重要的导向作用，特别是广告在进行商品宣传时，直接引导市民消费，不仅提供了一系列"摩登"的商品，而且传播了一整套合理的生活方式和价值观念。这套生活方式和价值观念某种意义上是广告建构起来的，具有与一般媒体宣传相异的多重面相。广告作为大众媒体的一种形式，它同商业社会的需求高度契合，而且兼具舆论的导向作用。消费社会的公众需求与价值观通过大量的广告释放出来，连同商品本身，社会舆论所关注的内容也一定程度上得到了传递。

广告在 1927—1937 年上海的各大报刊占据了大量的篇幅，这是商品社会经济繁荣的表现，像《申报》这样的综合性大报，其影响之深远不言自明，尤其是十年时间里刊登的大量商品以及服务广告，是报纸生存的保障，也是民众生活不可或缺的内容。自杀事件一旦成为社会热点，商家或者发布者便会主动在广告的设计和包装上嵌入自杀新闻内容，对广告的主题进行包装，如传达反对自杀的观点、传播预防自杀的科学知识、表达救济自杀的言论，于是广告成了公众认知和防控自杀的舆论工具。然而，广告本质上是为了宣传商品，随着商品经济的发展，人们在对财富和利益最大化的盲目追求过程中，必然使这种工具理性发生异化。

1927—1937 年间，《申报》登载了大量商业广告，按照商品宣传模式和价值表达策略的不同，可分为两种基本类型：一种类型是商家把反对自杀的看法包装进产品广告，借助反对自杀的舆论营销商品、公布有关防控自杀的知识信息、通过分析自杀现象宣传商品；另外一种类型是在广告中关注典型的自杀事件，利用自杀故事宣传相关商品，公开买卖由自杀事件衍生出的产品或服务。以 20 世纪二三十年代《申报》的广告为例，它们一方面在宣传产品和服务的过程中建构了公众对自杀问题的态度和认知，以及社会舆论的正面诉求，不自觉地传递反对自杀的主题；另一方面又以自杀事件为宣传噱头，追求世俗文化里自杀新闻的价值，扩大与之相关的商品和服务在大众心目中的影响，甚至把自杀新闻包装成商品赚取利润。广告的趋利本质与价值表达的异化，表明媒体在传播自杀救济思想时受到具体场景的限制，当反对自杀的社会舆论出现在商业活动中时，它所起到的效力势必会弱化。本节主要从商品和服务的宣传广告以及自杀事件的启事出发，分析广告和启事在自杀防控思想传播与表达中的作用。

一、被包装的主题：广告营销与反自杀舆论

自杀是志气薄弱的行为,有知识有勇气者不会的。然而自杀不一定要投浦、上吊、吞金、服毒,就只便秘致肠部蕴毒遍布全身,终至头痛、头晕、神疲、胃弱、肝胆失调、痔疮口臭也是自杀的一种。此种自杀,蹈之者无虑亿万,而救之者只有清导丸。清导丸润肠导滞,和胃平肝,凡患便秘而发生上述诸症者,均奏奇效。

浙江余姚坎镇章君永清云:"鄙患便秘,头晕目眩,身体甚弱,后服清导丸数剂诸症悉愈,精神愉快,真良药也。"

清导丸各药方均有出售,或直向上海江西路六十号韦廉士药局函购。①

图 4.1　《申报》上刊登的"切勿自杀"广告

资料来源:《切勿自杀》,《申报》1930 年 9 月 22 日,第 8 版。

上述一则商品广告(见图 4.1)实际上是推销治疗便秘的药物清导丸,但是无论从广告的设计还是广告宣传的内容,首先引起我们注意的是"切勿自杀"的字眼以及警察拦截投河女子的图片。这是一种非常巧妙的设计,它将商品同社会时事建立了联系,在这则广告中,商家将当时社会非常关注的自杀问题写进了广告,先是将便秘的危害等同于自杀,然后通过演示社会对自杀的认知——"自杀是志气薄弱的行为,有知识有勇气者不会的",以及防范行动,如特别描绘了一幅警察阻止自杀者投河的图画(此举正是上海市政部门救济自杀时采取的措施之一),顺势推出自己的产品清导丸有助于治疗便秘这样的"自杀"。因此,广告中的标题"切勿自杀"所隐含的题旨其实是"切勿便秘"。

这则商品广告本质上是为了宣传商品,却在宣传策略上将其包装成以反对自杀为主题。这种联系看似没有多少根据,但有助于宣传商品,因为它让大众在关

① "切勿自杀",《申报》1930 年 9 月 22 日,第 8 版。

注社会时事的同时了解了商品，由此也带来另一种积极作用，即在一定程度上表达了反自杀的主题。一方面可以说商家在商业活动中，利用反对自杀的社会舆论包装自己的产品，另一方面也可以说成反对自杀的声音通过被包装的产品得到更广泛的传播。广告营销非常善于使用这种宣传策略，这也是自杀防控思想在城市商业活动中的一种渗透，并非只是上述一家广告策划时的一种特例。

（一）营销商品与借用反自杀舆论

大多数广告都有图文并存的设计，作为历史的遗留和记录，其所描述的内容可以成为解读历史的重要证据。彼德·伯克在《图像证史》中说："图像所提供的有关过去的证词有真正的价值，可以与文字档案提供的证词相互补充和印证。"①虽然"图像证史"并非"图像即史"，图像本身没有文字那么直接明确的表述，想象的成分让其具有模糊性和不确定性，但它的价值恰恰是文本证史的补充。从"图像证史"的视角分析广告，在大量的图像内容和文字说明背后，充斥着包罗万象的内容，这对于解读历史无疑大有帮助。纵观 1927—1937 年间报刊上大量宣传产品的广告，出现了反对自杀的话语，就像本节一开始时所引用的那则广告案例一样，很多广告借着反对自杀的舆论宣传商品，其常用手段除了直接引用反对自杀的话语，还包括推出能够治病救人预防自杀的商品和服务，以及大量传播现代自杀学知识的商品。通过解读这些广告，可以发现它们正是社会自杀问题严重的一种体现，也是社会舆论反对自杀声音的一种表达形式，尽管其最终目的是营销商品。

媒体在引导反对自杀的社会舆论时主要集中在两个方面：自杀现象的严重形势和如何救济自杀。虽说广告尤其是商品服务类广告的主要功用是参与商业活动，但其本质上仍属于大众传媒，会不自觉地参与社会舆论的建构过程，更何况商业活动和舆论宣传之间并不存在非此即彼的矛盾。当时报刊上的广告，也从上述两个方面参与建构了反对自杀的社会舆论。广告的出发点是认识到社会上严峻的自杀形势，并将这种认识编辑到产品的宣传语中，凭借媒体的传播和产品的使用扩大公众对自杀防范的关注。上海经历过 1928 年夏季投浦自杀潮之后，自杀现象在一段时间内一直为社会舆论所关注，甚至一些商家会在宣传商品时刻意借助自杀流行的社会舆论。

除了上文提到的"切勿自杀"广告，早在 1928 年韦廉士医生药局还投放过一

---

① 彼德·伯克：《图像证史》，杨豫译，北京：北京大学出版社，2008 年，第 265 页。

则题为"变相之自杀"的广告（见图 4.2）。韦廉士医生
药局在当时市面上有一种非常热销的外国药，是一种
治疗便秘的"清导丸"。"清导丸"的成功除了药效作
用，还要得益于广告宣传。其广告设计文图兼具，新颖
别致，这种创新要归功于两点：一是重视患者的体验，
时常在广告中刊登患者反馈的疗效；二是重视把握社
会热点，舆论所关心的内容都可以成为广告素材。韦
廉士医生药局的"清导丸"在报刊上发布的广告，非常
明确地体现了上述两点，尤其是在广告内容上借助反
自杀的舆论这一点。虽然关于第一点创新，商家在广告
中选择刊登患者的疗效反馈不排除杜撰的可能，然而能
够重视病患的诉求，无论对于产品宣传还是满足人们健
康生活的希望，都有积极影响。关于第二点创新，是广告
策略的核心内容，也是其能否达到宣传效果的关键。由
于该广告的设计是在自杀问题和疾病之间建立联系，以
此让公众产生疾病危害等同于自杀的想象，所以商家在
介绍产品之前采取的表达策略是描述上海自杀问题的严
重程度，"近来自杀惨闻时萦耳鼓，某也投江，某也服毒，
大有层出不穷之概"。

图 4.2 广告"变相之自杀"

资料来源：《变相之自杀》，
《上海漫画》1928 年第 35 期。

按照产品的惯用营销逻辑，韦廉士医生药局在设
计广告时从反自杀的舆论导向出发，因为便秘蕴毒危
及人的健康，如同"变相之自杀"，现实的"有形"自杀未必会发生在每个人身上，
但便秘这样变相的"自杀"却可能发生在每个人身上。救济自杀首先需要社会正
确地看待自杀，反对自杀行为显得尤为必要，那么治疗便秘也如同救济自杀，需
要找到治疗的药物，对症下药才行，于是商家推出的产品呼之欲出，"你因便闭受
毒速服清导丸"。公众越关注自杀问题，与自杀问题一并提出的商品也越会引人
注意，进而为商品开辟广阔的传播和销售渠道。而且，广告通过舆论反对自杀和
药物治疗疾病之间的关联，借助广告营销这一商业活动，向公众述说了反对自杀
的必要性以及救济自杀的途径。

一则推销便秘药的商业广告竟然包含如此多的信息，正是现代城市经济发
展的结果。

韦廉士医生药局在广告营销时利用社会舆论关注的自杀问题，在广告宣传

的同时参与建构反对自杀的社会舆论，然而这并不是一家之举，而是当时此类广告的常用模式。

无独有偶，中法大药房自己研发的一种安神健脑药"艾罗补脑汁"在上海市场取得了巨大利润，为民族制药业的发展做出了贡献。"艾罗补脑汁"的成功要归功于恰当的广告营销策略，以其刊布的一条"不自杀"的广告为例，1928 年下半年当自杀问题困扰沪上之时，"艾罗补脑汁"结合自身产品具有安神补脑的效果，把补脑与不自杀联系起来，"神经衰弱，易于刺激，一受冲动，遽萌短见。倘脑力强健，脑细胞充分，不畏难，不惧险，能忍耐，能自苦，便能放下屠刀，立地成佛"！① 从韦廉士医生药局"清导丸"的广告"切勿自杀"，到中法大药房"艾罗补脑汁"的广告"不自杀"，不约而同地借助自杀现象为产品推广做文章，既贴合了社会舆论对自杀事件的关注，又在营销中强化了社会舆论对自杀的否定。

广告借用自杀问题宣传的产品不限于有形的商品，还包括电影、戏剧等文化产品。同实物商品的广告策略相似，文化产品的广告也是从商品的特点出发，寻找其与自杀问题之间的关联，在广告措辞的使用和表达方式上或描述自杀问题的严重性，或直接陈述对救济自杀的看法。光华大戏院甚至在宣传电影时打出"防自杀"的广告：本片(滑稽电影《写意犯人》)特别功能"治百病""防自杀""忌哮喘"，"有难言之痛而不愿活者，来院一观，明了苦中求乐之方法，不但不死，反要替他写意，解决自己困难"。②

1935 年 3 月阮玲玉服毒自杀后，引起上海舆论的震惊，自杀在一段时间内成为公众热议的话题，一些商家适时把握时机，宣传营销产品。爱多亚路(今延安东路)433 号大世界东侧的荣记共舞台是 20 世纪 30 年代沪上四大京剧舞台之一，推出京剧《新封神榜》时所打出的广告，正是借助了舆论对自杀问题的热烈讨论。荣记共舞台在广告中使用的依然是商家擅长的策略，先用引人注意的标题"自杀！不是人生出路"来表达立场。然后陈明自杀现状，"我们翻开报纸本埠新闻来看，每天总有几起自杀案件"，并特别指出"案中主角，有一大半是二十余岁的青年"，而且在自杀的动机和方法上特点鲜明，"千篇一律的借旅馆自杀"。最后在广告中把开演京剧《新封神榜》的必要性，与自杀问题的讨论联系起来。荣记共舞台认为"当然不会有丧心病狂的人去提倡自杀，但是艺术界在他们的出品中，有意无意地给观众一种自杀的暗示，却不能说绝对没有"，因此他们从社会

---

① 《不自杀》，《申报》1928 年 9 月 11 日，第 9 版。
② 《光华大戏院今天开映世界著名滑稽巨片〈写意犯人〉》，《申报》1932 年 4 月 28 日，《申报本埠增刊》第 3 版。

舆论的责任出发，强调"上海自杀风气的盛行，艺术界不能不负一部分责任。服毒的男女青年，日益增多，有心人皆认为上海社会的绝大危机，非急起纠正不可"。① 荣记共舞台所谓的纠正方式就是他们新编排的京剧《新封神榜》，《新封神榜》针对自杀者大多是青年的情况，希望能"大声疾呼唤醒青年迷梦，须努力征服环境，勿作弱者的消极行为，自杀绝不是人生的出路"。荣记共舞台在一则广告中，把社会热议的自杀新闻同京戏演出信息一并发布，并通过广告话语宣传新戏，广告词中"新排讽刺社会、寓意深远、思想微妙、寓言新戏"和"极深刻的理论，用极诙谐的语调出之，此在京戏中尚属创举"等介绍，更是吊足了观众的胃口。

一部根据神话传说改编的京戏，在开演前做宣传时，主动营造有利于纠正自杀的社会氛围。这表明广告虽然没有脱离逐利，但被包装后的主题仍有值得肯定之处。它不仅呼吁社会对自杀问题的关注和重视，还从救济自杀的角度提出了一些正确建议，如肯定舆论负有救济自杀的责任，支持艺术界摒弃易产生自杀暗示的创作等，这些是广告营销的积极影响。

（二）自杀防控与传播救治信息

报刊中的广告还有一些是为了宣传能够直接救治自杀者或间接预防自杀的商品和服务，这些商品和服务对于自杀救济的影响极大，从对自杀未遂者的直接救治，到事先阻断导致自杀的危险因素，达到间接预防自杀的效果，再到普及现代自杀科学知识，涉及面甚广。而广告作为营销商品和防控自杀之间的关键环节，既满足了商业逐利的本质，又可以使公众直接获得救治自杀者的渠道。

前文讲过服毒是上海最普遍的自杀方式之一，一些医院、医生和制药企业把救治服毒、自缢、溺水等信息列在广告中，让他们的服务被公众周知。如女医师陈志方在《申报》上宣传自己的德医诊所专医"肺痨、咯血、吐血、气喘血亏、胃肠病、服毒急救、戒烟等"，门诊或出诊皆可，通过广告让人知晓其采用了"德国最新疗法，奏效迅速，幸病家注意焉"。② 对于服毒者来说，能够得到及时的抢救非常关键，民间土法只能紧急处断，要想得到专业的现代医疗救助，必须尽快送往医院实施急救。像陈志方的诊所这样将医疗信息刊登到报刊上，提供了救治的

---

① 《新排讽刺社会寓意深远思想微妙寓言新戏〈新封神榜〉》，《申报》1935 年 5 月 7 日，第 21 版。
② 《德医陈志方女医师》，《申报》1927 年 11 月 27 日，第 19 版。

信息。

一些制药企业还会发布药剂广告，如上海北四川路（今四川北路）粤东利济轩支店推出的扶危救命丹，主治"跌打重伤，甚至伤及筋络，医痛积瘀，或自缢溺水"。这一药物自许"虽至气绝牙关紧闭，尤能见效。在粤救活多人，勿轻视之"，虽然有夸张的成分，但是也给自缢和溺水者带来了希望。

广告中的商品和服务除了能够提供救治信息，还包括一些预防自杀的信息。如华安大药房在《申报》上做广告的"四川疗肺草"是一种专治肺痨的药，广告中说肺痨症"传染最速，药石难治。传得此症后，亲友速而避之，感情因之疏远。自身遭受痛苦，万事力不从心。因而抱悲观主义，自杀其身者，比比皆然"。恶性疾病有可能导致自杀，这类广告通过药品治病，将自杀的疾病因素排除，实现预防自杀的效果。

此外，一些涉及自杀问题的书刊多从相对科学的角度传播现代科学知识或解释自杀现象，丰富人们对自杀的认识，达到预防自杀的效果。自杀问题高发之时，往往会引起社会舆论的关注，更有介绍宣传现代自杀知识的读物。如果时人想了解上海 1928 年夏季投浦风潮的情况，则可以购买 1928 年第十期的《上海漫画》，里面的大部分书稿是描写投浦风潮的，"凡投浦之多方面的关系，观察无遗。如少飞之《报馆记者的自杀》，雪鸠之《一九二八年的新死法》，光宇之《黄浦江畔之徘徊》，沙戈予之《自杀的种种》"。《上海漫画》不由感慨"可见社会对于此事之注意矣"。① 1928 年 8 月 19 日，创刊不及两个月的卫生小报《幸福报》专门收录了几篇将自杀作为社会问题的文章。② 这些读物成为时人了解自杀问题的窗口，也为时人树立正确科学的自杀观提供了参考。

(三) 广告中的典型自杀案例讨论

商家越关注社会舆论，越能找到有利于产品营销的素材。前文所呈现的一些广告案例，先从关注自杀问题的严重程度入手，再到结合产品提出救济自杀的想法，这种模式无一不是对产品宣传和观念传递的融合。如果社会舆论对一些典型的自杀现象进行热烈的讨论，那么商家自然不会错过借机宣传产品的机会。尤其在九一八事变之后，社会舆论对自杀殉国的讨论十分热烈，很多广告商在产品营销中加入了对国难中自杀者的评述。

---

① 《〈上海漫画〉十七期今日出版》，《申报》1928 年 8 月 11 日，第 15 版。
② 《〈幸福报〉本报要目》，《申报》1928 年 8 月 19 日，第 3 版。

九一八事变后，忧国自杀事件层出不穷，商家从宣传商品的角度表达对自杀问题的看法以及救济自杀的良策。在国难背景之下，商家加强了对自杀的否定。联华影业公司的新片《除夕》上映前的广告中，介绍完演职人员后，首先说的是如何解决自杀问题，并引用孟子的话"可以死，可以勿死，死伤勇"，来阐明"自杀只是懦夫"。这则广告为何要如此设计？这是由于《除夕》作为左翼电影，其主题包含对社会矛盾的曝光与争取斗争的渴望，而自杀是对这种渴望的否定，尤其在国难频仍，社会矛盾尖锐的环境中，广告的话语策略更是加强对自杀的否定，才会说"自杀便不能抵抗，不抵抗便会亡国，故自杀是国家的罪人"。①

九一八事变后，荣记大舞台在宣传新戏时就认为"自杀是最卑怯的行为"，报纸上的自杀新闻越来越多，是因为"现在的人往往不肯和环境奋斗"，尤其是"近来为国事自裁的人也很多，这种人虽然可敬，但是他以为自己一死，便可以把救国的责任卸到别人身上去了，未免是一种畏难心理的表现，真是不可为训。"荣记大舞台的广告不仅体现了社会舆论对自杀的否定，而且还进一步立足商品本身，把自杀救济同新剧的开演联系起来，指出自身力量太小，为了纠正"此误心理"，"只得借戏剧来感化他们"。② 1934 年国货年运动期间，有的国货商家便将国难精神同国货宣传相结合，在鼓励用国货寄托爱国热情的同时，肯定真正的救国路径。南京路上的中国内衣公司在广告中否定了自杀救国的行为，认为"悲念国难，而欲以自杀激起国人救国，毫无实效"，呼吁人们"以自杀的精神，联合猛进"，并在最后指出专用国货，也是"复兴国家之一法"。广告虽然肯定了自杀行为背后努力救国的精神，但明确表达了否定自杀行为的态度，与其自杀，倒不如选择使用国货来救国，这正是广告正面引导反自杀观念的价值所在。

二、讲述自杀故事：从产品宣传到启事辟谣

（一）商品广告与自杀故事的讲述

为了达到宣传产品的目的，有效的广告策略是全程关注热点自杀事件，并对自杀事件进行分析，找到能够"借题发挥"的关键信息。商品广告使用讲述自杀者故事的策略，最终目的是宣传商品，增加利润，这种将自杀问题包装进商品宣传中的做法在当时很普遍，也间接反映了自杀问题是一种足以困扰时人健康发

---

① 《北京大戏院今天开映〈除夕〉》，《申报》1933 年 5 月 16 日，第 28 版。
② 《荣记大舞台新编武侠侦探哀情好戏四本施公案（预告四）》，《申报》1931 年 10 月 26 日，第 19 版。

展的身体病态和社会病态的双重难题。

药品广告最常借助自杀故事宣传商品，面对那些因为难以忍受病魔纠缠，而走向自杀的患者，制药企业和药店在宣传药品时抓住这些事件，通过广告扩散公众对于疾病的认识，正是由于自杀的极端危害性和其对同类病患者的冲击，才使得药品的宣传效果达到最大化。

1936 年 2 月 21 日，南京籍商人戴师钟在上海月宾旅馆服毒自杀的社会新闻同时出现在《申报》的本地新闻和广告栏内。据新闻所载，他的自杀是因患白浊病，久治不愈，影响婚姻，恨而自杀。新闻中披露的遗书，还涉及医患问题，病被南京辅云诊疗所医生耽误医治，致历久不愈，请南京马市长、卫生署刘署长下令取缔，以免祸害同病者。①

而药品广告对戴师钟的自杀新闻进行了更加详细的讲述。从茶房如何发现旅客自杀身死细节，到捕房调查详情，再到三封遗书的披露，"一封是给他的母亲的，大意说自己因为交友不慎，涉足花丛，染有白浊，医治不好，痛苦万分，因此服毒自尽，叫他母亲不要悲伤；一封是写给他的胞兄师铎和弟师锦的，劝告不要荒唐，和敬养老母；另一封是恳求南京市市长马超俊，卫生署署长刘瑞恒，查办'辅云诊所'的医生，说自己生了白浊受广告的引诱，到那个诊疗所去打针医治，而那里的医生却是某医校的练习生，结果不能将他医好。"最后，法捕房和特区第二法院的处理情况都出现在这则药品广告中。这则广告在讲述完戴师钟因白浊病自杀的故事后，转向分析疾病，"白浊初起，治疗失当，必致酿成老白浊，终身受累无穷，故患白浊者，对于选医择药，必须慎之又慎，严加鉴别，以免贻误性命。"最终切入正题，即药品的推介，"如服世界最驰名之德国白浊专药'梅浊克星'方为千妥万当之唯一标准疗法"，"盖德国梅浊克星，独具透膜杀菌之强大药力，擅治新久五淋白浊，确有彻底治疗永远断根之特效，为全球名医所公认。身患白浊者，请勿因循自误，彷徨歧途，速即向各药房购服梅浊克星，必获满意之效果也。"②

广告借讲述戴师钟自杀的故事宣传德国白浊专药"梅浊克星"，这种宣传策略是已往广告营销常用的手段，然而这则广告在提供治病渠道的同时，也向人们展现了广告可能存在虚假宣传的风险。戴师钟的自杀故事中就提及自己"受广

---

① 《患白浊病不愈 少年怨恨自杀 遗书与未婚妻解的 并述被医生所耽误》，《申报》1936 年 2 月 21 日，第 13 版。
② 《京籍旅客来沪辟室 白浊不治自杀 遗书三封 致母忏悔致弟劝告 致马超俊请求查办不良诊所》，《申报》1936 年 2 月 21 日，第 9 版。

告的引诱，到那个诊疗所去打针医治"，导致延误了治疗。但是谁又能保证"梅浊克星"如其广告所言，能彻底治疗梅浊呢？不过，对于病入膏肓的患者来说，但凡能够实现吃药治病，在条件允许的情况下也是愿意一试的，这就给药品广告使用自杀事件宣传产品提供了有利条件，所以，讲述自杀故事归根到底只是商品广告宣传的策略罢了。

上述药品广告所要宣传的产品都与人们日常生活中极易遭遇的生活事件相关，这些生活事件导致了自杀悲剧的发生，广告把自杀事件当成营销中的关键点，人们对自杀的认识越深刻，其对产品或者服务的期许就会越大，最终实现利润的最大化。商家不仅越来越重视商品的宣传，而且营销手段和方法也越来越多样化，时事新闻、社会舆论关注的热点问题，哪怕是反映社会病态现象的自杀问题，都被加工成商品广告宣传的素材，商业领域的这些变化适应了上海城市现代化发展的需要，促进了上海经济的发展。

（二）自杀事件的商业化消费

商家进行广告营销时借用反自杀的社会舆论，对于自杀防控观念的传播起到了积极的作用。然而，商业广告也包含另外一些内容，即只为刺激消费，牟取暴利，而不在乎广告宣传的价值导向。这部分广告在城市消费文化背景之下异常兴盛，一切能带来商业利润的东西都能通过广告告知天下。商业广告疯狂的逐利本质和消费至上的价值取向经由报刊等媒介的传播而扩散，无疑会对受众的生活方式、行为和态度，乃至价值观产生一些不良影响。以广告中的自杀事件为例，一些引起公众广泛关注的自杀事件往往会衍生出一系列商品，从话剧剧本、图书到电影，乃至日常生活物件等不一而足。公众表面上消费了商品，实际上消费的是自杀事件，连同自杀者的悲剧故事一同淹没在消费文化的狂欢之中。商业广告在这种消费社会语境中显然模糊了病态与健康、善恶同美丑的界限，很容易沉醉于曾经为之狂欢的消费体验中，甚至重蹈自杀者的覆辙，演变为自杀流行之势。

20 世纪二三十年代的上海，媒体广告中有一部分以自杀事件为对象，推销相关的产品。这些引起公众兴趣的自杀事件，无论是普通女青年，还是电影明星，只要她们的自杀足够有噱头，能够吸引公众的目光，都能成为商家营利的工具。从 1928 年 3 月马振华投江自杀到 1935 年 3 月阮玲玉服毒自杀，期间发生的类似震动上海乃至全国的自杀事件，都能成为各类商家开发新产品的素材，如自杀事件被改编成话剧、电影等，最终促进商业的繁荣。

新剧是现代话剧的早期形式，初期习惯上被称为文明戏。20 世纪初上海的游乐场、戏院里就一直有新剧上演，尤其在游乐场里，一些比较有名的剧社也时常上演文明新剧。到了 20 世纪二三十年代，新剧在上海的戏剧舞台上依然非常活跃，只是在电影、传统京戏和现代话剧的冲击下，这些文明戏已退出戏院，进入游乐场中与地方小戏一起演出。① 由于游乐场或者剧场里上演的新剧，需要面向普通大众，剧目的题材和内容需具有通俗性和娱乐性，才能满足普通观众的文化娱乐需求。以言情、古装、真实事件为选题来源的新剧因为通俗直白，受到民众欢迎。尤其是一些根据真事改编的新剧，因为贴近市民生活，与观众身边的社会现实也非常接近，成为各大游乐场、剧院热衷的剧目。与此同时，市民的休闲娱乐生活日益丰富，伴随着沪上电影业的繁荣，看电影成为市民新潮和时尚的生活方式，也让商家看到了利润所在。和新剧热衷改编社会真实事件一样，影片公司也非常注重拍摄这类题材的电影。无论是新剧还是电影，都是为了追逐更大的商业利润，既然普通观众乐于观赏通俗娱乐类的剧目，那么要想刺激观众的消费，以这些题材为内容的剧目便会出现创作高潮。这是轰动性的社会事件发生后，那些取材于社会实事的剧目，在短时间内大量公映的原因。

1928 年 3 月马振华自杀事件被媒体公布以后，沪上各大游乐场、电影院、舞台剧院等纷纷将马振华自杀事件改编成各种话剧和电影。② 各家剧院在《申报》《民国日报》等报纸上发布了剧目广告，报纸为了赚取广告费也乐意刊登这些剧院的演出信息（见表 4.1）。

表 4.1　马振华自杀案题材剧目演出信息表

剧院名称	剧院地址	剧目名称	演职人员	广告刊登日期	天数
神仙世界男女新剧社	四马路神仙世界游乐场内	《马振华女士自尽记》新剧/《马振华自尽记》	叶文英、罗笑倩、缪秋声、刘涤华、马恨情、张桂笙	3 月 24—31 日 4 月 1—29 日 5 月 2—13 日 6 月 2—7 日 7 月 22—24 日	59

---

① 姜进：《二十世纪上海报刊娱乐版广告资料长编（1907—1966）》第二卷，上海：上海文化出版社，2015 年，第 13 页。

② 这些剧目多根据马振华自杀案的新闻调查搜集整理而成，有《马振华哀史》（上海：群友出版社，1928 年）、金雄白的《马振华女士自杀记》（上海：社会新闻社，1928 年）、张碧梧的《马振华哀史》（上海：华合出版社，1928 年）等。

续　表

剧院名称	剧院地址	剧目名称	演职人员	广告刊登日期	天数
新新花园钟社男女新剧社	大马路新新公司屋顶花园	《马振华女士投江》新剧	夏天人、张大公、宋痴僧、秦哈哈	3月24—31日 4月1—17日 5月14—16日	29
永安公司天韵楼柳社新剧场	大马路永安公司屋顶花园	《马振华哀史》新剧	徐寒梅	3月29—31日 4月1—15日 7月10—13日	23
先施乐园易社乾坤新剧社	大马路浙江路口先施公司屋顶乐园	《马振华投江记》新剧/《马振华》	王君	3月30日 4月1—18日 5月25—27日	23
小世界爱华社	新北门内福佑路	《马振华投江》新剧	/	4月10—30日 5月1—7日 8月1日,4—6日	33
笑舞台罗汉剧社	广西路汕头路口中央	《马振华女士投江记》新剧	李萍倩导演	4月14—29日 5月19—22日,30日 6月13日	22
大世界尚乐社男女新剧场	爱多亚路即西新桥塊	《马振华》/《马振华投江记》新剧	王君达	4月23—27日 5月3—5日	8
中央大戏院	北海路云南路	《马振华女士投江记》新剧	郑正秋、蝴蝶	5月13—16日	4
		《汪世昌之死》独角舞台剧	孙师毅编,外籍天主演	5月13日,15—19日	6
		《马振华》影片	朱瘦菊、王元龙导演,周文珠、王次龙主演	4月26日 5月13日 15—19日	7
新中央戏院	虹口北四川路海宁路	《马振华》影片	朱瘦菊、王元龙导演,周文珠、王次龙主演	5月20—22日	3
		《汪世昌之死》独角舞台剧	孙师毅编,外籍天主演	5月20—22日	3
卡德大戏院	新闸路卡德路口	《马振华》影片	朱瘦菊、王元龙导演,周文珠、王次龙主演	6月6—9日	4

续　表

剧院名称	剧院地址	剧目名称	演职人员	广告刊登日期	天数
恩派亚戏院	八仙桥霞飞路八十一号	《马振华》影片	朱瘦菊、王元龙导演,周文珠、王次龙主演	6 月 3—5 日	3
万国大戏院	虹口庄源大口	《马振华》影片	朱瘦菊、王元龙导演,周文珠、王次龙主演	6 月 10—12 日	3
世界大戏院	闸北宝兴路青云路	《马振华》影片	朱瘦菊、王元龙导演,周文珠、王次龙主演	6 月 17—19 日	3
中华大戏院	三洋迳桥吉祥街	《马振华》影片	朱瘦菊、王元龙导演,周文珠、王次龙主演	6 月 20—23 日	4
奥飞姆大戏院	曹家渡五角场	《马振华》影片	朱瘦菊、王元龙导演,周文珠、王次龙主演	6 月 24—27 日	4
中山大戏院	四卡子桥下梧州路口	《马振华》影片	朱瘦菊、王元龙导演,周文珠、王次龙主演	6 月 28—30 日	4
闸北大戏院	新闸桥北蒙古路	《马振华》影片	朱瘦菊、王元龙导演,周文珠、王次龙主演	7 月 12—14 日	3
城南通俗影戏院	大东门南小南门北	《马振华》影片	朱瘦菊、王元龙导演,周文珠、王次龙主演	7 月 20—22 日	3

注：笔者据《申报》1928 年 3 月至 7 月马振华自杀题材剧目广告信息整理。

　　轰动性的社会实事新闻是游乐场、剧院编辑新剧的选题来源,由表 4.1 可知,马振华自杀事件发生后,沪上各大著名的游乐场及其内设的剧场分别上演以马振华自杀案为题材的新剧,并打出了"本地实事悲情惨剧"之类的广告。在神仙世界男女新剧社上演《马振华女士自尽记》的同时,新新公司、永安公司、先施公司等三家著名的百货公司也都在各自的屋顶花园剧场内推出了相关题材的新剧,而且永安公司天韵楼柳社一直演到 7 月中旬。此外,小世界爱华社编演的新剧《马振华投江》和笑舞台罗汉剧社上演的《马振华女士投江记》也都持续打了近一个月的广告,小世界爱华社甚至到 8 月初还在《申报》中预告新剧。这些剧场在《申报》上投放新剧相关广告的时间，大多集中在马振华自杀案被曝光后一周到4月中旬之间。4月下旬，《申报》有关马振华自杀题材的广告骤减，一方面是因为该剧热度降低，另一方面是因为新形式的电影创作。5月至7月，中央大戏院、卡德大戏院、恩派亚大戏院、万国大戏院、世界大戏院、中华大戏院、奥飞姆大戏院、中山大戏院、闸北大戏院、城南通俗影戏院等影院开始陆续放映由大中华百合公司出品，朱瘦菊、王元龙导演，周文珠、王次龙主演的影片《马振华》。该影片流传很广，到11月10日《申报》上还有爱普庐影戏院上映该片的预告，梵王宫影戏院到1929年12月20日尚有该影片上映的广告。

　　马振华自杀案被剧场或影片公司改编成新剧、舞台剧和电影，成为普通大众休闲娱乐的商品。为了增加商品的卖点，商家又在刊登的演出广告中附加诸多优惠信息。神仙世界游乐场在广告中列出了"门票每位大洋一角""各场参观不另取资"，这在当时的上海是比较低廉的票价，因此可以吸引大量的劳工群众前往观剧，而且广告中还使用"场内招待一律女子"的噱头，使得顾客趋之若鹜。其他一些剧院、电影院为了吸引更多的观众前去观看也采取了各种手段，如中央大戏院在排演新剧《马振华女士投江记》时邀请当红影星郑正秋、蝴蝶等出演男女主角（见图4.3）；小世界爱华社经过详细调查，补充了报纸报道的遗漏，从而在广告中以独家新闻自居招揽观众（见图4.4），此外剧场还在每日戏目广告中宣传"随票赠送红梅牌香烟一包"，一连赠送了15天。① 实际上，剧场互相效仿购票赠送香烟的优惠措施，先施乐园游乐场在宣传新剧《马振华投江记》的广告中打出"中国昌兴烟草公司赠送三天，随票赠送顶上香烟一

图4.3　中央大戏院《马振华女士投江记》演出预告

资料来源：《申报》1928年5月14日，"本埠增刊"。

_____

① 《申报》1928年4月10日—25日，《申报本埠增刊》第3版。

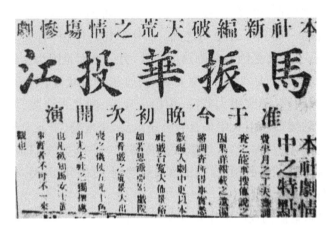

图 4.4　小世界爱华社新剧《马振华投江》演出预告
资料来源：《申报》1928 年 4 月 11 日，"本埠增刊"。

包，诸君快来一尝"。①

在商业广告的助推下，市民大众走进剧场、影院观看新剧和电影，使得马振华自杀案成了上海里弄间老少咸知、家喻户晓的事件，从而引起了民众对自杀事件的注意。

马振华这样普通女性的自杀，尚且引起商家的关注，更不用说那些自杀的女明星了。女明星在银幕上的光鲜形象会引来公众对其现实生活的极大兴趣，一旦她们自杀，她们自杀的社会新闻连同生前作品都成为普通市民的谈资。1930年 4 月，国产影片《故都春梦》的宣传广告中不仅介绍了导演孙瑜，女主角阮玲玉、林楚楚等，而且特请观众注意"最近暄腾沪滨为情服毒而死之歌女骆慧珠在此片饰一名妓"，并着重强调影片五大特色之一是"骆女士自行报效在剧中饰一名妓，表演多有可取，其服毒夜之日，适将其所担任者拍完，意者欲留此影以供世界凭吊乎"。② 这则广告提及了歌女骆慧珠的自杀新闻，意欲用她生前参演的影片缅怀她，这种广告策略在凭吊自杀者的同时，起到了宣传影片的效果。1934年 2 月，电影女明星艾霞自杀后也出现了同样的情况。她生前编剧和主演的代表作《现代一女性》再次被商家展映。蓬莱大戏院(今学前街 111 号)在 3 月 1 日的放映广告中表示分别在下午 2 时、4 时、6 时半、8 时半放映四场艾霞的遗作

---

① 《先施乐园易社乾坤新剧戏目　今晚准演〈马振华女士投江记〉》，《申报》1928 年 4 月 4 日，《申报本埠增刊》第 3 版。
② 《〈故都春梦〉五大特色》，《申报》1930 年 4 月 12 日，《申报本埠增刊》第 8 版。

《现代一女性》。①

　　而 1935 年 3 月 8 日阮玲玉的自杀，也刺激了沪上主要剧场、电影院和影片公司的生产欲望。大世界游乐场大众话剧社从 3 月 14 日夜开始演出新剧《阮玲玉自杀》，剧社自言"本社人才济济，为全国话剧冠，欲观写实新剧，请到大世界来"。② 剧院强调了新剧的写实意义，目的是招揽顾客观看新剧《阮玲玉自杀》。荣记共舞台在阮玲玉自杀三天后就开始预告即将上演新戏《玲玉香消记》，③到了 4 月 3 日新戏开始日夜演出两场，而且在戏中还加映了阮玲玉主演的电影。荣记共舞台为观众呈现了一出新剧和一部阮玲玉生前主演的电影，剧场在宣传新剧《玲玉香消记》时怀着"纪念一代艺人"的初衷，称"自杀风气断不可长，本剧唤醒女界迷梦，暴露社会罪恶"，同时把阮生前主演的代表作品看作"堪为纪念阮女士之无价之宝"。中央大戏院在阮玲玉自杀后开映由其主演的影片《新女性》，还有广告中表达了影片的愿景，"纠正妇女之厌世观念，并反对其自杀行为"。④

　　自杀题材的话剧和电影是商家的一种商品形式，而图书、纪念品等，则是另一种包装形式。马振华自杀后，除了报刊的新闻报道和评论文章外，市面上还出现了几种小册子，深度还原了马振华自杀事件的来龙去脉。上海三友图书公司出版的《马振华哀史》售价大洋二角，⑤只相当于一场文明戏的票价。社会新闻社也再版了《马振华女士自杀记》。阮玲玉自杀后，曼丽书局出版了精装本的《阮玲玉自杀记》，不仅有阮玲玉自杀的详情，而且有遗书和照片。⑥ 上海虹口塘山路（今唐山路）东南社准备了一万张《阮玲玉女士殉情遗像》，只要付邮二分即可获得一张。⑦ 这种方式有效扩大了这类产品的销售和传播。

　　广告商家在此过程中获得了利润，也给市民的文化生活留下了值得深思的自杀主题，传递着反自杀的社会思想。

（三）自杀事件中的启事辟谣作用

　　自杀事件被媒体曝光后，如何尽力呈现自杀事件中的真实信息，是各方努力

---

　　① 《蓬莱大戏院 艾霞自杀遗作〈现代一女性〉》，《申报》1934 年 3 月 1 日，第 28 版。

　　② 《大众话剧社张怀玉手编上海影坛最近实事新剧〈阮玲玉自杀〉准于十四日夜开演》，《申报》1935 年 3 月 13 日，第 18 版。

　　③ 《荣记共舞台 新排霹雳一声震动社会 上海银坛实事 最近发生恋爱悲剧〈玲玉香消记〉》，《申报》1935 年 3 月 11 日，第 27 版。

　　④ 《中央大戏院 今天特映 阮玲玉女士主演〈新女性〉》，《申报》1935 年 3 月 16 日，第 37 版。

　　⑤ 《〈马振华哀史〉今日出版》，《申报》1928 年 3 月 26 日，第 13 版。

　　⑥ 《阮玲玉自杀记今日出版》，《申报》1935 年 3 月 19 日，第 14 版。

　　⑦ 《赠阮玲玉女士殉情遗像一万张》，《申报》1935 年 3 月 19 日，第 14 版。

追求的目标。媒体为了向公众披露具有社会新闻价值的自杀事件，首先需要通过采访调查，获得尽可能全面真实的信息。自杀事件相关当事人不仅包括自杀者的亲朋好友、知情者，还包括留下遗言的自杀者本人以及自杀未遂者，他们是第一信息源。普通民众作为单纯的受众，他们在接受媒体信息的同时，也间接接受了自杀事件相关当事人所表达的内容。然而，新闻信息的传播，并非单向的直线过程，一旦存在不实的信息，需要当事人、媒体和民众之间进行有效的互动，而最直接有效的方式是启事。

启事主要指相关责任人为了公开说明某事而刊登在报刊上的文字。民国时期的报刊有大量与自杀事件有关的启事，这类启事除了能够补充新闻忽略的信息，还可以纠正自杀事件中的谣传信息。迥异于商品广告的宣传方式，启事成为另一种传播信息的方式，从而实现正确价值观的引导。

首先，启事对自杀事件的说明能够补充自杀新闻。启事试图通过媒介把相关责任人想让外界知悉的事情公开传递出去，虽然这类启事涉及的内容庞杂，寻人、寻尸、离异声明、退股通告等不一而足，但是因为启事强调了自杀事件的相关信息，于是启事的直接对象、企图自杀者和其他普通市民需要了解的信息，或者公众希望得到的信息，都随着事件的公开而得到传播。

对于启事的直接对象，自杀是启事在声明某事时强调的要点，并且希望引起这些对象的重视。1929 年 12 月 21 日，陈炳树的外婆刘氏在《申报》上发了一条启事《陈炳树外孙览》，刘氏希望外孙了解的信息是"自汝出走后，汝母日夜向汝父吵闹，现汝父走投无路，将要寻死，汝心忍否。见报之后速即回到我家，或先通函住处，如有万分为难之事，均由外婆担当调排，决无苦吃，幸勿再误，至要"。[①]在这条启事中，陈炳树的父亲未必真的要自杀，其外婆刘氏为了让离家出走的陈炳树回家，把其父意图自杀的信息，以寻人启事的方式传播出去，用家庭成员中可能存在的自杀风险"警告"子女，希望子女看到启事后能回心转意。这种手段能够间接修复家庭关系，也是现代传媒对普通民众日常生活产生积极影响的表现之一。

对于企图自杀者而言，启事公开表达了反对自杀的观点，通过社会舆论的劝诫和教育功能，为挽救企图自杀者提供了新的途径。20 岁的张树林留信离家后，有轻生之意。亲友连续两天刊登启事找寻他的下落，在启事中有这样的话，"来信知悉，汝如尚在人世，切莫出此下策。如有困难之事，余当代汝设法。可知

---

① 《陈炳树外孙览》，《申报》1929 年 12 月 21 日，第 12 版。

自杀乃懦弱之辈，大丈夫当努力奋斗战胜环境，况汝正在青年，前程远大，虽一时失意，终有鹏举之日，务望见报速即归来"。① 启事在劝诫出走者勿要自杀的同时，还附上了其体貌特征以及联系地址，使得启事的寻人作用更有了实践意义。

启事还向普通民众传递了有关自杀事件的其他信息，这主要集中在希望民众能提供自杀者尸体和自杀者下落的信息。如 1927 年 4 月 21 日，邝逸虎因久病难耐，留下遗书外出，在吴淞口蹈海自尽，② 由于尸身一直没有找到，广肇公所于是在《申报》上刊登了启事，谓"敝广肇义学教务长邝君逸虎，广东香山县人，年四十三岁，于新历四月念一日下午身穿黑直贡呢马褂，湖色绉纱长袍，外套黑哔叽长袍，内穿灰色丝棉袄，蓝绒线背心，白绒布衫裤等趁新江天轮船赴甬，现已失踪……如有人将其尸首捞获，请到上海宁波路敝公所报告，俟查明属实，即送回酬金一百元正。中华民国十六年四月念六日上海广肇公所启"。③ 启事公布自杀者的年龄、样貌、穿着等个人信息，有助于公众按照信息找寻自杀者的尸体。启事通过信息的传递，自觉地满足了公众对自杀事件的知情权，让普通民众能够参与救助自杀者的行动中，这是报刊媒体助益自杀防控的又一种实践。

其次，启事能够澄清自杀事件中的谣传信息。由于自杀具有隐秘性，外界很难及时掌握真实信息，一旦不实信息夹杂在社会新闻里，被媒体曝光之后，不仅公众会难以鉴别新闻的真实性，而且当事人也容易陷入谣言的漩涡。此时，公开刊登的启事，可以及时纠正一些不实信息，避免谣言对自杀事件中相关当事人的伤害。启事的辟谣功能在两种情况下最为典型，一种是自杀事件牵涉官方或组织时，由其发布辟谣的启事；另一种是自杀事件涉及其他个体时，相关利益人做出信息说明。

官方或者组织发布的辟谣启事是纠正不实信息的一种权威渠道，但其出发点是自杀事件与其存在一定关系，需要通过启事排除谣言对其可能带来的不利影响。19 岁的无锡籍女学生吴淑英求学于上海的教会学校三育中学，入学一学期后至寒假回里，欠学校膳宿费等洋 19 元，遂被校方扣留行李。1928 年春，吴淑英欲继续读书，但其父不许，转而要求父亲拨给大洋 19 元以便取回行李。由于吴父固执不与，致淑英一腔怨气，遂离家来沪。到沪后，吴淑英本想设法解决费用问题，但又不能实现，于是怀着愤恨之情投浦自尽。幸为水巡捕房巡捕救

---

① 《张树林览》，《申报》1933 年 8 月 13 日，第 19 版，"启事"；8 月 14 日，第 16 版，"启事"。
② 《邝逸虎蹈海自尽》，《申报》1927 年 4 月 25 日，第 11 版。
③ 《寻尸广告》，《申报》1927 年 4 月 28 日，第 1 版。

起,经调查后传家属领回。① 吴淑英因为求学不遂,愤而投浦,但是其自杀事件被媒体曝光后,涉及校方三育中学。校方从报纸新闻上了解到,吴淑英的自杀牵涉学校扣留行李之事。三育中学认为并无扣留该生行李一事,学生自杀的新闻事关校方名誉,所以向报馆发去信函。②

1928 年 8 月 10 日晚,虹口吴淞路开源钱庄的账房黄瑞炎留下两封遗书后出走,开源钱庄随即报告救生局请为留意。后同仁辅元堂救生局捞获男尸一具,与黄瑞炎相似。开源钱庄店主接到救生局信息后,差人验看,确认无疑。新闻在披露黄瑞炎自杀事件时指出,店中某学徒窃取现洋一百元,因与黄素有嫌隙,于是诬陷为黄所盗,事后店主虽极明了,但黄却郁郁寡欢,时出愤懑之语,最终投浦自杀。③ 黄瑞炎的投浦自杀发生在 1928 年夏季上海投浦自杀高发之时,由此引起了五路商界联合会的关注。商会派人前往开源钱庄调查,查明死者受人诬陷,懊恼异常,一时生厌世之念。期间店主高荫嘉洞悉其诬,以善言安慰。商会便公开发表了信函声明:"素主仁爱,从无苛责行为,但恐外间误会,特用来函证明,高君系一仁厚之庄主,以彰公道"。④ 商会通过这则声明,避免了由于谣言而对开源钱庄可能造成的危害。

上述三育中学和五路商界联合会都是由于牵涉自杀事件,而需要通过启事回应,以便及时规避谣言的影响。他们在启事中的所言是否属实尚待验证,唯其辟谣的行动和方式具有极强的可操作性,这也是传媒日益现代化的表征之一。而真正让媒体现代化具有普遍性意义的是其对普通市民日常生活的影响。为了消除自杀这样的负面新闻可能带来的影响,自杀事件一旦涉及普通市民,他们也会如官方或组织那样通过公开的启事发出自己的声音,消除负面影响。

1936 年 6 月 25 日《申报》刊登了上海南市公升南货号经理方赓甫的自杀新闻,新闻中说 69 岁的台州籍商人方赓甫,因市面不景气,账目不能继续维持,愧对股东,顿萌厌世之念,于 6 月 22 日吞鸦片自杀,翌日身亡。⑤ 自杀者方赓甫之子方舜谱当日看到此篇新闻后,认为报载其父"因亏折愧对股东,吞服鸦片自杀云云,纯与事实不符,谅系传闻失实,妨害先父名誉"。他当即写下声明信函,列举实情,请求登报更正,以明是非。27 日的《申报》"来信"栏刊登了他的声明,

---

① 《女学生求学不遂图尽 老父固执残害了女儿一命》,《申报》1928 年 6 月 9 日,第 15 版。
② 《来函》,《申报》1928 年 6 月 10 日,第 16 版。
③ 《昨晨浦江又获三尸》,《申报》1928 年 8 月 13 日,第 15 版。
④ 《来函》,《申报》1928 年 8 月 21 日,第 20 版。
⑤ 《公升南货号不能维持 经理方赓甫服毒自杀》,《申报》1936 年 6 月 25 日,第 14 版。

"先父方庚甫，生前经理公升号几及二十年，盈余数十万，除各股东分有红利多次外，尚有二十万左右，被各股东拖欠，均有簿据可查，事实俱在，既无亏折一事，尤无愧对股东事实。惟因少数股东挟嫌，及故先父为难，致受过度刺激，愤而自杀，使舜谱抱恨无穷。至先父生平严正自持，素重信用，尤为本市商界所共知，无待舜谱之烦言也"。① 自杀者方赓甫究竟是愧对股东，羞愧而自杀，还是被股东挟嫌，被逼而自杀？如果没有其子的公开来函，可能不会引起这样的追问。即便材料有限，我们并不能判断新闻和声明哪个更接近事实，但是如果没有其子的声明，公众或许就只能接受新闻的一家之言了。这则个人声明，给我们展示了普通民众也可以通过声明这样的渠道，直接对话媒体舆论，这意味着都市世俗文化兴盛时期的到来。

---

① 《来函》，《申报》1936 年 6 月 27 日，第 15 版。

第五章
政府主导：上海市政当局的自杀防控

　　"自杀在人类社会普遍存在，囊括了不同国家和不同的历史时期"，[①]由于不同历史时代的人们对自杀的态度和反应不尽相同，处理、预防和控制自杀的手段也有很大的差异。甚至有的学者通过研究当下中国的自杀问题指出，"自杀这样的事，就是在任何公共机关职权之外的事。在中国的地方政治里，没有一个单位的职权会包括自杀这一项"。[②] 那么，自杀问题真的就不属于公共机关特别是行政机关应当治理的事务吗？人们在面对自杀问题时是否只能束手无策呢？答案是否定的。一旦社会上发生严峻的自杀问题，危及社会的稳定和民众的日常生活，公共职能部门不可能坐视不管，政府部门如果能够妥善处置自杀之类的社会问题，对于稳定社会而言，不仅是必要的，也是必须采取的行动。

　　1928 年上海正踌躇满志地开展社会建设。作为社会舆论的传播媒介，报刊尤其是综合性新闻大报，向公众传递着社会各方面信息，服务于上海社会建设。报纸除了关注时事新闻，尤为重视自杀、离婚、绑架、暗杀等发生在普通民众身边的社会新闻，因为这样会引起民众的极大兴趣，刺激报纸的销量，扩大报纸在读者心中的影响。然而，当报纸短时间内大量报道自杀这样的社会新闻时，不仅意味着社会上自杀问题非常严重，而且会使民众对这些社会悲剧产生共鸣和恐慌。1928 年夏季，上海报纸的本地新闻栏充斥着自杀报道，几乎每天都会登载若干起自杀新闻。通过前文，我们已知投浦自杀风潮是已往未曾出现的现象，其严重程度也引起了社会各方面的关注。

　　对于上海当局来说，已然认识到上海的自杀问题到了非常严重的程度，上海市政府社会局认为"查近月以来，青年男女，投浦自尽者，报不绝书。揆厥原因，或感经济之压迫，或以爱情之误用，遂致葬身浊流，一瞑不视，情殊

---

　　① 伊琳娜・帕佩尔诺：《陀思妥耶夫斯基论作为文化机制的俄国自杀问题》，杜文娟译，长春：吉林人民出版社，2003 年，第 1 页。
　　② 吴飞：《自杀作为中国问题》，北京：生活・读书・新知三联书店，2007 年，第 5—6 页。

可怜，理所难容，实为社会前途之隐忧"。① 既然政府当局不能坐视自杀这种严重影响社会秩序的问题继续恶化下去，那就需要把如何应对自杀问题纳入日程。

面对社会上日益严重的自杀问题，上海市政部门从科学认识自杀问题着手，积极主导应对自杀的行政措施。当 1935 年 3 月阮玲玉自杀案之后，自杀问题又一次引起社会舆论的关注，官方部门承继 1928 年的救济自杀行动，强化了应对自杀的行政手段，直至 1937 年抗日战争全面爆发，该项举措才被迫中断。从现代城市建设的角度思考，市政部门发轫于 1928 年 8 月的救济自杀行动为何能够延续数年？ 这类政府行为的发端和实施的具体细节如何？ 本章主要考察 1928 年到 1937 年上海市政当局的自杀防控行动。②

第一节　上海市政府防控自杀行动之发端

从 1927 年 7 月 7 日上海特别市政府成立，在一年的时间里，当局首要的任务就是完善上海特别市市府组织机构，以维持社会秩序的稳定。上海特别市的市府建制从第一任市长黄郛到继任市长张定璠，在市长制和"局有专责"③的分权制思想下，已基本完成"1 处 8 局"的市政府组织布局，即 1 个秘书处和财政、工务、公安、卫生、公用、教育、土地、社会（由农工商和公益局合并）8 个局，④这也是 1927—1937 年间上海市政府（包括前期上海特别市政府和后期上海市政府）行政机构的基本组织架构。行政体制的完善是为了实现政府的有效运作，而有效运作的基点则要求域内有一个稳定的环境，面对执政之初日益严重的自杀问题，如何遏制严峻的自杀风潮，稳定社会秩序，便落到这些职局之手。当 1928 年夏季投浦自杀高发之时，恰值上海市政府行政机构筹建完成，由于"局有专责"，防控自杀的职责落到了新组建的社会局，在社会局主导之下，政府救济自杀的行

---

① 上海特别市社会局编：《上海特别市社会局业务报告 十七年八月至十二月》第 1 期，上海：上海特别市社会局发行，1928 年 12 月，第 284 页。

② 本节中有关 1928 年上海政府救济自杀的部分已公开发表，参见刘长林、彭小松：《歧路与拯救：1928 年上海的自杀与政府应对》，《史学月刊》2013 年第 11 期。

③《黄市长就职演说》，《申报》1927 年 7 月 8 日，第 13 版。

④ 上海通志编纂委员会编：《上海通志》第 2 册，上海：上海社会科学院出版社，2005 年，"第五卷 政府（上）"，第 832—833 页。

动正式提上日程。

上海特别市社会局成立于 1928 年 8 月 1 日，由农工商局和公益局合并而成。农工商局主抓农工商和劳动行政，"上海为一大商埠，工商尤为全国之冠。惟其工商业之发达，故问题繁多。敦促监察，维护鼓励，自应设专局以谋规划管理之"。① 黄郛市长的用人标准是"纯以专门学识与办事经验为衡"，他从陈果夫那了解到，时任国民党中央政治会议上海分会委员的潘公展对处理工潮、劳资问题颇有一套见解，于是专门约见潘公展，一番谈话后即委以潘公展农工商局局长一职。② 上任伊始，潘公展即晓谕新闻界："此后本市区内一切有关农工商之问题，按职权皆由本局管理……近工商界劳资间时起纠纷，而本局处于仲裁地位，故关于劳资问题，如由本局所调解者，此种新闻希望采用本局所发布者，以免对于两方有所偏倚，重滋纠纷，而碍解决之顺利。"③潘公展深知媒体宣传对职局开展工作大有益处，而这又源于他对农工商局职能的精确定位，"此局之职务，大别有二端，一以调解工商之问题，二以增进上海市之富力，以振兴市政，至工商之外附以农者"。④ 不过此时的农工商局作为政府的职能部门，所关心的不外乎"农工商等业事项"，至于处理社会问题，显然不在其职责范围，但潘公展执掌农工商局的成绩，让他取得了人事上的信任。1928 年 8 月 1 日社会局成立大会上，国民党上海市党部代表致辞中这样褒扬潘公展："社会局在上海占极重要地位，以潘同志之精明强干，本其过去一年主持农工商局之经验，办理社会局事务，不难改造上海社会，为上海市民谋幸福"。⑤ 潘公展顺利成为上海市政府首任社会局局长。

公益局属于 1927 年上海特别市政府组织"1 处 10 局"之一，依据《上海特别市暂行条例》第二十六条所述，它主要掌理的事项为："（一）救济及预防市民贫困灾害事项，（二）监督私立慈善机关事项，（三）改良市民生计事项，（四）管理民食事项，（五）其他关于公益事项"。⑥ 公益局在政府行政机构里主抓公益慈善行政，只不过这是一个短命的机构，由于新政府经费支绌以及有关人事变动，公益局被裁撤之后，关于公益慈善的行政职能在翌年归入改组后的社会局掌管。社会局主要执掌"农工商业之调查、统计、奖励、取缔及劳动行政，公益慈善等

---

① 《农工商潘局长昨晚招待新闻界》，《申报》1928 年 8 月 1 日，第 13 版。
② 李凤琴：《上海特别市第一任市长黄郛》，《文史精华》2003 年第 8 期。
③ 《农工商潘局长昨晚招待新闻界》，《申报》1928 年 8 月 1 日，第 13 版。
④ 《农工商潘局长昨晚招待新闻界》，《申报》1928 年 8 月 1 日，第 13 版。
⑤ 《社会局潘局长宣誓就职》，《民国日报》1928 年 8 月 2 日，第 3 张第 2 版。
⑥ 《上海特别市暂行条例》，《大公报》1927 年 7 月 13 日，第 6 版。

事项，盖不啻并合以前之农工商局与公益局也"，①具有现代政府早期的民政职能。

社会局的改组是为了"适应此至繁且赜之社会，而谋所以致力于民生问题之解决"。② 当时社会局内第三科统计员如是说："社会事业，范围至广，举凡贫穷灾荒之救济，老弱残疾之养恤，平民教育卫生娱乐风化之提倡与改良，各种社会制度立法之研究与实行，各种社会事业之调查与统计等等，无不可以包括在内。像这样的繁重的事业，非特设专门机关负规划、管理、监督、指导和奖励之责，不足以收实效，我国政府之所以在各市设立社会局用意，想必在此。"③社会局由四个科室组成，"第一科掌理总务事宜，第二科掌理农工商业行政事宜，第三科掌理劳动行政事宜，第四科掌理公益慈善及其他社会事业行政事宜"。④ 通过简政，社会局保留了农工商局时期的第一科总务，并对第二科商业行政事务、第四科工业行政事务和第五科农业行政事务进行整合，组成社会局新第二科，掌理农工商行政，原农工商局第三科劳工行政事务继续保留。而新增社会局第四科的权责主要融合了前公益局所掌理的事项。按照《上海特别市政府社会局组织细则》第四条第四款的规定，社会局第四科的职权包括："一、关于市内公益慈善事业之调查统计及创办改良事项；二、关于市内一切公益慈善团体之注册、监督及保护取缔事项；三、关于市内公共生活及社会团体组织之训练事项；四、关于市民公共生活生计之改良及调查统计事项；五、关于市民贫困及灾变之救济赈恤事项；六、关于合作社之提倡保护及监督事项；七、关于市内民食之调剂事项；八、关于社会事业之研究及编译事项；九、关于其他一切公益慈善事项"。⑤

社会局成立后，上海自杀问题的严峻形势自然引起了其注意。主要掌理"公益慈善及其他社会事业行政事宜"的社会局第四科，开始将防控自杀作为一项重要社会事务，社会局也因此成为政府部门应对自杀问题的主要公共行政机关。⑥

---

① 上海特别市社会局编：《上海特别市社会局业务报告 十七年八月至十二月》第1期，上海：上海特别市社会局发行，1928年12月，第1页。

② 上海特别市社会局编：《上海特别市社会局业务报告 十七年八月至十二月》第1期，上海：上海特别市社会局发行，1928年12月，第1页。

③ 毛起鹭：《上海市之社会事业》，载中国社会学社编《中国人口问题》，上海：世界书局，1932年，第373页。

④《社会局正式成立》，《上海特别市市政周刊》第41期，1928年8月9日。

⑤ 上海特别市社会局：《上海特别市社会局业务报告 十七年八月至十二月》第1期，上海：上海特别市社会局发行，1928年12月，第5页。

⑥ 美国学者顾德曼认为"同仁辅元堂所设的救生局专管城市自杀问题"（顾德曼：《向公众呼吁：1920年代中国报纸对情感的展示和评判》，《近代中国妇女史研究》2006年12月第14期）。其实同仁辅元堂救生局救济自杀的主要途径是捞救投浦自杀者，若说专门管理城市自杀问题则超出了其职权范畴。

政府防控自杀的行动发端于 1928 年 8 月 7 日，鉴于上海 1928 年夏季投浦自杀的高发，上海特别市市长张定璠在该日指令社会局"为防范投浦自杀事，着妥议办法，共筹救济"。社会局随即初拟了《筹拟救济投浦自尽办法案》。由社会局主导的四项防止自杀办法，包括"（一）拟由职局会同教育局颁发布告，责成市民家长或保护人暨教育当局，随时监察子女，告诫甚用爱情，鼓励青年为党国立志奋斗，勿有意志薄弱之行为。（二）由职局函请公安局于每日下午八时起，多派警士，勤加梭巡。凡遇有形迹可疑，神色沮丧者，详加盘诘，护送该管区署，剀切劝导。（三）由职局在历年投浦较多之岸沿，竖立木牌，警醒世人，遇有困难情形，准其来职局陈诉，当量为告诫，并竭力助其解除困难。（四）由职局函请各报对于前项新闻，慎重记载，即认为必须刊载之稿，勿为死者下同情之按语，宜易以规劝之箴言，庶或挽浇风于万一"。①

8 日，社会局局长潘公展将防止投浦自杀办法呈送市长，请示"是否有当"，②市长令准照办。③ 9 日，市政府秘书处致信社会、教育、公安三局，"顷奉市长交下社会局笺复防范投浦自杀事，妥议办法，共筹救济一案，以所拟尚妥，令即分别函知照办等因。奉此，除分函外，相应抄送原件，请即查照办理为荷"。④ 得市府批示后，社会局即函公安、教育两局，分别办理。同一日，社会局致函《民国日报》《申报》等沪上各大报馆，要求各报馆对于自杀案件，勿作过量报道。又因报馆的投水自杀新闻均得自救生局，乃行令救生局以后捞获死尸，如有发现遗书情事，不准擅自发表，并令每日填造捞尸报告。⑤

8 月 10 日，《民国日报》《申报》等新闻媒体相继公布了社会局筹拟的救济投浦自杀办法，同时，在上海特别市政府第 82 次市政会议上潘公展汇报了"投浦自杀救济问题向各报馆及辅元堂接洽情形"。⑥ 社会局拟定的四项救济投浦自杀办法，或者是由社会局联合其他政府机构共同行动，或者只由社会局一方负责，显然，上海市政府初期实施的防控自杀行动是以社会局为主导的。

---

① 《救济投浦自杀问题》，《申报》1928 年 8 月 10 日，第 15 版。

② 《市社会局 维持火柴营业 组织国货公司 取缔裸体画 调解劳资纠纷》，《上海特别市市政周刊》第 51 期，1928 年 10 月 18 日，"业务报告"。

③ 上海特别市社会局编：《上海特别市社会局业务报告 十七年八月至十二月》第 1 期，上海：上海特别市社会局发行，1928 年 12 月，第 284 页。

④ 《救济投浦自杀问题》，《申报》1928 年 8 月 10 日，第 15 版。

⑤ 上海特别市社会局编：《上海特别市社会局业务报告 十七年八月至十二月》第 1 期，上海：上海特别市社会局发行，1928 年 12 月，第 284—286 页。

⑥ 《上海市政府第 75—90 次市政会议议事录汇编（第一册）》，上海市档案馆馆藏，档案号：Q1-5-559；《八十二次市政会议 催拨市区教育经费 通过六局组织细则 征收市内新门牌费 详查市库各项帐目》，《上海特别市市政周刊》第 44 期，1928 年 8 月 30 日。

完成四项防止自杀办法的拟定并呈准市政府施行后，社会局开始编制自杀统计材料，研究自杀原因，以图根本救济。不仅派员赴同仁辅元堂救生局调查，交付捞尸报告表式，以便按日填报，又向各法院、公安局、捕房、医院搜集自杀事件，按月汇报统计，同时搜集报章材料中的自杀新闻。① 社会局要办理"社会调查统计"事项，大体分工为总务科办理行政统计，农工商科办理农工商业统计，劳工科办理劳工统计，公益科办理社会病态统计。② 但是，由于市政经费支绌，职局在办理公益事业时"不得不权衡轻重，次第规劝"。③ 所幸，编制上海市自杀、离婚等社会病态统计材料成为职局公益科筹划建设的重要社会事业，这在社会局对外公布的八、九月份业务报告里有过明确记载。④ 从行政职能的划分来看，社会局第四科主要掌管"公益慈善及社会行政事业"，在第四科中设置了公益股、慈善股、民食股、登记股、统计股和文书股共 6 个从属部门，各股各司一端，其中统计股主要负责社会病态之调查统计、社会灾害之调查统计等事项。⑤ 在社会局成立之初，人手紧张，尤其缺少统计专门人才，⑥六年间社会局的统计员仅有 8 名，而受过专门统计训练的职员更少。⑦ 为了解决统计人才缺乏的困难，上海特别市政府早在 1927 年 9 月 28 日的一次市政会议上就规划过，"于必要时各局得互相调用有关系之技正或其他职员帮同审核或研究各种专门问题"，通过市政会议议决"各局将职员姓名履历迅速依式填送，其专门技术人员另行分别列册，俾便各局随时调用"。⑧ 虽然是社会局第四科统计股主抓社会病态调查统计，但是在调查统计员奇缺的时候，无论是在社会局内部抽调人员，还是在市政府层面调

① 《社会局编制自杀统计 根本救济自杀之办法》，《申报》1928 年 8 月 11 日，第 15 版；上海特别市社会局编：《上海特别市社会局业务报告 十七年八月至十二月》第 1 期，上海：上海特别市社会局发行，1928 年 12 月，第 286 页。

② 毛起鹬：《上海市之社会事业》，载中国社会学社编《中国人口问题》，上海：世界书局，1932 年，第413 页。

③ 《社会局办理公益慈善事业之方针》，《民国日报》1928 年 8 月 19 日，第 4 张第 2 版。

④ 《市社会局 维持火柴营业 组织国货公司 取缔裸体画 调解劳资纠纷》，《上海特别市市政周刊》第51 期，1928 年 10 月 18 日，"业务报告"；《市社会局 取缔勒索陋规 救济迷拐妇孺 查禁发售奖券 调解劳资纠纷 市社会局九月份业务进行状况 摘要列举于后》，《上海特别市市政周刊》第 55 期，1928 年 11 月15 日。

⑤ 罗树生：《上海市政府实习总报告第八篇 社会行政》，《二十世纪三十年代国情调查报告》第 257册，南京：凤凰出版社，2012 年，第 299 页。

⑥ 社会局于 1928 年 8—12 月 5 个月间的职员最多时 90 人，最少时 87 人，只比前农工商局时多 7～10 人，但"顾同期间所办之业务及公牍，则固已超越几达二分之一"，可见社会局成立之初人手很紧张。见上海特别市社会局编：《上海特别市社会局业务报告 十七年八月至十二月》第 1 期，上海：上海特别市社会局发行，1928 年 12 月，第 5 页。

⑦ 《上海特别市社会局职员录》，上海市档案馆馆藏，档案号：Q6-18-1-1。

⑧ 《十六年九月二十八日第十八次市政会议议决录》，《上海特别市市政府市政公报》第 3 期，1927 年10 月 15 日。

配人员，都符合规章制度以及现实的需求。如此才能有力保障包括自杀统计在内的社会病态调查统计工作顺利进行。我们在前文分析上海自杀群体的分布特征时已经指出上海的自杀统计材料相当完整，相较其他同样开展了自杀统计的城市而言，上海的统计资料做得最完善，从 1928 年 8 月一直持续到 1937 年 7 月，前后共有 8 年之久。①

除此之外，社会局意识到自杀事件发生后剧场相互效仿排演自杀新剧，这些反映自杀实事的新剧"往往穿凿事实，绘声绘影，殊失真相"，且有恶劣的社会影响："难保无射利之徒，群起效尤，相率排演，此风断不可长"。② 遂于 8 月 11 日，社会局根据形成的《禁演自杀戏剧案》，致函上海临时法院和公安局，要求两部门"查禁各游戏场表演取材于自杀之戏剧"。③

1928 年，上海市政当局正式开始防控自杀，并将自杀防控写进政府的工作报告。从 1928 年下半年上海特别市社会局的业务报告中可以看到，防控自杀行动最初被定性为"挽救自杀风气"，社会局将"挽救自杀风气"纳入"改良社会风化事项"中。④ 到 1930 年，社会局在工作报告里再次总结了过去一个年度里所进行的社会事业，包括改善社会民生、补救社会缺陷、革除社会陋习等方面。其中在"革除社会陋习"方面，社会局通过调查统计，掌握了可供"随时研究"的离婚、自杀、盗劫、绑票等社会病态问题的材料。⑤

上海市政部门从政府层面开展的救济自杀行动并不是经常性的行为，但是当社会上发生严重的自杀问题时，政府利用行政手段防控自杀却具有积极影响，如 1928 年夏季上海投浦自杀的救济就是一个良好的开端，1935 年上海市社会局再次就上海社会严重的自杀问题发表救济意见和办法。此外，上海市政当局在实施救济自杀措施的同时对自杀事件展开了调查统计，通过数年的坚持，获得了一份能够较为全面反映上海自杀状况的资料，为根本防控自杀提供了支持。虽然自杀调查统计由于日本的侵略而被迫中断，但是抗战胜利后又重为上海市政当局重视，这是对政府初期防控自杀行动的效仿和延续。

---

① 目前能查阅到的最后公布自杀数据的时间为 1936 年 9 月。

② 《社会局禁止排演自杀新剧》，《申报》1928 年 8 月 18 日，第 15 版。

③ 《社会局禁止排演自杀新剧》，《申报》1928 年 8 月 18 日，第 15 版。

④ 上海特别市社会局编：《上海特别市社会局业务报告 十七年八月至十二月》第 1 期，上海：上海特别市社会局发行，1928 年 12 月，第 233—286 页。

⑤ 潘公展：《上海特别市社会局之组织及工作》，《青年进步》第 133 期，1930 年 5 月；《上海市社会局去年度工作报告》，《申报》1930 年 2 月 10 日，第 13 版。

第二节　上海市政府防控自杀之举措

上海市政当局防控自杀的举措，既包括直接的防止自杀办法，也包括间接的预防手段。直接防止自杀办法包括会同教育局发布告、函请公安局派警士巡逻、竖立自杀警告牌、函知报馆慎重登载自杀新闻、查禁自杀题材的戏剧等，间接的预防手段包括编制自杀统计材料、取缔相关药品或工具等措施。

一、会同教育局颁发布告

1928 年 8 月，上海特别市社会局筹拟救济投浦自杀的第一项举措是会同教育局发布告，具体办法是"拟由职局会同教育局颁发布告，责成市民家长或保护人暨教育当局，随时监察子女，告诫慎用爱情，鼓励青年为党国立志奋斗，勿有意志薄弱之行为"。①

上海特别市社会局在筹划救济投浦自杀措施时，首先对青年自杀进行干预，这是由于职局认识到青年自杀问题的严重性："查近月以来，青年男女，投浦自尽者，报不绝书。"②"此数月中，本埠投浦自杀案件日有所闻，而尤以青年男女为多"。青年男女的自杀新闻充斥报端，给时人留下了"近阅报载，自杀者类多青年子女"③的直观体验。据不完全统计，1928 年《民国日报》（上海版）共报道了 30 例自杀新闻，30 岁以下的青少年自杀案件竟然达 14 例，约占自杀案件总数的46.67％。同年《申报》报道的自杀新闻 437 例，其中 30 岁以下的自杀者约有 177 例，约占报道自杀总人数的 40.5％。④ 1928 年年中不少青年男女投浦的新闻引起了时人的疑惑，"最近这几天，何以青年男女跳黄浦江如此踊跃"？⑤ 上海市政当局认为青年男女的自杀"揆厥原因，或感经济之压迫，或以爱情之误用，遂致葬

---

① 《救济投浦自杀问题》，《申报》1928 年 8 月 10 日，第 15 版；《生命的价值何等重大》，《民国日报》1928 年 8 月 10 日，第 4 版第 2 版，"闲话"。

② 上海特别市社会局编：《上海特别市社会局业务报告 十七年八月至十二月》第 1 期，上海：上海特别市社会局发行，1928 年 12 月，第 284 页。

③ 《救济投浦自杀问题》，《申报》1928 年 8 月 10 日，第 15 版；《生命的价值何等重大》，《民国日报》1928 年 8 月 10 日，第 4 张第 2 版，"闲话"。

④ 自杀统计数据根据 1928 年 1—12 月《民国日报》（上海版）和《申报》的自杀新闻整理得出。

⑤ 江柳声：《各界对于投浦自尽的妙论》，《申报》1928 年 8 月 15 日，第 21 版，《自由谈》。

身浊流，一瞑不视，情殊可怜，理所难容，实为社会前途之隐忧"。① 有关青年人自杀原因的分析自五四时期就已经很多，尤其是在妇女解放和革命话语之下，知识界格外担忧青年人的自杀问题。到了 20 世纪 20 年代末期，此时官方和民间舆论面对社会上层出不穷的青年人自杀，复又重视起来，而且形成了对青年人自杀原因的一般认识，"自杀的理由不外乎情爱的失败，与环境的逼迫"。② 情感问题是导致青年人误入自杀歧途的重要诱因，并且引起了各方的注意，于是社会局和教育局的联合布告才会专门列出此点。

上海特别市社会局针对青年男女自杀问题，会同教育局发布告，以布告的形式矫正青年人的不良思想，告诫他们因爱情问题而自杀是意志薄弱之举。由于当局意识到自杀属于社会陋习，需要通过社会风化改良行动，来洗涤普通民众的不良思想意识。教育当局的参与能够有效借助教育的方式，对青年人群进行规劝批评。

青年人由于社会阅历浅，在形成自我的过程中往往会出现困惑和迷茫的情况，特别是面临情感问题，如果没有正确引导，特别容易出现偏差，甚至导致自杀的恶劣后果。正如当时研究自杀问题的学者石涵泽所说："自杀和思想，是很有关系的，所以自杀和年龄，不用说，关系也极其密切"，③加之"青少年本来多未当过人生之风波，罕尝及世上之艰难辛苦，所以其自杀和成年也有异处。大凡在青春期自杀的，多因在这个时期里，增加了以前所没有的春机发动的苦恼与紧张的缘故"。④ 因此，要想解决青年人的自杀问题，必须从思想上入手，让他们正确地对待恋爱、家庭等问题，而这方面需要借助教育的力量。当时的社会局清醒地认识到了这一点，所以布告中才出现了"告诫""鼓励""慎用爱情"等明显带有教育性质的话语。恰如社会局职员毛起鵷所说："自杀者以青年为多，如不设法防范，决非国家社会之福。自杀之原因，大概不外于爱情滥用和经济压迫二者，根本救济办法，恐怕非从教育和社会制度方面研究入手不可。"⑤

社会局的这一举措，把家庭教育与学校教育相结合，具有一定的合理性。不仅如此，社会局还进一步鼓励青年为国家事业奋斗，以此克服青年思想意志的迷

---

① 上海特别市社会局编：《上海特别市社会局业务报告 十七年八月至十二月》第 1 期，上海：上海特别市社会局发行，1928 年 12 月，第 284 页。
② 吴云梦：《青年的错误——给自杀的青年》，《申报》1928 年 10 月 4 日，第 17 版，《自由谈》。
③ 石涵泽：《自杀问题》，上海：华通书局，1930 年，第 56 页。
④ 石涵泽：《自杀问题》，上海：华通书局，1930 年，第 66 页。
⑤ 毛起鵷：《上海市之社会事业》，载中国社会学社编《中国人口问题》，上海：世界书局，1932 年，第 399 页。

茫，这种教育策略是切合当时国民党训政时期以党治国的大环境的。事实上，如果我们考察国民党党员的组成结构，便会发现，为何当局特别重视青年的自杀问题。在国民党党员中，青年学生的数量之多，"1927 年 1 月吴依沧所作的现状报告中谈到，国民党的党员大约为 100 万：学生占据了 26％、军人 23％、自由职业者占 12％，工人占 11％，农民占 9％，商人占 3％，其他占 16％"。① 国民党中央训练部有言："夫革命青年为本党之主力军，国家之新血输。国民革命之完成，党国新生命之创造，实利赖之。"②青年自杀的影响重大，而报刊上报道的青年自杀，尤其是青年学生的自杀，成为当局必须解决的问题之一。此外，当时"中国都市社会聚集了一大批因就业无道、谋生乏术、前途渺茫而对社会现实产生疏离和不满情绪的青年知识分子"，③这些青年人最容易自杀，"失恋的鸿沟，淹没了多少青年的豪气；恶劣的环境摧残了多少青年的雄心；而经济的枯竭，又易使青年们颠沛流离。其他一切一切的足以形成青年的苦闷的实在还有很多。结果，因受不起苦闷的包围而跑到自杀的末路的，也就日有所增"。④

社会舆论也大声疾呼重视青年人的处境，"今后国家之向上发展第一希望惟在青年，而欲使一般青年皆成为有用之才，第一希望惟在多予以求学之机会，乃今日反观我国内之教育，旧者已去，新者未来，一般青年皆有茫无所知之象，此则我当局亟宜注意者也"。⑤ 知识界也常怀"青年是社会的柱石，如果任他这样下去（指自杀），社会岂不是更糟"的担忧。⑥ 因此，如果不对陷入情感困惑的青年人给予正确的引导，显然不利于社会稳定。而社会局联合教育局所发的布告，以及拟定的救济方针，恰好与这种设想相一致。

上海特别市社会局与教育局通过联合发布告的形式指导青年人，以免他们受困爱情问题，思想颓废，缺少奋斗意志，甚至自杀。社会局是布告的发起者，但如何通过教育方式挽救青年，教育当局除了发布告，还结合自身的教育功能，从国家层面采取一些措施，如 1930 年编订音乐课本，1933 年设置卫生课程等，以培养青年学生的思想和身心健康为目的，间接防止学生的自杀。

---

① 《吴依沧先生之国民党现状报告》，《民国日报》（广州）1927 年 1 月 15 日，转引自王奇生的《党员、党权与党争——1924—1949 年中国国民党的组织形态》，上海：上海书店出版社，2003 年，第 30 页。

② 《救济革命青年并量才录用案》，《申报》1928 年 8 月 9 日，第 22 版。

③ 王奇生：《党员、党权与党争——1924—1949 年中国国民党的组织形态》，上海：上海书店出版社，2003 年，第 34—35 页。

④ 缦符：《献给苦闷的青年》，《民国日报》1929 年 5 月 21 日，《觉悟》。

⑤ 默：《唯一希望在青年》，《申报》1928 年 9 月 15 日，第 9 版，"时评"。

⑥ 一墨：《谈谈青年自杀问题》，《革命周报》第 96 期，1929 年 5 月 25 日。

二、函请公安局派警巡逻

上海特别市社会局筹拟救济投浦自杀的第二项举措是函请公安局加派警士巡逻。具体办法是"由职局函请公安局于每日下午八时起,多派警士,勤加梭巡。凡遇有形迹可疑,神色沮丧者,详加盘诘,护送该管区署,剀切劝导"。①

社会局致公安局的函件要求警察做到以下三点：第一,时间上,要求公安局每天晚上 8 时起加强沿浦巡逻力度,因投浦自杀者多选择晚上夜深人静之时自杀。第二,干预自杀方式上,要求警士掌握辨别企图自杀者的技巧,"凡遇有形迹可疑,神色沮丧者"要详细盘问。第三,案件处理上,要求警士护送企图自杀者至该管区署好生劝慰开导。社会局非常清楚,在未明确自杀根本原因之前,面对个体自杀,最合适的处理方式便是对其——"剀切劝导"。劝导有教育的意思,从教育的角度入手,打开自杀者的心结,是符合实际情况的有效措施。

公安局对于自杀一类造成社会不安定的治安事件,已有处理的经验。1928年 4 月 4 日上海特别市公安局开始施行《上海特别市公安局巡长巡警勤务规则》,该规则对巡长巡警的职责做了详细的规定。其中第一条强调了巡警职责的重点,"巡长巡警之勤务分为内勤和外勤两种,外勤各项尤以守望巡逻二事为最要"。② 由于巡警在守望和巡逻时都可能直接遇到自杀事件,因此这两项职责对防止自杀事件非常重要。一旦巡长巡警外出勤务时遇到自杀案件应该怎么处理呢？第十六条对此有规定："有投河自刎自缢自戕者之时……须一面报告上官,一面为相当之处置。"③至于如何进行"相当之处置",要从警察接受过的相关训练说起,加强业务素养。"泥醉、自杀、时疫、神经,种种的病体或者是厌世的人是时常有得发现的,还有像迷道的儿童、被骗的妇女,均有救护的必要。长警们如果遇见了这种的事情,应该以一种生理的常识去救护他的,所以长警们平时须将一种生理的常识讲究讲究,免得遇到救护的事务时候束手无策,依赖他人了。……当另外刊发专门书以为长警讲究之资料。"④

① 上海特别市社会局编：《上海特别市社会局业务报告 十七年八月至十二月》第 1 期,上海：上海特别市社会局发行,1928 年 12 月,第 284 页。

② 上海特别市公安局：《上海特别市公安局业务纪要》(一),载张研、孙燕京主编《民国史料丛刊》(201 册),郑州：大象出版社,2009 年,第 151 页。

③ 上海特别市公安局：《上海特别市公安局业务纪要》(一),载张研、孙燕京主编《民国史料丛刊》(201 册),郑州：大象出版社,2009 年,第 155 页。

④ 上海特别市公安局：《上海特别市公安局业务纪要》(二),载张研、孙燕京主编《民国史料丛刊》(202 册),郑州：大象出版社,2009 年,第 227 页。

同时，上海市还公布实施了《上海特别市公安局巡长巡警赏罚暂行章程》，该文件主要是讲如何界定巡长和巡警的赏罚问题。内中规定，对于妥善处理自杀问题的巡长、巡警予以奖励，"四、救获自尽及危害使不致殒命者……十、在岗守望来往逡巡精神振作者"[①]应该"酌核情形分别予以记功奖谕"，[②]并要求待奉局长核准后由公安局第一科的考核股，按照"功过奖惩升降之管理及登记"进行"注册执行之"。现实生活中也发生过奖励警察的例子。1930 年 3 月初，闸北蒙古路警署四区一所公安局巡逻警马季龙和张瑞华巡逻时救下一位自缢的妇人王朱氏。王朱氏丧夫后因无法度日，来沪谋生帮佣，后被主人辞退，最终告贷无门，迫不得已自杀。两名巡逻警救下王朱氏后带回警署，四区一所倪所长当即命将王朱氏送闸北慈善团留养候领，后王朱氏亲戚得讯领回。倪所长特为解救王朱氏的两名巡逻警捐廉，每人赏洋两元，以资鼓励。[③] 再根据 1935 年 6 月份《上海市公安局内外部职员功过奖惩月报表》中的记载，吴淞警察所书记浦季鸿因 6 月 20 日救获自杀者，殊深嘉许，获得洋五元的奖励。[④] 显然上海特别市公安局在防控自杀方面，早已有了一定的经验。而且公安职能部门对救助自杀者的警察进行奖励也是一种经常性行为。

公安局在救济自杀问题上具有得天独厚的条件，在日常办公中很容易接触自杀事件，甚至可以说是处于防控自杀的第一线。1927 年浦东陆家嘴海关水巡捕房向河舶司汇报了 1926 年海关水巡捕房和杨树浦威妥玛路新捕房所办理的各项案件，其中"（十二）捞获浮尸案：（老捕房）外人六名，华人一百二十六名。（新捕房）外人六名，华人一百零一名。（十三）查获自尽案：（老捕房）六件，（新捕房）二件"。[⑤] 1928 年 3 月公共租界办理了 3 起自杀案，涉及 2 个俄国人，1 个华妇。[⑥]

见诸报端的一些自杀新闻中，也每每能见到警察救助自杀者的身影：

---

① 上海特别市公安局：《上海特别市公安局业务纪要》（一），载张研、孙燕京主编《民国史料丛刊》（201 册），郑州：大象出版社，2009 年，第 166 页。
② 上海特别市公安局：《上海特别市公安局业务纪要》（一），载张研、孙燕京主编《民国史料丛刊》（201 册），郑州：大象出版社，2009 年，第 165 页。
③ 《王朱氏末路得救 两警士解救可嘉》，《申报》1930 年 3 月 3 日，第 14 版。
④ 《上海市公安局内外部职员功过奖惩月报表》廿四年六月份，《警察月刊》第 3 卷第 7 期，1935 年 7 月 31 日。
⑤ 《海关水巡捕房报告去年办案统计》，《申报》1927 年 1 月 6 日，第 11 版。
⑥ 《公共租界捕房三月份之成绩》，《申报》1928 年 4 月 12 日，第 15 版。

案例 5 - 1　1928 年 9 月 5 日傍晚 6 点 40 分，南市第一区第一所一名巡官出外巡察，至大通码头浦滨时，见一青年男子在彼极趋而前，且行且止有时或徘徊四顾，良久又举足狂奔，向浦江中注视。该巡官以该青年男子怒容满面，行色慌张，推测其必欲效投黄浦自杀之行为，便上前喝阻。刚开始盘问时，该男子言语多方含混，于是巡官令该处第十二守望岗警郭海恩前来实施搜查，因为在该男子身边发现遗书一封，得以确认该男子有希图投江自杀的决心。随后，巡官向其好言相劝，并带回警察局第一所由刘炳坤所长预审。得知该男子叫张存生，25 岁，上海人。因受大哥军阀习气刺激，加上赋闲在家，生计困难而意图投浦。刘所长"以案关自杀，当即备文申解市公安局第三科讯明发落"。[①]

案例 5 - 2　1928 年 10 月 26 日晚间，薛家浜黄浦江边第十五守望警察周星五见一女子面带愁容，行走仓皇，当即上前询问她的来历，而该女子回答得吞吞吐吐。于是周星五便将其带回警区第一区第一所。警所刘炳坤所长询问了一番，得知该女子名叫陆丽芬，19 岁，某女校的肄业生。由于家庭贫困，中途不得已辍学。辍学后，母亲一面命其尽快谋划职业问题，另一面在女儿找到一份去外埠充当护士的工作时，又担心女儿系青年女子，独身远出不安全，便横加劝阻，这就造成了陆丽芬心中抑郁难舒。至 26 日这天陆丽芬又被母亲诘责，便于晚上 8 时离家出走，外出投江。了解完这些情况后，刘所长一面劝导，一面传家属，命其领回，好生看待。[②]

上述两个案例，是巡逻警察凭其从警素养及时判断出企图自杀者，从而避免了自杀悲剧的发生，成功挽救自杀者的真实事件。诸如此类案件，不胜枚举。[③]《民国日报》在报道自杀案例 5 - 1 时，特别强调了"近来投浦自杀之事时有所闻，故警务当局，对于一般人形迹可疑者，或在江边逗留忧容冥展者特殊注意，以为防止自杀之行为"。[④] 可见，把警务当局的巡逻作为防止投浦自杀的一种有效途径，已为社

---

① 《伦常之变欲问江波：何必自杀！何必自杀！》，《民国日报》1928 年 9 月 7 日，第 4 张第 2 版，"社会闲话"。

② 《女子职业问题：诚难解决　何必轻生》，《民国日报》1928 年 10 月 28 日，第 4 张第 2 版，"闲话"。

③ 1928 年《民国日报》所报道的 30 起自杀事件中，有 11 例因警士及时发现而避免了自杀惨案，在《申报》所报道的 356 起自杀事件中也有 54 例。正是警士及时发觉和第一时间的施救才使得这些企图自杀者幸免于难。

④ 《伦常之变欲问江波：何必自杀！何必自杀！》，《民国日报》1928 年 9 月 7 日，第 4 张第 2 版，"社会闲话"。

会所熟悉，也受到了媒体的重视与强调。当公共租界北福建路同昌布庄伙友郑文良，于 1930 年 1 月 21 日向陆家嘴水巡捕房报告其友人虞听涛失踪的消息后，捕头据报"准予转饬中西捕一体留意，如发现尸身者，亦即捞回捕房，通知其家属收领"。[①]

公安局派警巡逻不仅能够及时发现企图自杀者，而且能联合民间力量、慈善机构等，有效地进行自杀干预并救济自杀者。1928 年 4 月 17 日下午 2 时许，上海特别市公安局水巡队闸北分队出巡警士李怀，在乌镇路口见一人从新建桥上投河图尽，他设法将人捞起后带回所里，并以姜汤灌救。水巡队经调查得知，自杀者是 41 岁的无锡人匡培发。[②] 从匡培发自杀被救的例子可以看出，派警巡逻是公安局预防自杀的有效经验措施。而当社会局再次致函公安局，请求公安方面加派警士巡逻时，不仅肯定了公安局既有的防止自杀的经验，而且能够通过两个部门的合作，加强公安局对巡警巡逻的重视（见图 5.1）。所以到 1928 年 11

图 5.1　黄浦江上之今昔

注：该漫画生动形象地刻画了警士巡逻时阻止投浦自杀的场景，因此也带来浦江边投浦自杀现象的今昔对比。

资料来源：《严密防范投浦自杀 鼓励青年立志奋斗 加派警士沿浦梭巡 树立木牌准予申诉 函知报馆慎重登载》，《上海特别市市政周刊》1928 年第 42 期。

① 《友人函告自杀 因经济压迫而出此 请捕房注意捞尸体》，《申报》1930 年 1 月 22 日，第 15 版。
② 《匡培发一再投河 是否有神经病 抑有别项隐情》，《申报》1928 年 4 月 20 日，第 15 版。

月，上海特别市公安局戴石浮局长查得浦江岸边仍有投浦之事后，认为预防自杀"关系社会风化，最为重要"，于是"传知该管一区总署，及一区一所，令该处守望岗警，随时注意视察。如有所见，力加劝阻，勿得自行觅死。并传谕各船户等一体留意，代为救护，以重生命云"。①

上海市公安局办理的救济案件中，有多人是由于衣履单薄，不足御寒而冻亡的。1934 年 1 月 25 日，公安局专门致信上海辛未救济会，请救济会"拨男女寒衣各三十套，以资救济"。② 当公安局遇到女性自杀案例时，经常会与济良所这类慈善组织合作。济良所是专门收容和救济被骗、被压迫、被虐待而又无依靠女性的慈善机构，女性的自杀多与这些因素有关。为了救济来沪谋生却自杀的外地人，公安局除了和慈善机构合作，还发挥同乡会的作用，通过同乡会遣送自杀未遂者回原籍或者收埋自杀者的尸身。

我们在考量公安局派巡士沿浦巡逻以防止自杀这一举措时，固然应该看到其在应对自杀时所取得的成绩，但不足之处也不能忽视。首先，警力配置不足，"多派警士"的预想受到限制。1927 年 7 月上海特别市公安局成立后，将全境划分为 7 大警区，辖 20 所，6 个保安队，及水巡队、军乐队、侦缉股、教练所各 1 个，包括区长、所长、巡官、巡长、巡警等各级警务人员共 3 799 人③，可见公安局成立初期人员并不多。其次，从自杀案件的处理程序看，同案不同办容易引起质疑。例如案例 5-1 和案例 5-2，其处理过程虽都有带回警署询问的环节，但在具体的处理程序上却不一样。同案却不同办，其公正性也会受到质疑。再次，从处理自杀案件的成效看，公安局的力量略显单薄。公安局的职责主要是维持社会秩序，只有犯罪、谋杀才会进入公安局的视野。吴飞认为"公安局之所以会处理一些自杀问题，是因为自杀与谋杀经常搅在一起，分不清楚"。④ 根据当时公安局处理自杀案件的成效，可以看出这个论断是合理的。

三、竖立警告牌准予申诉

社会局救济自杀的第三项举措是"由职局在历年投浦较多之岸沿，竖立木牌，警醒世人，遇有困难情形，准其来职局陈诉，当量为告诫，并竭力助其

---

① 《警察注意投浦者》，《申报》1928 年 11 月 30 日，第 15 版。
② 《市公安局恩请拨给寒衣 致辛未救济会函》，《申报》1934 年 1 月 26 日，第 12 版。
③ 上海特别市市政府秘书处编：《上海特别市行政统计概要（1927 年度）》，载张研、孙燕京主编《民国史料丛刊》（162 册），郑州：大象出版社，2009 年，第 134 页。
④ 吴飞：《自杀作为中国问题》，北京：生活·读书·新知三联书店，2007 年，第 5 页。

解除困难"。① 社会局希望一方面在自杀多发地段竖立自杀警告牌，警醒那些想自杀的人，一方面鼓励那些有困难的人主动到职局申诉，社会局除了尽量告诫，还会竭力助其解决困难。②

社会局在函请教育、公安两局分别办理第一项和第二项举措的同时，即行"拟定警告自杀牌之标语图样"。③ 第三项举措与上述第二项举措，最初均是为了防止投江自杀。投水自杀在上海非常盛行，上海社会最常见的自杀方式除了服毒，便是投水，尤其是投黄浦江自杀的新闻，受到了媒体的大量曝光。在《申报》1928 年报道的 129 例投水自杀事件中，有 100 例是投黄浦江自杀的，是投水自杀总数的 77.52%，这意味着在上海每 10 个投水自杀者中至少有 7 人是跳黄浦江自杀，投水自杀尤其是投黄浦江自杀成为风气。针对这种情况，如何防止投浦自杀风潮呢？ 社会局意识到，有必要在历年投浦自杀较多的沿岸，竖立警告牌。

1928 年末到 1929 年初，社会局先后竖立了两批自杀警告牌。在设计第一批自杀警告牌样式时，社会局考虑到"自杀之原因繁多，而标语则贵在简明，自难兼顾一切。故标语、图画均指一般的投水自杀而言"。④ 因此，第一批自杀警告牌(见图 5.2)由图画和标语两部分组成，图画内容为：在江水浩渺之中，一尸浮飘其间。左角绘枯骨与骷髅，表示死后之两时期。江岸站一女子，正欲投水，见江中死尸，似有所感，同时一人飞步拦阻。标语的内容为："死不得的　快回头去！"

第一批自杀警告牌主要竖立在黄浦江及吴淞江一带，⑤具体地点包括大关桥、董家渡、久记木行前、开泰桥、南码头、制造局路、江边码头及吴淞江边之通济路口、舢板新桥、二十六号码头及永仁里口等处。1928 年 11 月中旬前，第一批警告牌雇工匠赶制完成，至 1929 年 1 月，十方警告牌已竖立完毕，⑥考虑到自杀者大多在夜深昏暗中投江，当局于是在自杀警告牌两面装置了电灯，由公用局负

---

① 上海特别市社会局编：《上海特别市社会局业务报告 十七年八月至十二月》第 1 期，上海：上海特别市社会局发行，1928 年 12 月，第 284 页。

② 前文曾提及社会局救济自杀的第三项措施有时同第二项措施合二为一，即"函请公安局于夜间多派警士，勤加梭巡，并由本局在历年投浦较多之岸沿，竖立木牌，警告世人。"(《市社会局 维持火柴营业 组织国货公司 取缔裸体画 调解劳资纠纷》，《上海特别市市政周刊》第 51 期，1928 年 10 月 18 日，"业务报告")，但更多的情况是将"派警士巡逻"和"竖立警告牌"两项措施分开提及。

③ 上海特别市社会局编：《上海特别市社会局业务报告 十七年八月至十二月》第 1 期，上海：上海特别市社会局发行，1928 年 12 月，第 285 页。

④ 上海特别市社会局编：《上海特别市社会局业务报告 十七年八月至十二月》第 1 期，上海：上海特别市社会局发行，1928 年 12 月，第 285 页。

⑤ 《上海特别市政府指令第 3913 号 令社会局为呈报植立第一批投水自杀警告牌由》，《上海特别市政府市政公报》1929 年 2 月第 19 期。

⑥ 《上海特别市政府指令第 3913 号 令社会局为呈报植立第一批投水自杀警告牌由》，《上海特别市政府市政公报》1929 年 2 月第 19 期。

图 5.2　第一批自杀警告牌："死不得的　快回头去"

资料来源：上海特别市政府社会局编：《上海特别市社会局业务报告 十七年八月至十二月》第 1 期，1928 年，第 284 页；朱家麟摄：《上海特别市在浦滨竖立之警牌（警告投江自尽者）》，《大亚画报》第 144 期，1929 年 3 月 15 日。

责管理，所需电量由南市华商电器公司及闸北水电厂捐送。① 很显然，给警告牌配置电灯，可以最大限度地发挥警告牌的作用，尤其是夜晚。同时，也借用电灯的亮光，"以示光明之路"。②

　　第一批自杀警告牌绘制完成后，逐步装置于浦江及吴淞江沿岸，同时社会局着手续制第二批自杀警告牌，第二批自杀警告牌的图画和标语主要针对普通的自杀，而非专指投浦自杀，并通过报刊媒体征求图样办法。第二批自杀警告牌（见图 5.3）主要竖立于通卫大道，具体地点包括：① 中华路肇家路口；② 中华路黄家路口；③ 中华路小东门；④ 邑庙殿前路（豫园）；⑤ 光复路大统路口；⑥ 宝山路界路口；⑦ 物华路天宝路口；⑧ 虹江路北四川路口；⑨ 曹家渡路 595 号恒泰酒厂前；⑩ 徐家汇镇一带。③ 社会局内部经过几次讨论，才决定将图画绘成含有自戕、服毒、自缢等惨状的式样，标语定为"自杀是最痛苦的"。社会局同样认为

---

　　① 上海特别市社会局编：《上海特别市社会局业务报告 十七年八月至十二月》第 1 期，上海：上海特别市社会局发行，1928 年 12 月，第 285 页。

　　② 朱家麟摄：《上海特别市社会局为警醒投江自杀者起见，特于浦江一带竖立警牌》，《世界画报》1928 年 12 月 9 日。

　　③《市社会局警告自杀 竖立第二批警告牌》，《申报》1929 年 5 月 18 日，第 16 版；《一念及自杀之痛苦：未有不废然而返——市社会局竖自杀警告牌》，《民国日报》1929 年 5 月 18 日，第 3 张第 4 版。

常见的自杀大多是为了逞一时的意气，如果能让自杀者念及死时的凄惨痛苦情景，或可打消自杀意气。① 社会局最初预定于 1929 年 2 月前将自杀警告牌竖立完毕，不过据报纸报道，直至 1929 年 5 月中旬，才在各主要路段全部竖立完毕。

图 5.3　第二批自杀警告牌："自杀是最痛苦的"

资料来源：上海特别市社会局编：《上海特别市社会局业务报告 十七年八月至十二月》第 1 期，1928 年，第 285 页。

上海市社会局在上海第一次自杀频发时分两个批次竖立自杀警告牌，以防止自杀的流行，联合公用局、公安局等政府部门，使之共同参与自杀的应对之中。首先，上海市公用局配合社会局装置带有路灯的自杀警告牌。作为上海特别市政府"1 处 10 局"之一的公用局，依据《上海特别市暂行条例》而设立，它主要经营和监督电力、电气、电话、电车、自来水、煤气及其他公用事业，②可以说，公用局所掌管的事项均与普通百姓的日常生活息息相关。社会局如果要求华商电气公司和闸北水电厂捐助自杀警告牌上电灯所需的电量，必然要与公用局打交道。因为这两家企业属于"华界"五家电气公司，而该公司又受公用局管理。显然社会局之所以能够顺利竖立带有电灯的自杀警告牌，并使之正常工作，公用局是有一定的贡献的。其次，公安局负责监督自杀警告牌电灯的正常运行。公安局的巡警们在执行巡逻任务时，经常会遇到很多突发情况。公安局意识到，即便巡逻

① 上海特别市社会局编：《上海特别市社会局业务报告 十七年八月至十二月》第 1 期，1928 年，第 285 页。

② 《上海特别市暂行条例》，《大公报》1927 年 7 月 13 日，第 6 版。

的警察"耳目敏活注意周到"，但"应查察事件难以预定"，[①]于是公安局特别要求巡警们"宜于小街僻巷幽旷地段未设岗位之处格外注意"同时在"夜间巡逻时见有官立路灯不明时，须记明地点时间，于巡逻事毕后报告官长整理"。[②] 公安局的巡逻也有效保障了自杀警告牌的正常使用。公安局、公用局等政府机构的积极参与对自杀警告牌的成功竖立和正常工作发挥了重要的作用。

　　如何看待上海市政当局为了防止自杀而推出竖立自杀警告牌的措施呢？官方舆论充分肯定了这一举措。两个批次的自杀警告牌竖立完后，《民国日报》刊发了《一念及自杀之痛苦 未有不废然而返》的报道，以此肯定警告牌对于防止自杀起到的积极作用。文章指出警告牌的作用是"以期提示警醒一时之情感愤激，俾一念自杀情形，未有不废然而返，宁愿与困苦艰难相奋斗"，[③]这样的媒体话语意在向读者传达一种信息：自杀警告牌的竖立为挽救自杀行为带来了莫大的信心。

　　然而，警告牌在防止自杀方面是否有立竿见影的效果，很难通过计量统计来精确呈现，加之 20 世纪 20 年代末期的上海市政各项建设面临经费紧张的局面。虽然竖立了两批自杀警告牌，但是时人也从竖立自杀警告牌的初衷来反思警告牌的实际效果。自杀警告牌从图案到标语，均希望通过警告牌上的恐怖图片震慑意图自杀者。那些因一时冲动而想到用自杀来解决问题的人面对警告牌对于人死后情景的描绘，确实能让这些人打消寻死的念头。但这只是一种消极的应对，作为自杀者"苦命"的诱因并不会因警告牌而消失。对此，社会局又给出了一个相对积极的应对举措，即"遇有困难情形，准其来职局陈诉，当量为告诫，并竭力助其解除困难"。[④] 这一措施一定程度上弥补了警士巡察上的疏漏，也为那些意图自杀者提供了申诉途径，并能对意图自杀者实施有针对性的援助。

　　总体而言，竖立警告自杀牌和准予申诉作为社会局防止自杀的第三项办法在上海施行得很顺利，并且为当局在随后自杀高发的时候出台类似的措施积累了经验。

---

　　① 上海特别市公安局编：《上海特别市公安局业务纪要》（一），载张研、孙燕京主编《民国史料丛刊》（201 册），郑州：大象出版社，2009 年，第 152 页。
　　② 上海特别市公安局编：《上海特别市公安局业务纪要》（一），载张研、孙燕京主编《民国史料丛刊》（201 册），郑州：大象出版社，2009 年，第 152 页。
　　③《一念及自杀之痛苦 未有不废然而返》，《民国日报》1929 年 5 月 18 日，第 3 张第 4 版。
　　④《救济投浦自杀问题》，《申报》1928 年 8 月 10 日，第 15 版；《生命的价值何等重大》，《民国日报》1928 年 8 月 10 日，第 4 张第 2 版，"闲话"。

1935年6月至7月间，上海社会因为失业而自杀的情况增加，上海市政当局复又重视起自杀问题，先是有社会局局长吴醒亚公开在媒体上发表"防止自杀意见"，被外界认为是"论述透澈，固堪为唤醒迷误之箴言"。后又有公安局以自杀之风不可长，"自杀事件贻害国家民族前途綦巨"，认为"设法防止，实属切要"，于是"故特饬科绘具关于描写自杀之痛苦种种警惕图画，制成巨幅数十帧，以备遍钉于市区内各马路、里巷、公共场所及码头、河岸、桥梁显明之处。"希望"一时消极而自杀之市民，加以警惕，使其悬崖勒马"，从而使"日后自杀事件，或可藉此消极防止而减少"。① 7月28日，公安局将六面警惕自杀画牌装置于邑庙九曲桥畔，并准备逐渐推及其他各处。②

通过上述分析，我们可以发现，无论是竖立警告自杀牌、劝告牌，还是警惕图画，都是上海市政当局在自杀高发时的临时救济措施。虽然这种措施不能从根本上消除自杀，但是作为政府的防控自杀行动，仍具有一定的积极意义，反映了官方防控自杀的经验处于不断积累的过程中。

四、令报馆慎登自杀新闻

社会局筹拟救济投浦自杀的第四项举措是管控报刊媒介对自杀新闻的报道，其具体内容是"由职局函请各报对于前项新闻（指自杀新闻）慎重记载，即认为必须刊载之稿，勿为死者下同情之按语，宜易以规劝之箴言，庶或挽浇风于万一"。③

社会局之所以看重社会舆论在防控自杀时的作用，主要是受到1928年3月马振华投江案和同年7月吴和翠投水案的影响。马振华和吴和翠两女士虽然由于不同的原因自杀，但是她们自杀后都吸引了报刊媒体大量的报道和评述，在短时间内成为新闻焦点事件，引起了社会震动。报纸新闻成为自杀消息传播的主要渠道，一时间造成"比来男女自杀，报不绝书"的局面，以《申报》"本埠新闻"栏和《民国日报》"闲话"栏④为例，主要刊登的是上海每日发生的各类新闻，这两个专栏几乎每天都会报道自杀案件。据不完全统计，1928年《申报》一共报道了自杀案件437例，讨论自杀的文章，《申报》有50余篇，《民国日报》则为68篇。报

---

① 《市公安局防止自杀 绘制警惕图画 描写自杀痛苦情状 分区悬挂警惕市民》，《申报》1935年7月26日，第11版。

② 《警惕自杀画牌 装置邑庙桥畔 民众见之或知所戒惧》，《申报》1935年7月29日，第11版。

③ 《救济投浦自杀问题》，《申报》1928年8月10日，第15版；《生命的价值何等重大》，《民国日报》1928年8月10日，第4张第2版，"闲话"。

④ 曾易名为"社会闲话""上海社会""社会一角"。

刊自杀新闻"报不绝书"的内在逻辑，是轰动性的自杀新闻同民众阅读兴趣、报刊媒介的宣传和逐利，三者这种交叉互动所产生的影响，近乎是在为自杀做了宣传。

作为沪上重要的综合类大报，《申报》和《民国日报》上海版对自杀事件的报道和评述虽各有侧重，但就关注度而言，二者无疑是一致的，这让时人感到频繁的自杀新闻极易对社会产生不良影响。1928 年 8 月初，市民张学濂给上海市政当局写了一封请求救济自杀的信函，信中重点论述了报纸报道自杀新闻造成的不良影响：第一，"青年男女适值抑郁无聊之际，目所见者自杀也，耳所闻者亦自杀也，难免引起死念，触动杀机"。第二，"偶争意气，愿无可泄，不值自杀，故意图尽，以冀世人议论。报纸宣传，藉此欲促对方之悔悟。卒至乏人救援，枉送幽魂"。第三，"忽遭不白，怀书投江，逆料尸骸发现之日，必能供报纸之记录，遽认自杀为得所者。以及自杀之前，预函报馆，希图昭雪于身后者"。第四，"见报纸所记自杀者之生前状况与己相似，以为彼既自杀，吾何生为"。① 张学濂以为"近来成为社会莫大隐忧"的自杀问题，特别是青年男女的自杀，与报纸报道不无关系，于是他提出取缔各报的建议，令其"此后不准登载自杀之新闻"。姚赓夔也注意到 1928 年 7 月吴和翠投水事件，姚认为虽然吴的自杀是因受到丈夫的虐待，但其留下的无聊诗词，"这一层或者又是新闻纸的效力，她正因此而想留个死后的微名，以博得社会的同情呢"。② 姚赓夔同张学濂都认为媒体报道自杀消息会对社会产生暗示作用。正是在这种背景之下，社会局才会在筹拟救济投浦自杀办法时，分别致函《民国日报》《申报》等沪上主要新闻媒体，借此规范新闻媒体对自杀事件的报道。社会局随后在 1928 年 8 月 10 日上海特别市政府举行的第 82 次市政会议上汇报了"投浦自杀救济问题向各报馆及辅元堂接洽情形"。③

社会局明确表示报纸的不当宣传有影响社会安宁的危险，"对于意志薄弱者，予以走向自杀途径之暗示，非切实校正，严为防范不可"。④ 甚至曾有人向市政府告发负责捞尸的同仁辅元堂救生局，称其职员黄某买通报馆，勒索尸体家

---

① 《救济投浦自杀问题》，《申报》1928 年 8 月 10 日，第 15 版。

② 姚赓夔：《"吴和翠的死"：社会上不良好的同情 以后舆论界必须注意 环境不良可彻底解决 吴女士实是个糊涂虫》，《民国日报》1928 年 7 月 7 日，第 5 张第 1 版，"闲话"。

③ 《上海市政府第 75—90 次市政会议议事录汇编（第一册）》，上海市档案馆藏，档案号：Q1-5-559；《八十二次市政会议 催拨市区教育经费 通过六局组织细则 征收市内新门牌费 详查市库各项帐目》，《上海特别市市政周刊》第 44 期，1928 年 8 月 30 日。

④ 上海特别市社会局编：《上海特别市社会局业务报告 十七年八月至十二月》第 1 期，上海：上海特别市社会局发行，1928 年 12 月，第 284 页。

属，索取贿金。市政府旋即将案件发交社会局彻查，虽然最终查清并非属实，但社会局为此也特别令救生局注意防范此类买通报馆勒索尸属的事件发生，[1]并要求救生局在捞获死尸时，如果发现遗书，"不准擅自发表"。[2]

　　面对社会上的自杀风气，社会局不得不出面规范舆论报道，不仅要求报纸慎重登载自杀新闻，而且明文规定报纸对于必须刊载的自杀新闻稿件不能抱有同情的语气，而应该尽力规劝。

　　社会局对沪上主要报馆报道自杀一类新闻提出了哪些具体要求呢？第一，要求报馆"今后登载自杀新闻，务宜万分郑重，如非构成司法案件，一概勿予登载"。《申报》所刊登的大部分自杀案件均有涉及司法处理，从这一点看，是符合社会局的要求的；《民国日报》的自杀讨论性文章较多，对自杀案件的报道不多，不过对于社会局的这一要求，其也明确表示"自有采纳之必要"。[3]第二，"即认为必须刊布之稿，亦请勿为死者遗下同情之文字"，[4]"除必要之叙述外，勿作过量之描写"。[5]迪尔凯姆认为要预防自杀，首先必须明确自杀"应该受到比较严厉和明确的谴责"，但"舆论对自杀的评价容易产生分歧，因为自杀在一定程度上是由舆论所尊重的感情引起的，所以舆论在谴责自杀时不能没有保留和毫不犹豫"。[6]这种同情心的后果是相当严重的，"这种社会上的同情，差不多是鼓励自杀，使一般被困在环境中的弱者羡慕自杀"。[7]事实上，对于舆论来说，想用同情之心来解决自杀问题，只会得不偿失。不过值得庆幸的是，虽然《民国日报》的自杀讨论很多，但笔者并未发现太多的同情话语，据《民国日报》的编辑姚赓夔所说，"本报对于自杀事件，素不下同情之批评，我们闲话并出过自杀问题号对自杀大加攻击，颇愿以后社会上不再有这种不幸的事，报纸上也不再见自杀的新闻"！[8]第三，

---

　　① 上海特别市社会局编：《上海特别市社会局业务报告 十七年八月至十二月》第1期，上海：上海特别市社会局发行，1928年12月，第286页。

　　② 上海特别市社会局编：《上海特别市社会局业务报告 十七年八月至十二月》第1期，上海：上海特别市社会局发行，1928年12月，第285页。

　　③《生命的价值何等重大 自杀社会前途之隐忧 民族堕落之症结——市社会局致函各报请郑重刊载舆论界对死者勿遗下同情文字》，《民国日报》1928年8月10日，第4张第2版，"闲话"。

　　④《救济投浦自杀问题》，《申报》1928年8月10日，第15版。

　　⑤ 上海特别市社会局编：《上海特别市社会局业务报告 十七年八月至十二月》第1期，上海：上海特别市社会局发行，1928年12月，第284—285页。

　　⑥ 埃米尔·迪尔凯姆：《自杀论》，冯韵文译，北京：商务印书馆，2001年，第406页。

　　⑦ 姚赓夔：《"吴和翠的死"：社会上不良好的同情 以后舆论界必须注意 环境不良可彻底解决 吴女士实是个糊涂虫》，《民国日报》1928年7月7日，第5张第1版，"闲话"。

　　⑧《生命的价值何等重大 自杀社会前途之隐忧 民族堕落之症结——市社会局致函各报请郑重刊载舆论界对死者勿遗下同情文字》，《民国日报》1928年8月10日，第4张第2版，"闲话"。

"宜就其事实，指陈解决之方，为后之同样遭遇者，开其努力奋斗之路"。① 社会局对报馆报以很大的希望，如潘公展在给《申报》馆和《民国日报》馆的函件中均强调"事关社会公益，敝局深望与贵报共同防范，以期消弭于无形，尚希采纳示复"。② 社会局在上述论断中强调了报馆的"指陈"功能，"舆论能运用逐渐增加的压力制裁预期中的越轨行为，它能在任何时刻干预人们的行动。舆论预先警告的咆哮远比法律静悄悄的恐吓更能阻止罪过的发生"。③ 舆论的控制力量不容忽视，因此社会局正是从宣传的角度强化和规范媒体对自杀新闻的报道。④

1928 年下半年，上海市政机构为了遏制当时自杀的高发而加强了对舆论的控制，其主要手段是规范媒体的自杀新闻报道，然则这并非市政部门一时的行动，在随后几年中，自杀新闻依然时常引起媒体的关注，并成为社会的巨大担忧。沪上闻人黄楚九曾经打算创立自杀救济会，他的办会动因即是有感于"近年来本埠自杀之风，日盛一日，报纸所载，几于无日无之"。⑤ 1934 年一位笔名叫"觉"的读者写了一封《怕死与自杀》的文章投给《申报》，他开篇就说"翻开报纸，自杀的新闻，每天接触于眼帘"。⑥ 到了 1935 年，媒体大量报道自杀新闻的事实依然存在，同样也引起时人的担忧。

报纸过多披露自杀新闻，让时人担忧自杀新闻会在社会上形成不良的暗示作用。如何尽量避免纸媒报道社会新闻时所产生的不良暗示呢？首先应该正确认识纸媒的社会作用，"报纸的社会新闻多半是与社会道德伦理有密切关系的……因此每一个报纸便当积极地担负起它重大的社会任务来，在刊载那一类的新闻时，必要严加考虑，必要使刊出的新闻不会对于社会伦理、个人道德起坏的影响，以发挥新闻本身的教训的能动作用"。⑦ 进而探索社会新闻的规范性报

---

① 《救济投浦自杀问题》，《申报》1928 年 8 月 10 日，第 15 版；《生命的价值何等重大 自杀社会前途之隐忧 民族堕落之症结——市社会局致函各报请郑重刊载 舆论界对死者勿遽下同情文字》，《民国日报》1928 年 8 月 10 日，第 4 张第 2 版，"闲话"。

② 《救济投浦自杀问题》，《申报》1928 年 8 月 10 日，第 15 版；《生命的价值何等重大 自杀社会前途之隐忧 民族堕落之症结——市社会局致函各报请郑重刊载 舆论界对死者勿遽下同情文字》，《民国日报》1928 年 8 月 10 日，第 4 张第 2 版，"闲话"。

③ 罗斯：《社会控制》，秦志勇等译，北京：华夏出版社，1989 年，第 72 页。

④ 时至今日，媒体与自杀的关系依然为人们重视。WHO2000 年曾发表了一份自杀预防宣传手册，即《自杀预防：给媒体工作者的参考》，其中规定了媒体自杀报道的 6 条禁忌：1) 不应刊登死者照片或自杀遗书；2) 不应详细描述自杀方法；3) 切忌为自杀归结为单一原因；4) 不应美化自杀行为；5) 不应将自杀理由归结为宗教原因；6) 切忌相互埋怨(转引自季建林、赵静波主编：《自杀预防与危机干预》，上海：华东师范大学出版社，2007 年，第 418 页)。

⑤ 《创组自杀救济会 黄楚九君等所发起》，《申报》1930 年 1 月 5 日，第 15 版。

⑥ 觉：《怕死与自杀》，《申报》1934 年 3 月 5 日，第 22 版，《申报本埠增刊》"谈言"。

⑦ 冯有辰：《报纸与社会伦理》，《申报》1936 年 8 月 23 日，第 21 版。

道方式。1935 年 6 月初，上海市社会局局长吴醒亚针对上海自杀事件增多而发表的"防止自杀意见"，便有效地统一了这两点。吴醒亚在"防止自杀意见"中要求"本市各报，此后凡遇自杀事件，只须陈述事实，万不可索隐探秘，过分渲染，一切惊心动魄刺激情感之标题、摄影书札等等，悉宜屏弃。更须于记述事实之余，附加评论，就事言事，详加细剖，绳愆纠谬，指示人生应循之途径，使同病相怜者得所启示，一念之差，回心转意，不致如针吸铁再上自杀之路"。① 从吴醒亚的表述中可以看出，上海市政当局虽然肯定了报纸对自杀事件的陈述功能，但是更强调摒弃新闻中渲染的成分，给人以正确的启示。

从 1928 年到 1937 年，在规范舆论报道自杀新闻方面，上海市政当局所付诸的努力具有一定的积极意义，并起到了示范作用，国内一些城市也渐次推行此类措施。1930 年广州社会局致函报界公会，要求报界慎重登载自杀新闻，认为自杀有如"厉疫之传染"，"为免其蔓延，报界应减少自杀暗示，作为治标的良法，又事关公益，呼吁报界重视"。② 1935 年年中，汕头西南出版物编审委员会也专门要求党政机关严格按照标准审查出版物，其中如果违反规定发表了"属于自杀案件之记述"，应当全部扣删。③

总体而言，上海市政机关规范报馆对自杀新闻的报道，是从舆论控制的角度防控自杀。通过规范自杀新闻报道，在一定程度上可以达到防止自杀多发的目标。正如 1937 年 6 月 21 日，时任上海市社会局局长潘公展所言，"采访记者在社会中探取新闻，其情形正相同，使优者、美者、善者、良者能尽量发表，予读者以良善之印象，则移风易俗，使养成良好之风气。以前马振华、黄慧如等事，竞相登载而造成其悲惨之结果，此乃报纸之力而将其毁灭。其实社会如此等事，每日不知几许，如此风不改，将不知再造成几许黄慧如。报纸有此等力量，应用于正面。素来有一种错见，以为对某人略加赞美，即认为受贿，结果使发言人不愿说好话，此种错误见解，须加纠正，使整个社会能向上"。④ 潘公展希望新闻记者能"隐恶扬善、移风易俗"，控制自杀新闻，以此遏制自杀风气的流行，这或许正是上海市政当局特别指令报馆慎登自杀新闻的原因。但是自杀作为社会生活中最常见的社会事件，只要现实生活中依然存在，就很难做到根除。

① 《本市社会局吴局长发表防止自杀意见 对合家自杀事件之发生表示痛心 救济之策在改造心理与实力援助 社会局将召集善团领袖商议办法》，《申报》1935 年 6 月 9 日，第 12 版。
② 《社会局长函请报界慎重登载自杀案》，《广州市市政公报》1930 年第 342 期。
③ 《汕头新闻检查所 检查报纸新法 编审会新订检查条件十条》，《申报》1935 年 6 月 11 日，第 7 版。
④ 《采访记者首次联欢会 邵部长讲记者修养 "有闻必录"须加评断转告读者 潘公展盼"隐恶扬善"移风易俗》，《申报》1937 年 6 月 22 日，第 9 版。

五、查禁自杀题材的戏剧

1928 年 8 月 11 日，上海特别市社会局在指令报馆慎登自杀新闻之后，又通过了"禁演自杀戏剧案"，具体内容是"本局以查有牟利之徒迎合社会心理排演《吴和翠投江记》，此项戏剧往往穿凿事实，绘影绘声，殊失真相，其影响于社会者至为深刻，特分函上海临时法院及公安局禁止开演，以杜效尤而挽颓风"。①

社会局为什么要禁演自杀戏剧呢？社会局在给法院和公安局的函件中已经提及，即吴和翠投水自杀事件被排演成新剧，并产生了不良影响。1928 年 7 月吴和翠因不堪丈夫虐待投水自杀，某些游戏场的新剧舞台和剧院为了迎合大众的猎奇心理，将此事改编成新剧，排演成《吴和翠投江记》预备择期演出。社会局经过调查发现"排演新剧，往往穿凿事实，绘声绘影，殊失真相，较之各报之据实记载者，尤属变本加厉，其影响于社会一般之心理，至为深刻，若不预筹禁止，则其他自杀事件，难保无射利之徒，群起效尤，相率排演，此风断不可长"。② 社会局之所以做出这种判断并非空穴来风，而是受到了"前例"的影响，这个"前例"即是马振华投浦自杀事件。

马振华自杀后，在商业利益的助推下，沪上各大剧院、游戏场舞台等相继上演各种以马振华自杀为题材的新剧剧目，③电影院上映根据事件改编成的电影，报纸推出各类新剧、电影的宣传广告。从 3 月下旬到 7 月下旬，短短的四个月里，新新公司、永安公司、先施公司、神仙世界男女新剧社、新新花园钟社等相继推出了《马振华女士自尽记》《马振华投江记》《马振华哀史》等新剧；电影方面，中央大戏院、卡德大戏院、恩派亚大戏院等 11 家电影院，放映了大中华百合公司出品的电影《马振华》。报纸也频繁刊登这些新剧、电影的广告，加速了马振华自杀题材剧目、电影的传播。马振华投浦自杀虽然只是一例社会新闻，却随着商家的包装和营销，变成了市民休闲娱乐的文化产品。

在上演马振华自杀题材戏剧的同时，吴和翠的自杀案无疑又让商家看到了商机。1928 年 7 月 13 日，神仙世界男女新剧社开始预告根据吴和翠自杀改编的新剧《悍姑恶夫》。同月底，值沪上投浦自杀高发，该剧社又将《悍姑恶夫》改称

---

① 《市社会局 维持火柴营业 组织国货公司 取缔裸体画 调解劳资纠纷》，《上海特别市市政周刊》第 51 期，1928 年 10 月 18 日，"业务报告"。

② 《禁止排演自杀新剧 社会局函公安局及法院》，《民国日报》1928 年 8 月 12 日，第 4 张第 4 版，"闲话"。《社会局禁止排演自杀新剧》，《申报》1928 年 8 月 18 日，第 15 版。

③ 这些剧目多根据报纸搜集整理而成，有《马振华哀史》，上海：群友出版社，1928 年；金雄白：《马振华女士自杀记》，上海：社会新闻社，1928 年；张碧梧：《马振华哀史》，上海：华合出版社，1928 年。

《吴和翠女士投江记》。此时恰值社会局着手解决投浦自杀问题，而自杀事件的改编热，不免引起社会局的关注。于是社会局决定先行取缔自杀新剧的排演活动，以免其造成不好的社会影响。

社会局致函上海租界临时法院和公安局，希望两个部门能共同查禁自杀题材的戏剧，社会局采取这一措施正是考虑到了戏剧对于自杀风气传播的影响。而自杀题材的电影一方面也随着国内电影业的迅速发展而受到影片公司的关注，另一方面也对电影演员和观众产生了微妙的影响。1935 年 3 月 8 日，电影明星阮玲玉服下安眠药自杀身亡，引起了电影界乃至整个社会的震动。阮玲玉为何自杀，除了女性受压迫的社会因素外，还有其作为演员的心理因素。记者伯宁认为阮玲玉自杀的主要原因是阮在已往生活不如意时的服毒经历，以及她主演的悲剧电影给其带来的悲观情绪。阮玲玉主演的片子，如《故都春梦》《小玩意》《人生》《神女》和颇有影响的《新女性》，讲述的大都是社会底层女性的人生悲剧，其中不乏像《新女性》剧中的自杀角色。"电影原是戏，戏原是做做而已，但是要做得逼真，要做得动人，那么演员须把戏剧认为自己人生的一部分。"阮玲玉就是这样的演员，"哭了才悲哀"的体验直接影响着阮玲玉的情绪，所以伯宁指出阮玲玉的这种悲哀的情绪"在平时还隐伏着，不易观察到，一遇不如意事，当然一发而不可止了。"伯宁除了指出阮玲玉自身受到电影的影响外，还担心阮玲玉的自杀"恐怕会给青年们一种'授意'……我们（指记者）对于青年男女实有预防的责任，这事尤其新闻界是该加倍注意的"。[1]

有研究者指出，"媒体自杀报道的现实影响是短暂的，存在一个模仿自杀高峰期，一般为 1—2 周"。[2] 如果能在这个"模仿自杀高峰期"，对媒体加以正确的引导，必然能减少媒体方面有关自杀事件的不良传播，从而有效控制自杀问题。

六、编制自杀统计的材料

上海市政府社会局针对投浦自杀而做出的防控应急办法，虽然在后续年份中也时常出现，但常常被视为"消极"应对，而社会局的另一项重要措施——"编制自杀统计"却被视为政府救济自杀的"积极"措施。上海当局从 1928 年 8 月着

① 伯宁：《阮玲玉自杀的心理分析》，《申报》1935 年 3 月 13 日，第 27 版，《申报本埠增刊》"电影专刊"。

② 刘雁书、肖水源：《自杀事件的媒体报道对人群自杀行为的影响》，《中国心理卫生杂志》2007 年第 21 卷第 5 期。

手编制自杀统计材料,社会局在 8 月 8 日呈送市长的《筹拟救济投浦自尽办法案》中已经筹划"一面复制定捞救人尸报告表式,函令救生局逐日填报,以便编制统计,筹维消弭方法"。①

上海市政当局编制自杀统计资料的初衷源于对自杀问题的担忧。同离婚、盗窃、犯罪一样,自杀"足以影响民族之存亡,人民之生死",②社会局认为"强盛之国家基于健全之社会,欲谋社会之健全当洞悉其病症所在,欲洞悉社会病症又不得不从统计着手"。③ 所以"应从调查统计入手,根据事实,参考学理,知其症结所在,以求消患无形,而图社会之健全也"。④ 由上海市政当局主要是社会局主办的自杀调查统计是上海近代第一次系统的自杀统计,也是中国近代历史上由政府主办的第一份系统的自杀统计。1928 年 8 月 11 日《申报》《民国日报》同时报道了社会局筹备编制自杀统计信息的新闻,9 月 18 日两大报纸分别刊登 8 月份上海自杀统计表,继而社会局主办的刊物和一些大报相继于本月公开刊登上月的自杀、离婚、盗劫、绑案等四种社会病态统计资料,一直延续到抗日战争全面爆发前夕,这为当时乃至以后的上海自杀研究提供了珍贵的历史资料。

社会局编制的自杀统计材料来源如下:

第一,法院、公安局的报告。社会局将自杀统计纳入社会病态统计,有关自杀、离婚、盗劫、绑架等案件的统计材料最终主要由市公安局、上海地方法院、租界临时法院按月报送。⑤ 公安局和法院作为负责治安和司法的公共职能部门,在日常处理相关案件的过程中,极易接触自杀事件。一旦自杀事件发生后,特别是发生在旅馆、医院等公共场所,公安局或巡捕房会派出警员或巡捕前往事发地,及时将自杀未遂者送医救治或者将死亡者送验尸所候验,同时做好案件的调查取证工作。自杀事件的处理环节还离不开法院验尸官的参与,验尸官从法医学的角度出具验尸报告。从大部分公开报道的自杀新闻中,可以看到公安局和法院在调查处理自杀事件中保留了大量相关材料。现在按照社会局的要求每月

---

① 《市社会局 维持火柴营业 组织国货公司 取缔裸体画 调解劳资纠纷》,《上海特别市市政周刊》第 51 期,1928 年 10 月 18 日,"业务报告"。

② 陈毅夫:《社会调查与统计学》,上海:商务印书馆,1947 年,第 179 页。

③ 上海特别市社会局编:《上海特别市社会局业务报告 十七年八月至十二月》第 1 期,上海:上海特别市社会局发行,1928 年 12 月,第 286 页。

④ 《社会局办理公益慈善事业之方针》,《民国日报》1928 年 8 月 19 日,第 4 张第 2 版。

⑤ 上海特别市社会局编:《上海特别市社会局业务报告 十七年八月至十二月》第 1 期,上海:上海特别市社会局发行,1928 年 12 月,第 286 页。

报送处理的自杀事件相关资料，以便社会局统计汇编。[①]

1928 年 11 月 9 日，社会局局长潘公展向上海公共租界工部局总办处发去一份公函，陈述社会局"为研究社会病态以谋补救方策"于 8 月开始进行自杀、离婚、盗劫、绑案等统计，"为力求准确起见，用特函请贵局赞助按月供给材料，以便汇编，期无遗漏"。并随函附上 8 月至 9 月的统计材料。租界警务处在 11 月 16 日的复函中虽然没有明确提供直接的相关数据，但是提及市政公报中按月报告了除离婚事件的相关信息。等到社会局将 10 月份的社会病态统计编制完成后，于 12 月 3 日再次向租界当局发去公函，一面附送 10 月份的统计资料，一面希望工部局能惠寄相关各项材料，以便进行补正。[②] 从社会局与租界当局交涉的情况来看，为了编制一份完整的自杀统计材料，上海市政当局付诸了实际行动，这是已往历届政府未曾采取的措施，也为后来的防控自杀行动积累了经验。

第二，医院的报告。医院在参与自杀急救工作和提供医疗救助服务时会保存下一些自杀案例，所以社会局在进行自杀调查统计时希望医院能够按月提供相关数据。这些医院主要包括仁济医院、同仁医院、同德医院、宝隆医院、中国公立医院、上海医院及红十字会南、北市医院。

以沪上公共租界的仁济医院为例，这所西医医院以"专医急症如服毒、枪伤及车辆辗伤之类"[③]见长。仁济医院在每月医务报告、年度院务报告、年会、医治病患人次报告等资料中会按时公布各方面的情况，有关救治自杀者的统计也常常是院方披露的内容之一。

1936 年仁济医院在回顾九十年办院历史时，专门将 1928—1935 年间救治的自杀患者进行了汇总（见表 5.1）。相较于将自杀与其他急救进行综合统计，仁济医院对不同性别的自杀者分别记录，所得到的数据显然更接近真实情况。正是基于此专门统计，仁济医院才意识到"在服毒或其他自杀行为以后，车送本院

[①] 虽然公安局和法院应该保留大量关于自杀事件的材料，但是由于战事的影响，如今这部分史料缺失严重，有关 1927—1937 年上海公安系统和法院系统的档案里几乎找不到记录自杀事件的完整档案，因此无法通过整理当时上海公安或者法院系统处理的自杀事件间接佐证社会局所获得的此部分数据。此外，公安局和法院除了提供调查、处理自杀事件的材料，作为公共职能部门，它们在后期也进行了直接的自杀统计工作。例如，日伪时期上海特别市沪西警察局对 1942 年 2 月里沪西地区自杀、他杀案件做过专门统计（《上海特别市沪西警察局 1942 年下半年自杀、他杀统计调查表》，上海市档案馆藏档案，档案号：R19 - 1 - 1207 - 85）；抗日战争胜利之后，南京国民政府上海市政当局重新接管上海，上海市警察局便对上海市 1945 年 9 月—1946 年 12 月间市民自杀、他杀情况做过统计（《上海市警察局关于市民自杀他杀统计表》，上海市档案馆藏，档案号：Q131 - 5 - 366）；除此之外，日伪时期的上海地方法院检察署和抗日战争胜利后上海地方法院检察处在审理自杀案件后均留下了一些涉及个人自杀案件的资料。

[②] 《上海公共租界工部局总办处关于自杀统计事》，上海市档案馆馆藏，档案号：U1 - 3 - 3341。

[③] 《仁济医院改建讯》，《申报》1928 年 3 月 31 日，第 15 版。

求治者为数甚多"，进而强调"本院力所能及，只能实行救治工作，若能由社会人士共同救济防止自杀事件之发生，则于人民幸福亦大有辅助矣。"①仁济医院立足医院的自杀调查统计资料，提出预防自杀与救治同等重要，呼吁社会各界共同参与预防自杀，从专业医疗的角度印证了自杀防控工作中社会参与的关键性意义。

表 5.1　仁济医院 1928—1935 年自杀患者统计表　　　（单位：人）

年　份	男	女	总　数
1928 年	383	709	1 092
1929 年	459	613	1 072
1930 年	304	610	914
1931 年	509	646	1 155
1932 年	410	548	958
1933 年	434	582	1 016
1934 年	628	620	1 248
1935 年	746	719	1 465

资料来源：仁济医院编：《九十年来为华人服务之仁济医院》，1936 年，第 41 页。

其他医院也对自杀患者做过统计，如同仁医院在 1928 年 8 月发布的第 61 届年报中指出收治的病人里服毒图尽的有 452 人，②1929 年的院务报告中公布服毒者 527 人，③1930 年的年报统计中服毒者有 547 人，而这些服毒者中又以企图自尽者为最多。④ 通过仁济医院和同仁医院的资料，可以说明医院是防控自杀的重要环节，所以社会局在编制自杀统计资料时必然会前往各大医院请求医院的协助。

第三，救生局的报告。社会局于 1928 年 8 月 9 日派职员到同仁辅元堂救生局调查，发现"救生局开办已久，成绩可观，但每月报告，除被救者较详外，其余捞获尸首，仅记面目，其地点原因等，均付缺如"。⑤ 对此，社会局特制定《救生局捞

① 仁济医院编：《九十年来为华人服务之仁济医院》，1936 年，第 41 页。
② 《同仁医院六十一届年报》，《申报》1928 年 8 月 17 日，第 15 版。
③ 《同仁医院去年院务报告 门诊八五九九四人 希望来年筹建新院》，《申报》1929 年 7 月 10 日，第 15—16 版。
④ 《同仁医院发行年报 第六十三届》，《申报》1930 年 6 月 2 日，第 16 版。
⑤ 《救济自杀之方针：将编制自杀统计 并研究自杀原因 市社会局已着手调查》，《民国日报》1928 年 8 月 11 日，第 4 张第 4 版，"闲话"。

尸报告表》(见表5.2)，要求救生局按日填写全部记录。报告表新增了有关投水自杀者的详细信息，自杀者落水原因、家庭状况和捞获地点等，这些都是自杀统计需要的内容。

表5.2 救生局捞尸报告表式样

___年___月___日

姓名	性别	籍贯	年龄	面貌附照片	躯干	身体特点	衣裤	尸体形态	落水原因	家庭状况	捞获地点	件

资料来源：上海特别市社会局编：《上海特别市社会局业务报告 十七年八月至十二月》第1期，1928年12月，第286页。

第四，报章中的自杀记载。报章对于自杀的记载比较全面，不仅有自杀案件的新闻报道，而且有时还会刊布一些零星的自杀统计。社会局摘录的新闻报道的自杀者信息，同样按照自杀调查表(见表5.3)进行整理，以弥补其他资料的不足。而到了统计后期，虽然社会病态统计仍然属于上海市政府社会行政的重要内容，而且编制方法同前，材料来源也是"各有所自，苟有可采，无不博访周咨，以期减少遗漏"，但是此时的社会病态统计尤其是自杀统计则主要依据报章上的自杀新闻，和各大小医院"每日之救治自杀报告"。[①]

表5.3 上海特别市社会局自杀调查表式样

___年___月份

姓名	性别	年龄	住址	职业	自杀原因	自杀方法	自杀时日	自杀结果	家庭状况			
									父	母	夫妻	子女

资料来源：上海特别市社会局编：《上海特别市社会局业务报告 十七年八月至十二月》第1期，1928年12月，第286页。

社会局编制社会病态统计资料是"为改善社会之参考"，[②]而对自杀进行统计旨在"研究自杀原因及方法以谋补救起见"。[③] 社会局做完自杀资料的汇编统

---

① 上海市社会局出版委员会编：《上海市社会统计概要》，1935年，第43页。
② 上海市社会局出版委员会编：《上海市社会统计概要》，1935年，第43页。
③《市社会局发表八月份自杀统计 平均每隔六小时半有一人自杀 成为亟待解决之社会重大问题》，《申报》1928年9月18日，第15版。

计后，对其进行分析。具体方法是从统计项目的设定上分析自杀的分布特点，即自杀原因、方法、结果、自杀者职业、性别、年龄等方面的特征。第一，社会局将自杀原因分为 12 项：生计困难、失恋、堕落、家庭问题、营业失败、疾病、冤抑、遭盗被骗、畏罪、被虐待、其他及不明，并对其中的重点项目予以解释，如"家庭问题者，包括争吵、斗气、动武等等"，"被虐待一项，不论被任何人虐待均属之，如养媳被姑虐、婢女被主虐等等"，"营养失败与生计困难二项，似不易分别，但前者原有职业，而后者必失业已久，生计不能维持，以致自杀也"。① 第二，将自杀方法分为服毒、自缢、投水、跳楼、自戕、吞金、其他及不明等。第三，依照自杀者性别，分为男女 2 项。第四，根据自杀结果，分为死、被救及不明 3 项。第五，对自杀者的职业做了分类，分为学界、商界、劳动界、其他及不明等。最后，将自杀者的年龄按照 20 岁以下者、21 岁至 30 岁者、31 岁至 40 岁者、41 岁至 50 岁者、51 岁至 60 岁者、60 岁以上者及未详等 7 项进行分类。

　　社会局的自杀统计表主要基于当时的自杀调查情况而制，因此表格项目的变动，也直接反映了当时的自杀情况的变化。从自杀原因看，1929 年自杀原因（"自杀动机"）分为 13 项，较 1928 年增加了"婚姻问题"一项，之前的"营业失败"也被调整为"失业与营业失败"；1930 年自杀原因又增加了"口角"一项，同时将"生计困难"改称"经济压迫"，将"失业与营业失败"分成"失业""营业失败"两项分别统计，删除了"被虐待"一项；1931 年自杀原因较上一年增加了"羞愤""情死""被虐待"三项，将"冤抑"改为"冤诬"；1932 年到 1936 年，自杀原因基本沿袭 1931 年的规定。再从自杀者职业看，1930 年前，该项主要指学界、商界、劳动界、其他及不明 5 项；1930 年，"劳动界"一项改为"工人"，增加了"无业"项的统计；1931 年又增加了"农人""军警""公务员""小贩""佣役"5 项，总计 11 项，此后的自杀者职业统计基本沿用这一设计。② 还要特别指出的是，自 1933 年 4 月开始社会局的自杀统计增加了"自杀者年龄分析"一项，将自杀者年龄分成 20 岁以下、21 岁至 30 岁、31 岁至 40 岁、41 岁至 50 岁、51 岁至 60 岁、60 岁以上及未详 7 项。③ 年龄一项的增加，使人们对 20 世纪 30 年代上海自杀情况的认识更加全面。社会局有关自杀统计项目的设计和分类，反映了官方对自杀情况的了解和掌握，而统计项目的增减变化也体现了当时的社会问题。

---

　　① 《市社会局发表八月份自杀统计 平均每隔六小时半有一人自杀 成为亟待解决之社会重大问题》，《申报》1928 年 9 月 18 日，第 15 版。

　　② 文中提到的各项目是笔者据《上海特别市社会局业务报告》第 1—7 期整理而得。

　　③ 上海市社会局出版委员会编：《上海市社会统计概要》，上海：上海市社会局发行，1935 年。

如何评价社会局的自杀统计举措呢？

首先，社会局希望通过自杀统计来研究社会病态，在洞悉社会病症的基础上着手社会建设。自杀统计的具体作用主要有三个方面：第一，可知社会的缺点，而为改良社会的根据；第二，对自杀现象的本质、倾向、原因等做详细统计分析，可以防止自杀；第三，自杀统计可知政治利弊，为行政提供参考，"防止人民的自杀，当然也是政治设施之一"。①

其次，自杀统计工作的开展，显示了当局对社会调查统计的重视。社会局曾经感慨"遍查我国典籍绝少描写人民生活之记载，一般文人学士耻言社会琐事，凡遇问题发生，除主观的无病呻吟以外，鲜有以客观的态度就该问题之本身，探其原委，穷其究竟，以谋适当之解决者，此我国社会所以退化之一大原因也。"而反观"近世欧美诸邦，对于其本国社会事业莫不根据现实，观察其组织与活动之状态，分析其兴盛衰败之由来，寻求其变动牵连之迹象，制成图表，编为统计，俾读者接于目而了然于心，而谋所以改进之方"。② 基于这种忧虑，社会局提出办理公益慈善事业之方针，并将自杀调查统计作为其中的重要工作。1928 年 8 月开始的自杀统计，是上海当局第一次将自杀问题视为社会问题后实施的行政措施之一。

第三，自杀统计虽然因淞沪抗战而中断过，但是上海当局在当时的条件下能够整理出一份连贯的自杀统计表，其做法值得推崇。③ 社会局的自杀统计表"材料极其充实，数字极其准确，颇为一般人士所推许。"④编制自杀统计资料是社会局救济自杀举措工作中的重要一环，使社会各界得以全面了解上海自杀问题全貌，并以此为依据，制定具体的救济办法。这对保障城市的社会稳定、促进经济发展具有积极意义。

当然，社会局的自杀调查统计也并非毫无缺陷，首要问题便是统计材料的准确性、可信性存疑，如社会局职员毛起鵁所说："所有材料，都是间接的不是直接的，是其第一个缺点。分析的方法过分笼统，是其第二个缺点。"⑤来自各职局的自杀调查材料均经过了相应取舍，带有各职局的痕迹，而报章的自杀报道更掺杂

　　① 梁振贤：《自杀统计之研究》，《统计月报》第 1 卷第 9 期，1929 年 11 月；石涵泽：《自杀问题》，上海：华通书局，1930 年，第 154—156 页。
　　② 《社会局举办社会调查统计 具体方案共旨趣》，《申报》1928 年 9 月 15 日，第 14 版。
　　③ 侯艳兴也认为"在有自杀统计的城市——上海、南京、北平、杭州、广州诸城市中，上海的自杀统计特别完整，其他城市只有零星的统计。就时段来讲，上海 1928 年至 1936 年之间统计甚为详尽且具有连续性"。(侯艳兴：《上海女性自杀问题研究(1927—1937)》，上海：上海辞书出版社，2008 年，第 2—4 页。)
　　④ 《上海市社会局业务报告》(第 6、7 期合刊)，第 338 页，上海市档案馆馆藏，档案号：Y2-1-663。
　　⑤ 毛起鵁：《上海市之社会事业》，中国社会学社编：《中国人口问题》，上海：世界书局，1932 年，第 420—421 页。

了记者们的主观色彩，这些间接材料的可信度值得怀疑。① 按照石涵泽的说法，从各地报刊、书籍、警察厅和公安局等处搜集来的自杀材料属于间接调查法。除此之外，还应采用直接调查法，即直接从自杀未遂者、自杀者亲属处调查情况。

其次，统计项目的设计不够精密，降低了统计资料的价值。如在社会局开始自杀调查的第一年度里（包括上半年度 1928 年 8—12 月和下半年度 1929 年 1—7 月），自杀者的职业项被划分为劳动界、商界、学界、其他和不明 5 类，而其中不明一项竟然分别达到了 82.6% 和 84.2%。项目的分类过于简单，不明的情况占了大多数，影响了对自杀真相的解读；②而自杀原因的分类也存在瑕疵，社会局在搜集自杀资料时强调，对多种原因致自杀的现象，取其主要原因，而现实中的自杀问题极其复杂，很难精确地判断导致自杀者自杀的主要原因。一种自杀既可能是受甲原因影响，也可能是受乙或者丙的影响，这给自杀原因的分类带来了困难。

再次，其他部门在配合社会局上报自杀统计数据时，会有一些遗漏。以 1928 年 8—9 月的自杀统计为例，8 月的自杀案例起初为 111 起，但后来修正为 237 起，因为某医院的报告延误而少计 36 起，又因仁济医院缺乏自杀者的详情记录而又少计 90 起，如果不做修正，漏报的竟然多达 126 起；而 9 月份的数据又因为某医院对自杀者的自杀原因和职业没有详查，导致这两项统计的不明数增加。虽然社会局已意识到这些问题，并声明"设法免除此种缺点，以期详密统计"。③ 但是，这些遗漏仍不能忽视。

1928 年 8 月上海特别市政府社会局编制的自杀统计数据在《上海特别市市政周刊》《上海特别市社会局业务报告》《申报》《社会月刊》（后改为《社会半月刊》）和《民国日报》上海版上予以公布，此举持续了数年之久。社会各界人士对政府发布的统计资料给予特别关注，一方面时人依据统计资料可以了解上海自杀问题的基本情况，并且积极建言献策，这就达到了政府编制自杀统计资料的初衷；另一方面，《申报》和《民国日报》对上海市民具有广泛影响，读者从报刊上了解政府的自杀统计举措，进而发表自己的看法，这体现了舆论对政府行为的一种

---

① 如公安局的自杀调查中只关注伤亡，容易造成混淆中毒与服毒的现象；再如纸媒也会对难以确定的自杀原因进行片面解读，尤其是在自杀者的遗书极力美化自杀者时，于是出现了偏听情况，即明明是因为失恋、经济困难、考试不合格等消极因素而自杀，却被媒体建构成殉国者、争自由者，这也就是时人所诟病的"沽名钓誉的自杀"。

② 石涵泽：《自杀问题》，上海：华通书局，1930 年，第 107—108 页。

③ 《社会局编制九月份自杀统计：总数 221 件 较上月略减少》，《民国日报》1928 年 10 月 18 日，第 3 张第 2 版。

监督。社会局发布的统计资料并不是冰冷的数字，自杀统计项目的设计、数据的分析等在给普通市民揭露上海自杀现状的同时，也普及了现代统计知识，同时社会局依据日常经验将社会关注的革命、家庭问题、经济问题等带有时代特点的流行话语纳入统计资料，在政府与民众的互动中，这些思想得到了传播。

七、取缔相关药品或工具

自杀者在筹划自杀之时，多倾向于使用容易得到的、日常惯用的工具，[①]根据当时统计的主要自杀方法，上海当局出台了相应的防控措施。

前文已经指出，当时上海最常见的自杀方式有服毒、投水、吞金、自缢、自戕、跳楼、卧轨、开煤气等，其中服毒和投水最多。自杀者在投水时多到黄浦江、苏州河等地点，服毒自杀者多吞服毒物。以 1927—1937 年间《申报》报道的自杀事件为例，在 1 951 例服毒自杀者中，吞服鸦片自杀的有 1 209 例，占服毒自杀总数的61.97％；吞服安眠药自杀的达 183 例，占服毒自杀总数的 9.38％；此外，自杀者吞服的毒物还有消毒剂莱沙尔药水、强酸溶液硝镪水、火柴、砒霜、吗啡、洗影药水、老鼠药等。通过上述不完全统计可以发现，吞服鸦片和安眠药是服毒自杀最常用的方法。

鸦片能抑制人的中枢神经，有时充当止痛药，但吸入过量的鸦片会使人出现目眩、恶心呕吐、血压和体温下降等情况，当人陷入昏迷 6—12 小时会因呼吸停止而死亡。[②] 由于晚清鸦片贸易的历史余毒，鸦片一直未被禁绝，有关鸦片可以用来自杀的常识也为普通人熟知，[③]一些家庭往往常年备有鸦片，而没有常备的，也可以到商店任意购买，显然，鸦片获取的便利与吞服鸦片自杀者众多之间存有直接的相关性。除了传统毒物砒霜、老鼠药外，安神药水、吗啡、硝镪水、拉沙尔水、阿司匹林等也常为自杀者所使用。药物的易得增加了自杀风险，如果能有效阻断自杀者和自杀药物的联系或者降低自杀药物易得的程度，有利于控制自杀的发生率。上海市政当局推出的禁烟和取缔安眠药等措施，就有降低自杀发生率的作用。

上海作为国内最大的工商业城市，鸦片烟毒泛滥严重，这给自杀者吞服鸦片提供了便利。《拒毒月刊》在当时的禁毒宣传方面具有广泛的影响力，当吞服鸦

---

① 埃米尔·迪尔凯姆：《自杀论》，冯韵文译，北京：商务印书馆，2001 年，第 317 页。
② 张朝阳：《人类自杀史》，长春：时代文艺出版社，2001 年，第 235 页。
③ 石涵泽：《自杀问题》，上海：华通书局，1930 年，第 90—91 页。

片烟自杀的现象在上海增多时，该刊认为吞烟自尽之多是"市面鸦片充斥之明证"。[①] 当局也认识到"自杀的方法常以吞服鸦片为最多，实由于上海贩卖鸦片的众多和购买的便利"，[②]并归咎为是禁烟不利产生的影响。"自杀方法以服毒为最多，而服毒之中，十九皆为鸦片，此与沪上烟禁有密切关系。租界烟禁松弛，随地皆可购得烟土，实难辞其咎。"[③]基于此种认识，1928 年当局强调"毒品禁绝，更是刻不容缓的急务"，[④]"严厉的禁烟有减少自杀的可能"。[⑤]

根据修正后的 21 条《国民政府禁烟条例》，凡在国民政府区域内，"人民一律禁吸鸦片烟""人民一律不准私运鸦片烟类""人民一律不准私藏鸦片烟类"，[⑥]但由于禁烟法令禁民不禁官，加之烟毒贻害已久，政府的禁烟主张在"借烟生利"的生意之下只能是空文，这激起了舆论的谴责。为了形成切实有效的禁烟措施，国民政府行政院于 1928 年 8 月成立全国禁烟委员会，开始严厉打击涉毒行为，并从严处罚吸食鸦片者。客观而言，政府的禁烟举措实质上并不在于预防自杀，但是由于现实生活中自杀方式过度集中于吞服鸦片烟，因此禁烟行动一定程度上能减少服鸦片烟自杀的风险。

吞服安眠药自杀的人数仅次于吞服鸦片烟，"用安眠药为自尽之具，几乎成了国民常识了"，[⑦]"今则（自杀）以服过量之安眠药品者，亦不在少数"。[⑧] 这种现象的发生，除了由于安眠药具有麻醉作用，"社会间已知此为安全无痛苦之自杀法"，[⑨]还因为城市中各大药房为安眠药的购买提供了便利，一些药商也通过商业广告宣传安眠药品。这些增加了人们接触安眠药的风险，服安眠药自杀的现象引起了社会各界和政府的担忧。

1931 年 3 月底，国民政府内政部训令卫生署拟定取缔售卖安眠药品的办法。卫生署认为安眠药属于剧毒类药物，对其保管、购售应符合 1929 年 8 月公布实施的《管理药商规则》，[⑩]而各地药商售卖此项安眠药品时对于规则多未能遵守，以致流弊丛生，因此卫生署呈复内政部请求"通令各省市切实推行《管理药

① 《吞烟自尽何多 市面鸦片充斥之明证》，《拒毒月刊》第 19 期，1928 年 3 月 1 日，"上海新闻"。
② 《五月份社会病态统计》，《社会月刊》第 1 卷第 6 期，1929 年 6 月。
③ 上海特别市社会局编：《上海特别市社会局业务报告 十八年一月至十二月》（第二、三期合刊），上海市档案馆馆藏，档案号：Y2-1-661。
④ 《八一十二月份社会病态统计》，《社会月刊》第 1 卷第 12 期，1929 年 12 月。
⑤ 《五月份社会病态统计》，《社会月刊》第 1 卷第 6 期，1929 年 6 月。
⑥ 《国府公布禁烟条例 至民国十九年底为有效期间》，《申报》1928 年 4 月 1 日，第 9 版。
⑦ 《无毒之安眠药》，《申报》1929 年 7 月 19 日，第 25 版。
⑧ 曼因：《自杀声中之安眠药品》，《申报》1931 年 4 月 5 日，第 17 版，《自由谈》。
⑨ 《取缔售卖安眠药品办法》，《江苏省政府公报》1931 年第 752 期，"特别要件"。
⑩ 《管理药商规则》，《卫生公报》第 1 卷第 9 期，1929 年 9 月 1 日。

商规则》，并参照北平市政府拟定办法，一体遵照办理"。① 内政部随即按照卫生署的呈文，形成警字第 519 号咨文发往各省市。

1931 年 5 月 9 日，上海市政府接到内政部的咨文函件"以准卫生部来咨取缔各药房售卖安眠药品，核与《管理药商规则》第六、第七、第十四、第十五各条均极符合，理合切实查禁，以保障人民安宁，违则处以重罚，并得封闭该药房，以示惩处"。随后，上海市政府当即转令社会局，让其遵照办理。② 6 月 19 日，以整理西药业行规、调节药商争执以及协助政府管理西药的上海新药同业公会也向各会员抄送了《取缔售卖安眠药品办法》五条，希望贩卖新药的药贩和药房等同业公会成员能够一律遵守。③

取缔售卖安眠药的措施发起于 1931 年，作为一项由中央政府推广、地方政府执行的救济自杀行动，取缔安眠药体现了政府对此类自杀药品的管控，也是试图降低自杀药物易得的程度。然而，由于安眠药本身的药用价值，以及药商经济利益的影响，为了防范自杀而取缔安眠药也引起了不同程度的分歧。早在政府酝酿取缔安眠药的办法之初，有评论者即认为内政部令卫生署妥拟取缔办法只是治标之策，"人欲求死，则到处都成死路。即以上海而言，紫霞膏既足摧生，黄浦江讵能加盖，仅仅取缔安眠药品，亦非根本之计也"。④

1935 年 5 月 18 日，为了声援杭州新药公会请求取消杭州市政府取缔莱沙尔与臭药水的禁令，曾配合过政府取缔售卖安眠药的上海新药同业公会当即召集会议，认为"来沙而（莱沙尔）与臭药水是防疫消毒药品，如因人民购此自杀而遂取缔禁售，则日用品中之火柴、煤油、电料、绳剪等，均可为自杀工具，岂能一一禁售，未免因噎废食。且医生处方，对症发药，数量甚轻，如购此种家用防消毒品，不欲医生处方，不特手续麻烦，并且不够供用，事实上万难办到。当此夏令将届之际，人民购用上列药品日多，如常此停售，影响营业事小，关系防疫事大"。⑤很显然，此次上海新药同业公会出于商业利益和卫生防疫需要，支持杭州新药同业公会的诉求，这同 1931 年其转呈政府取缔安眠药的做法截然不同，这是由于前者是同业公会之间的声援，后者是服从和响应政府的号召和命令。虽然取缔安眠药或者取缔莱沙尔等消毒水对于预防自杀而言，只是被动的治标之策，但是

---

① 《取缔售卖安眠药品办法》，《江苏省政府公报》1931 年第 752 期，"特别要件"。
② 《禁售安眠药品 违则处以重罚并封闭其药房》，《申报》1931 年 5 月 10 日，第 15 版。
③ 《新药业慎卖安眠药片 取缔办法五条 同业一律遵守》，《申报》1931 年 6 月 20 日，第 15 版。
④ 曼因：《自杀声中之安眠药品》，《申报》1931 年 4 月 5 日，第 17 版，《自由谈》。
⑤ 《杭市取缔来沙而（莱沙尔）与臭药水 新药业公会转请收回成命》，《申报》1935 年 5 月 19 日，第 12 版。

从阻断自杀药物的角度来说，也是防范自杀的一条可行途径。

除了上述取缔自杀药品之外，其他一些阻断自杀的方式也常常被当局采用，如前文提及的加派警士巡逻和竖立自杀警告牌等。同时，为了防止犯人以自杀的方式逃避和抵抗惩罚，当局首先在立法上加强了对监狱的管理。1928 年 10 月，南京国民政府司法部根据《中华民国监狱规则》颁布了《监狱规则》，规定"在监者有逃走暴行自杀之虞及在监外者得加以戒具，戒具设窄衣、脚镣、手铐、捕绳、联锁五种"。① 1932 年 10 月 3 日，内政部又公布了《拘留所规则》，其中第 30 条规定"被拘留人如有逃亡暴行或自杀之虞时得陈明主管长官加派员警严密防范"。② 从这些规定可以看出，监狱使用戒具对监犯实施控制，此时戒具发挥了防止监犯自杀的作用。正是由于监狱提高了犯人自杀的难度，才有助于防范此类自杀的发生。

总之，无论是严禁自杀药品还是提高自杀的难度，都是当局根据自杀方式所呈现的一般或阶段性特征，而采取的直接防范举措，无疑是值得肯定的经验之一。

总体考察上海市政部门救济自杀的举措，可以看出上海市政府在改良社会风气、推进城市现代化等方面的努力。如何预防和控制自杀问题，体现了行政机构的完善程度和城市现代化建设的进程。政府介入自杀问题的应对，符合政府职能逐渐完善的要求，而城市的现代化建设又要基于稳定的社会秩序之上，政府对自杀问题的应对和防控无疑有利于城市的现代化建设，也有利于对社会的管控和治理。

---

① 《监狱规则》，《中华民国法规大全》第 9 册，上海：商务印书馆，1936 年，第 5662 页。
② 《拘留所规则》，《中华民国法规大全》第 1 册，上海：商务印书馆，1936 年，第 922—923 页。

第六章

自杀防控的社会行动与自杀案的司法应对

在政府机构着力推行和实施防控自杀的具体举措时,民间慈善组织、现代团体、同乡会结合自身特点积极参与防控自杀的行动,法院对自杀案件的调查与处理,也成为防控自杀行动的有效补充。本章主要考察社会力量如何参与防控自杀行动,以及在自杀案件中如何体现法律救济的功用。

第一节　社会组织的防控自杀实践

迪尔凯姆曾在《自杀论》中提出了一些见解独到的防止自杀的办法,如惩罚自杀者、保护悲观主义者、通过教育增强人们的信念、发挥家庭的作用等,他还特别指出可以借助职业团体或者行会,来凝聚个人与集体组织的联系,从而起到防止自杀的作用。他认为行会将从事于同类工作的个人组织起来,从而形成一种集体人格,让个人利益服从于社会利益,并且在任何时候、任何地方影响着大部分人,影响着人们的职业生活,乃至影响人们生活的一切细节。行会能够通过调节作用,解决人们遇到的诸如工资、工作时长等困难,乃至让人们脱离精神上的孤立状态。[①] 迪尔凯姆所说的有防止自杀作用的社会组织,其实不限于行会这一种,慈善组织、现代团体和同乡会等或多或少也具有救助自杀者的作用。

1927—1937 年,自杀问题一直困扰着上海城市的发展,也是各行各业必须面对的问题,因此除了媒体、政府等付诸了防控自杀的行动,传统善堂、现代团体、同乡组织也以不同的方式,从不同的角度关注并参与救济自杀的实践。

---

① 埃米尔·迪尔凯姆:《自杀论》,冯韵文译,北京:商务印书馆,2001 年,第 415—422 页。

一、救生局的防控实践

1928 年夏季，上海投浦自杀高发，如此颓丧的自杀风气令当局和社会不安，于是上海市政当局在紧急实施防止自杀办法的同时，开始调查上海自杀问题的现状，编制自杀统计资料，研究如何救济自杀。此时当局首先想到"救生局开办已久，成绩可观"，①认为报馆关于自杀新闻的采访均来自救生局，于是令该局以后捞获死尸，如有发现遗书情事应妥善处置，不准擅自发表，②试图从源头上解决自杀新闻蔓延的问题，进而起到预防自杀的作用。上海市政当局之所以如此重视救生局的作用，除了考虑到投水自杀在上海是仅次于服毒自杀的第二种常见自杀方式，更重要的原因是救生局在救济投水自杀方面有丰富的经验。

清朝嘉庆年间，由上海地方慈善机构果育善堂在上海县大东门外杨家渡开办了水上救生局，这是上海的救生局见诸史料的最早记载，该救生局备有专用救生船，职责主要是在黄浦江上游弋巡逻，专事落水遇险人员的救生或遇难尸首的打捞。③ 在上海救生业的历史上，以同仁辅元堂救生局的成绩最突出。道光年间，同仁堂救生局成立，咸丰五年（1855 年）同仁堂与辅元堂合并后，救生事业得到了极大的发展。④ 进入民国，救生局的水上救生慈善事业在政府的监督下恢复工作，救生业务得到了更大的发展，"同仁辅元堂的救生事业占全部百分之九十以上，其余的（指栖流公所、吴淞救生局等办理捞尸掩埋慈善事业的团体）不过一小部分"。⑤ 救生局素有救济自杀的传统，长期处理自杀问题的经验让救生局形成了救济自杀的完整路径，一是派出巡船，沿江巡逻，遇到有意图自杀者，设法救起，并做初步处理；二是打捞自杀投水者的尸体，并拍照厝置；三是登报打捞情况，详细记述死者情形，候死者家属认尸。不难发现，救生局的救济自杀实践涵盖了从预防到处理的整个过程。

救生局的水上巡逻对于预防自杀起到了积极的作用。南市同仁辅元堂救

① 《救济自杀之方针：将编制自杀统计 并研究自杀原因 市社会局已着手调查》，《民国日报》1928 年 8 月 11 日，第 4 张第 4 版，"闲话"。

② 上海特别市社会局编：《上海特别市社会局业务报告 十七年八月至十二月》第 1 期，上海：上海特别市社会局发行，1928 年 12 月，第 285 页。

③ 上海地方志办公室·专业志·上海救捞志：http://www.shtong.gov.cn/node2/node2245/node70962/index.html，2022 年 2 月 1 日。

④ 上海地方志办公室·南市区志：http://www.shtong.gov.cn/newsite/node2/node4/node2249/nanshi/index.html，2022 年 2 月 1 日。

⑤ 孙詠沂：《从捞尸报告观察投水自杀》，《社会月刊》第 1 卷第 1 期，1929 年 1 月。

生局、吴淞救生局等救生组织每日定时在划定的水域巡逻,在巡逻的过程中,时常会遇到有人投水自杀的紧急情况,救生局的巡逻和紧急施救能够及时抢救投水自杀者,极大地预防此类自杀事件的发生。

然而当一些自杀者恰好不幸没有被救生局及时施救,甚至有的自杀者还主动将自己自杀的死讯投寄救生局时,救生局对于救济自杀行动的作用就由预防自杀转变为处理自杀。1935年7月20日下午3时,位于法租界宁波路6号的同仁辅元分堂,接到一封署名裴天文的信函,这已经是近期该堂收到的第三封自杀信函了。寄信者裴天文在信函中说出了自己自杀的原因,大意是在沪经商二十余年,现因市面不景气,致周转不灵,无法维持,一家数口仅靠他一人供养,前途茫茫,于是决计投浦自杀。他希望救生局能够根据其出门时的穿着(身穿白印度绸长衫,原色纱鞋,灰色丝袜)发现他的尸身,然后予以收殓,并在棺头标记"裴天文"三字,以便日后被人认领。该善堂主任郭少文当即转告南市同仁辅元堂救生局,令船夫在浦面留心打捞尸体。

由于救生局主要对投水自杀者实施救助,所以当时上海市民每遇亲友失踪时,会向救生局求助,并详细报告出走者的体貌、着装等,希望救生局设法留意出走者是否投水自杀。在这一点上,救生局的作用非常显著。《申报》曾报道过13例给亲友留下遗书后的出走者,[1]他们的亲友均把他们出走时的体貌特征与衣着详细列出,报告给救生局,救生局进行登记,在打捞到溺水尸体后,先从登记失踪者中筛选。如与登记的情况相符,会直接通知亲友。

当然,救生局在对自杀者实施救助时也存在一些管理上的漏洞,如泄露自杀者的遗书、隐私等,而这种漏洞恰为当时的新闻记者熟悉。新闻记者以敏锐的观察力,网罗一切具有新闻亮点的事件,为了获得最新、最有价值的新闻,他们往往派员驻扎于公安局、监狱、法院以及救生局附近,想尽一切办法搜集新闻素材。这就存在一对矛盾,即记者出于新闻的价值性,而将自杀者的详细信息刊于报纸上,而家属却忌讳死者乃至家庭隐私被曝光,一旦救生局把本不该泄露的死者信息全部登于报端,后果是可想而知的。1928年的马振华自杀案之所以会轰动上海滩,不得不归咎于救生局没有对死者马振华的身份信息进行保密。同仁辅元

---

[1] 这13例失踪者,分别是7月报道的2例:谈德源和曹汝贞;8月8例:庄荃生、翁傅元、潘福庆、庄氏、谢英仙、张关胜、倪瑞棠、彭本发;9月2例:马阁勋、黄宗耀(黄的家属既投报了救生局又报告给了水巡署);11月1例:林德崇。另有3例失踪者家属,投报水巡捕设法留意(据1928年《申报》报道统计)。

堂救生局将马振华的年龄、着装、遗物刊于报上，①无疑方便了家属前来认尸，这本无可非议。但是救生局却将马汪情书和合照、马父东台县禁烟分局长马炎文的名片等物件也一并刊登，这些物件的表征意义不言自明，所以第二日各报刊登认尸启示后，《时报》及《时事新报》的记者"以此事可以表现新旧思潮冲突之一斑，兼以婚姻问题为现社会之焦点，不惜心力，四处探访，于是发现其后各点"。②对此，马家非常反对，当《时报》的采访记者在救生局内誊抄马汪情书和拍照时，马家的人曾试图阻止，但并未成功。③ 而马振华的胞兄马则民，更是直指"亡妹之死，各报竞为登载，故知其事者众矣。但街谈巷议，每易失真，肆意妄评，亦伤忠厚"。④ 就马案而言，无疑是救生局没有妥善保护自杀者马振华的遗物，而使之成为民众热议的焦点。

在救济自杀的行动中，除了同仁辅元堂救生局、吴淞救生局等机构外，像中国妇孺救济总会之类专门救助女性群体的慈善机构也常常对女性群体的自杀实施救济。

二、社会团体的自杀救济

一些同业公会、团体协会等具有现代特征的组织团体，也根据各自的利益直接或间接地救助自杀者。

1929 年 6 月 4 日，由邱岗等发起的上海特别市沪南旅栈公会，是旅馆业的同业组织，其成立的初衷是谋求"旅众安全"。民国时期上海旅馆业的兴盛为无固定住所的人实施自杀提供了便利，在沪南旅栈公会成立之初，他们已经意识到发起该组织对于保障旅客安全，尤其是避免旅客自杀的意义，"每多悲愤失恋之人，来栈投宿自杀者、仰药者、捣乱公安者、应响社会者，不一而足，即报载亦数见不鲜，关系于营业至巨。"沪南旅栈公会将预防旅客自杀视为日常管理的一大问题加以重视，加强旅店和旅店服务人员的管理。因此沪南旅栈公会在筹备时，即召集各旅栈招待员开会讨论如何履行向社会局拍照登记等手续。通过讨论，各

---

① "同仁辅元堂救生局巡船，三月十七晨在南码头某木行附近黄浦江畔，查见溺毙之女尸一具，年约二十余岁。身穿蓝底黑花丝光布旗袍，镶有红色丝边，内衬紫酱色葛对衿夹袄，（格子花绒布夹里）提花条子绒布衿短衫，白斜纹绒布马甲，白丝袜，红色毡鞋，白洋纱绳袴带，头梳爱司发髻，手指上有洋金假宝石戒指一只，内袋中藏有铜锁匙一个。"（德征：《马振华女士投江事述》，《青年妇女》第 19 期，1928 年 3 月 22 日，"马振华投江问题专号"）。

② 张有德：《马振华女士自杀记》，上海：社会新闻社，1928 年，第 2 页。

③ Bryna. Goodman, "Appealing To The Public: Newspaper Presentation And Adjudication Of Emotion", *Twentieth-Century China*, Vol.31, No.2（April 2006）.

④ 《马振华兄：似通非通之文章 对乃妹有微词》，《民国日报》1928 年 4 月 12 日，第 4 张第 1 版，"闲话"。

旅栈一致赞成,愿意加入旅栈公会的可以填写志愿书。[①] 旅栈公会的成立与招待员登记,需要经过社会局核准注册,以便加强对旅馆业的管理,使其纳入政府的监督之下,根本上也有利于保障旅客安全。

一些同业团体也有一些相应的救济措施,如长江轮船公票局职工会专门开会讨论职工费庆余因口角自缢善后事宜,经讨论暂拟致函费夫人,询问详情,以便提议援助办法。[②] 同业团体原本就是为了保护同业职工的切身利益,当职工发生自杀时,同业团体显然要采取必要的救济行动。

而像上海特别市妇女协会等妇女组织,则针对女性群体的自杀进行了专门救济。1928年成立的上海特别市妇女协会,相较于其他一些妇女团体有所不同,即其日常工作中多了一项"调解家庭纠纷之任务"。[③] 家庭问题是导致自杀事件的主要原因之一,无论是依据官方历年的自杀统计资料,还是依据对报纸上自杀新闻的统计都可以得出这种结论。[④] 尤其是女性在家庭中往往处于被压迫的地位,上海特别市妇女协会把解决家庭纠纷作为一项日常工作具有积极的意义。

上海特别市妇女协会在替妇女主持公道的时候也注意到了女性自杀问题,当1928年8月初上海市政府开始筹划防止投浦自杀办法时,妇女协会也积极开会讨论,商讨对策。1928年8月7日,上海特别市妇女协会召开了第五次常委会,针对提案"近来报载妇女自杀者极多应如何救济案",常委会经过讨论,形成了两项决议,一是发表告妇女书,二是调查已死者自杀真相。[⑤] 三天后,《民国日报》和《申报》同时公布了妇女协会为妇女自杀事向全体妇女发的布告。

> 亲爱的女同胞们,大家都知道了,连日报上登载许多女子自杀的消息,人情爱生恶死,非逼到走投无路,谁肯自杀呢?近来女子自杀的事,竟是日日都有,这是多么的悲惨。女子的处境,本来是很可怜,社会一切风俗礼教的余毒,处处潜伏着残杀妇女的力量,而妇女自身,能力又是极薄弱,没有什么知识,所以大多数只知逃避,而不知抵抗。此外还受着经济问题生活问题严厉的压迫,这固然不是妇女单受的痛苦,然而妇女缺乏抵抗的能力,也只好一死了之。近日所闻的妇女自杀案,其原因不外这两种,可以显明妇女确

① 《沪南旅栈公会之发起》,《申报》1929年6月5日,第14版。
② 《长江轮船公票局职工会开会纪》,《申报》1927年12月5日,第15版。
③ 谈社英:《中国妇女运动通史》,南京:妇女共鸣社,1936年,第189页。
④ 参见表1.17《1928—1935年上海当局公布的自杀原因统计表》。
⑤ 《上海市妇协第五次常会记》,《申报》1928年8月8日,第13版。

是在此二重压迫之下，所以要解决这女子自杀问题，只有力求妇女解放的成功和三民主义的实现。除此之外，再没有比较更根本的办法了。不过同胞们呵，妇女解放，不是坐着就会成功的，一定要自己努力去追求。三民主义，不会坐着就会实现的，一定要我们去革命，我们感受了生存的痛苦，应该积极向前去找出路，不应该回头向死路上走。这样消极的死了，就是死一万个人，社会也是不会好的。大家放开眼光，看看社会上，有多少人受着痛苦呢，哪里是一死可以了事。受压迫的姐妹们，希望你们不要消极，对于一切困苦，要取抵抗的态度，不要取逃避的方法，我们为要解除妇女的痛苦，为要与社会一切恶势力斗争，已经团结革命分子组织了这个妇女协会，我们要尽我们的力量，谋自己的解放，更协助一切困苦的妇女谋解放。你们受压迫的妇女们，有冤无路诉的妇女们，应该来我们这里，找寻解决的办法，我们当尽力帮助，不要随便杀害自己的生命，以造成恶势力的凶焰，以短妇女之气，而损革命的精神。同时希望我们的男女同胞，负起责任来，协助这些可怜的妇女。替死者申冤，固然是我们应有的责任，但这已是亡羊补牢，没有什么好处，切实向生者劝告，防止事前，乃是更重要的责任。[1]

妇女协会用压迫和解放的逻辑看待女性的自杀问题，指出当时女子自杀盛行的原因是受到社会礼教和经济生活问题的二重压迫，因此要想根本解决女子的自杀问题，只有力求妇女解放和实现三民主义。妇女协会认为无论是力求妇女解放还是实现三民主义，都需要女性同胞们努力积极地寻找出路，而不是消极自杀。由于妇女协会是以服务妇女群体为职责的组织，面对女子自杀问题，他们不仅承诺帮助受压迫的、有冤无路诉的妇女们，尽力找寻解决的办法，更重要的是，妇女协会意识到防止自杀的重要性，因此通过布告的形式劝告生者不要自杀，同时呼吁社会各界协助妇女与恶势力做斗争。

上海特别市妇女协会对于可能受到压迫的女性积极伸出援手。一些轰动性的女性自杀案发生后，妇女协会会持续关注，并极力声讨那些迫使女性自杀的罪魁祸首。比如，妇女协会还讨论了议案"反对逼死席上珍女士凶手汤节之为捐烟特税总稽查案"。[2] 汤节之是《商报》馆经理，1922 年 9 月在席上珍自缢案中被指

---

① 《亲爱的女同胞们 应该积极向前去找出路 不应该回头向死路上去 要取抵抗的态度 勿用逃避的方法 市妇协会为妇女自杀案告妇女书》，《民国日报》1928 年 8 月 11 日，第 4 张第 4 版，"闲话"；《妇女协会为妇女自杀事告妇女书》，《申报》1928 年 8 月 11 日，第 15 版。

② 《上海市妇协第五次常会记》，《申报》1928 年 8 月 8 日，第 13 版。

涉嫌逼死席上珍，时过六年在汤节之将被财政部聘为税务稽查时，上海特别市妇女协会在常委会上提出了反对议案，经议决不仅要呈请党部转函财政部撤销对汤的委任，还要函请地方法院要求拘捕汤归案，以申冤抑，彰明国法。①

此外，普通女性遇到困难后，妇女协会也能及时救助，积极践行着帮助受困女性的责任，通过替受压迫女性申冤，协会以自己的方式，救济了陷入自杀困境的女性。

这些现代社会团体组织虽然并非专门的救济组织，但他们提出的主张和倡议无疑是救济自杀实践的补充。

三、同乡会的自杀防控行动

中国传统的同乡组织由于其固有的增进乡谊、扶助同乡的职能，很大程度上弥补了政府在社会救助方面的不足，因此民国时期这些同乡组织由于"实际的需要、人的支持和礼俗的认许"，同大部分传统的社会组织一样普遍存在，并得到了长足的发展。② 近代上海是一个以移民为主的城市，各地旅沪同乡组织的存在为上海工商业的发展起到了积极的作用。③

这些立足联系同乡的民间团体，无论是原有的同乡会馆，还是更具现代特征的同乡会，其围绕同乡群体进行的慈善救助、办医兴学、维权规约等职能依然存在，尤其是同乡会具有更强大的社会功能，"现代色彩更浓，功能更强"。④ 而且，民国时期政局的动荡，使得政府很多时候无力提供充足的公共服务，"同乡会等民间组织在城市社会生活中比较活跃，同乡会履行了政府的部分职能"。⑤ 在人们离乡入城的过程中，同乡会起到了桥梁作用，为同乡群体适应城市生活提供了渠道，加之同乡会的地缘网络，勾连起城市与故乡、政府与民间、同乡与异客等多重关系。实际上，同乡会的一项日常工作便是救助受难同乡，通过慈善救济使其得以在城市生存，抑或通过遣返回籍以免流落异乡。即便是在旅居者死后，同乡组织也能在"处置尸体和确保其同乡成员在找寻安息之所时能得到适当的，尽管是不公平的支持"。⑥ 因此由同乡会参与的民间救助，成为社会保障的有效

---

① 《席上珍案重提起 汤节之任税务稽查 市妇协请撤职究办》，《民国日报》1928年8月10日，第3张第2版，"闲话"。
② 窦季良：《同乡组织之研究》，见李文海：《民国时期社会调查丛编·二编·社会组织卷》，福州：福建教育出版社，2014年6月，第109页。
③ 郭绪印：《评近代上海的会馆（公所）、同乡会》，《上海师范大学学报》（哲学社会科学版）2015年第1期。
④ 唐力行：《徽州旅沪同乡会与社会变迁（1923—1953）》，《历史研究》2011年第3期。
⑤ 秦祖明：《社会变迁中的上海同乡组织》，《理论月刊》2010年第12期。
⑥ 安克强：《镰刀与城市：以上海为例的死亡社会史研究》，刘喆译，上海：上海社会科学院出版社，2022年，第77页。

补充。

1927—1937 年上海当局面对自杀问题时，试图做出主动的应对，各地旅沪同乡会积极配合，通过遣送自杀未遂者、实施紧急资助、替自杀者申冤维权等途径，积极参与救济自杀的行动。

（一）资遣回籍

同乡会的章程中通常包括"救济同乡之紧急危难"，遣返流离沪上、生活窘迫的同乡回原籍，就符合这一条例，被遣返和救济的同乡中也包括意图自杀的人。同乡会通过联系沪上遣返机构和原籍接收机构，从而保障自杀未遂者的遣返任务顺利完成。

实际上，由同乡会遣送回籍的自杀者不胜枚举，例如，1935 年 8 月 22 日，22 岁的绍兴余姚东城人李长生投浦自尽被上海市公安局新闸分局救获，经询问得悉李长生来沪谋事而随身所带川资已用罄，所谋未成，进退维艰，故而投浦图尽。又查得其在沪并无亲属，情殊堪悯，公安局遂将李长生送往绍兴旅沪同乡会，希予以救济，遣送回籍，以免流落。①

同乡会遣返回籍的自杀者通常来自公安机关，就如上述李长生的例子，实际上只要接到遣返同乡的请求，不论是来自公安局、地方法院，还是救生局等机构，同乡会都会积极行动。按照同乡会的救助职能，遣返流落沪上的自杀者回原籍是其经常采取的安置措施，在遣返的过程中，积极参与自杀事件的调查，协调官方政府解决民生，紧急救助自杀者及其家庭。在城市现代保障制度不完善的情况下，同乡会发挥了积极作用。

（二）筹措救助

同乡会救济自杀者最常采取的做法是资遣自杀者回原籍，但对那些想在城市谋求发展的人，同乡会也会采取一些力所能及的救助，不限于经济上的紧急帮助，而是从就业、生活等方面支持同乡，以便其能够扎根城市。

对因无业或失业而自杀的人，同乡会利用关系网络，提供基本的就职机会，以保证自杀未遂者的日常生活。同乡会用乡谊资源解决无业或失业同乡的职业诉求，从个人层面来说避免了同乡因经济困厄滞留沪上，甚至因此而自杀；从城

---

① 《绍兴七县旅沪同乡会关于迁送迷路被害妇女和自杀未遂同乡回籍问题的函》，上海市档案馆馆藏，档案号：Q117 - 5 - 212。

市建设层面来说，起到了复苏当地经济的作用。1927—1937 年上海的工业化发展带来了工商业的繁荣，经济的繁荣会带来各行业对劳动力的需求，谋得一份合适的工作也是外来移民融入城市的基础，然而因为无业或失业而自杀势必会影响城市的发展，此时同乡会替自杀者谋职显然能够助益城市化的稳步发展。

第二节　自杀案件的司法应对

法律通过法条和规则来规约人们的生活行为，当人们的日常生活出现各种冲突和困境进而发生自杀事件时，一个良性的社会互动被打破。由于自杀事件侵犯了个人的生命法益，一旦涉及法律问题，就会变成十分复杂的刑事案件，如何处理涉及法律问题的自杀案件就显得格外重要。

一、从自杀事件到法律案件

作为审判机关，法院在审理日常案件中会接触大量的自杀案件，所以上海市政当局在编制自杀统计资料时，顺理成章地想到市公安局、上海地方法院、租界临时法院能够按月报送自杀案件的统计材料。[1] 同时，当局还要求公安局和临时法院能够"查禁各游戏场表演取材于自杀之戏剧"。[2] 很显然，上述这些只是司法机关参与政府实施的救济自杀行动。审判机关只有在进行司法审判的时候，才能对自杀案件的处理和救济发挥作用，依据既有法律公正地审理案件，维护公民的权益，彰显法律精神。

（一）自杀案件中的法律内容

南京国民政府取得政权之后，在刑法典上，继续沿用北洋政府时期制定的《暂行新刑律》（1912 年 4 月 30 日颁行），同时在司法部部长王宠惠主持下制定训政体制下的刑法典，[3]到 1928 年 3 月 10 日国民政府公布同年 9 月 1 日施行新修订的刑法《中华民国刑法》（通称"旧刑法"）。国民政府在 1928 年刑法颁布后

---

① 上海特别市社会局编：《上海特别市社会局业务报告 十七年八月至十二月》第 1 期，1928 年 12 月，第 286 页。

② 上海特别市社会局编：《上海特别市社会局业务报告 十七年八月至十二月》第 1 期，1928 年 12 月，第 285 页。

③ 罗旭南：《1935 年中华民国刑法对中国传统法的继承》，《社会科学家》2012 年第 1 期。

不久，又着手修改新的刑法典，以便适应时局，最终于 1935 年 1 月 1 日颁布同年 7 月 1 日开始施行新的《中华民国刑法》(通称"新刑法")。从《暂行新刑律》到"旧刑法""新刑法"，都体现了近代西方国家刑法典的特征，同时确定了罪刑法定原则、法律面前人人平等原则。正是刑法中明文规定的"行为时之法律无明文科以刑罚者其行为不为罪"，[①] 又依据明文规定的涉及自杀的法条，加之最高法院和司法院的判例与解释，使得涉及诸如自杀之类的案件有了审判的法律依据。

1928 年颁布施行的《中华民国刑法》和 1935 年的《中华民国刑法》都对涉及自杀问题的刑罚进行了明文规定，这些法律条文成为讼案的主要依据。新、旧刑法中涉及自杀的条款主要集中在"妨害风化罪""杀人罪"和"伤害罪"三章(见表 6.1)。

表 6.1　《中华民国刑法》"旧刑法"与"新刑法"涉及自杀的法律条文

"旧刑法" 第十五章 妨害风化罪	"新刑法" 第十六章 妨害风化罪
第二百四十条	第二百二十一条
对于妇女以强暴胁迫药剂催眠术或他法，至使不能抗拒而奸淫之者，为强奸罪，处七年以上有期徒刑。 奸淫未满十六岁之女子，以强奸论。 二人以上共同轮奸，而犯前二项之罪者，处无期徒刑，或七年以上有期徒刑。 犯强奸罪因而致被害人于死者，处死刑或无期徒刑。因而致重伤者，处无期徒刑。 *犯强奸罪因而致被害人羞愤自杀，或意图自杀而致重伤者，依前项之规定断处。* 犯强奸罪而故意杀被害人者处死刑。 第一项及第二项之未遂罪罚之。	对于妇女以强暴胁迫药剂催眠术或他法，至使不能抗拒而奸淫之者，为强奸罪，处五年以上有期徒刑。 奸淫未满十四岁之女子，以强奸论。 前二项之未遂犯罚之。
	第二百二十二条
	二人以上犯前条第一项或第二项之罪，而共同轮奸者，处无期徒刑，或七年以上有期徒刑。
	第二百二十三条
	犯强奸罪而故意杀被害人者处死刑
第二百四十一条	第二百二十四条
对于男女以强暴胁迫药剂催眠术或他法，至使不能抗拒而为猥亵之行为者，处五年以下有期徒刑。 对于未满十六岁之男女，为猥亵之行为者亦同。	对于男女以强暴胁迫药剂催眠术或他法，至使不能抗拒而为猥亵之行为者，处七年以下有期徒刑。 对于未满十四岁之男女，为猥亵之行为者亦同。

---

① 《中华民国刑法(旧)》，《中华民国法规大全》第 1 册，上海：商务印书馆，1936 年，第 155 页。

续　表

"旧刑法"第十五章 妨害风化罪	"新刑法"第十六章 妨害风化罪
第二百四十二条	第二百二十五条
对于妇女乘其心神丧失，或其他相类之情形，不能抗拒而奸淫之者，处三年以上，十年以下有期徒刑。 　对于男女乘其心神丧失，或其他相类之情形，不能抗拒而为猥亵之行为者，处三年以下有期徒刑。 　犯前二项之罪，因而致被害人于死者，处死刑无期徒刑，或十年以上有期徒刑。 　因而致重伤者处无期徒刑，或七年以上有期徒刑。 　*犯第一项之罪，因而致被害人羞愤自杀，或意图自杀而致重伤者，依前项之规定处断。* 　第一项之未遂罪罚之。	对于妇女乘其心神丧失，或其他相类之情形，不能抗拒而奸淫之者，处三年以上，十年以下有期徒刑。 　对于男女乘其心神丧失，或其他相类之情形，不能抗拒而为猥亵之行为者，处五年以下有期徒刑。 　第一项之未遂犯罚之。
	第二百二十六条
	犯第二百二十一条、第二百二十四条，或第二百二十五条之罪，因而致被害人于死者，处无期徒刑，或七年以上有期徒刑。致重伤者处七年以上有期徒刑。 　*因而致被害人羞愤自杀，或意图自杀而致重伤者，处七年以上有期徒刑。*
"旧刑法"第二十一章 杀人罪	"新刑法"第二十二章 杀人罪
第二百九十条	第二百七十五条
教唆或帮助他人使之自杀，或受其嘱托，或得其承诺而杀之者，处一年以上七年以下有期徒刑 　*本条之未遂罪罚之。* 　*谋为同死而犯本条之罪者得免其刑。*	*教唆或帮助他人使之自杀，或受其嘱托，或得其承诺而杀之者，处一年以上七年以下有期徒刑* 　*前项之未遂罪罚之。* 　*谋为同死而犯第一项之罪者，得免除其刑。*
"旧刑法"第二十二章 伤害罪	"新刑法"第二十三章 伤害罪
第二百九十九条	第二百八十二条
教唆或帮助他人使之自伤，或受其嘱托或得其承诺而伤害之，因而致死者，处一年以上七年以下有期徒刑。 　*因而致重伤者，处五年以下有期徒刑。*	*教唆或帮助他人使之自伤，或受其嘱托或得其承诺而伤害之，成重伤者，处三年以下有期徒刑。* 　*因而致死者，处六月以上五年以下有期徒刑*

资料来源：陈应性编著：《中华民国刑法解释图表及条文》，上海：商务印书馆，1936 年，第 187—246 页；《中华民国刑法》，《中华民国法规大全》第 1 册，上海：商务印书馆，1936 年，第 148—151 页；《中华民国刑法(旧)》，《中华民国法规大全》第 1 册，上海：商务印书馆，1936 年，第 167—169 页。

"旧刑法"与"新刑法"主要对两类涉及自杀问题的案件进行刑事处罚，一类是因奸致被害人自杀的案件，一类是教唆或帮助他人自杀、自伤的案件。针对第一类因奸自杀的案件，刑法将其作为强奸罪的加重构成要件进行处罚，被害人的羞愤自杀或意图自杀与犯人的强奸行为之间存在因果联系，对犯人最高处以死刑的处罚，意味着肇祸者在被害人的自杀因果链中起到关键作用，应为其犯罪行为付出相应代价。由于"旧刑法"只规定了强奸未遂的处罚，但并未说明强奸未遂致受害人自杀的处罚，于是 1932 年 1 月 26 日最高法院又给出了《激成羞愤自杀罪之构成》的判例解释，解释的要旨是"刑法第二百四十条第五项之罪，只须加害人对于妇女已着手于强奸行为，以致激成羞愤自杀之结果，即属完成，至其奸淫目的是否既遂，与本罪之构成要素无关系"。[1] 通过这则判例解释可知加害人的强奸行为产生了被害人自杀或意图自杀的后果，被害人的自杀或意图自杀又促成致死或重伤的后果，如此构成了一条完整的因果链条，从而有利于审理判决现实生活中的因奸自杀案件。

针对第二类教唆或帮助他人自杀、自伤的案件，新、旧刑法都将其作为杀人罪或者伤害罪中情节较轻者的情况，并且在加害人的量刑上变化不大，其中"新刑法"相较于"旧刑法"关于教唆或帮助他人自杀的规定没有变化，量刑略有减轻。按照"旧刑法"第二十二章第二百九十条的司法解释，"自杀行为，宗教家、社会主义家以为罪，而法律则不以为罪。诚以自杀之人已经自杀，虽明定严刑，终亦无济于事也。惟人之生命，乃法益中最重要者，苟能保护，必须尽保护之道。本法虽无处罚自杀者本人之文，但仍严禁第三者参与他人自杀之事。本条规定盖有鉴于此也"，[2]可以看出法律禁止参与他人自杀，其法理依据恰恰是为了保护人的生命法益，哪怕这个人要通过自杀放弃生命。刑法设置教唆和帮助他人自杀罪使得法律在实施救济自杀行动时有了用武之地。1932 年 6 月 10 日，司法院还对教唆或帮助他人自杀罪中的既遂和未遂两种情况给出进一步的解释，根据司法院的司法解释犯刑法第二百九十条第一项之自杀，"以他人之行为有无结果，既否死亡，为未遂、既遂之标准"。[3] 除此之外，司法院专门在 1930 年 4 月 12 日做出一项司法解释，规定"教唆或帮助尊亲属使之自杀，或受其嘱托或承诺

① 《关于刑法（三十九）激成羞忿自杀罪之构成（二十一年一月二十六日刑事非字第九号）》，《最高法院刑事判例汇刊》1934 年第 6 期，第 100—103 页。
② 陈应性编著：《中华民国刑法解释图表及条文》，上海：商务印书馆，1936 年，第 236 页。
③ 陈应性编著：《中华民国刑法解释图表及条文》，上海：商务印书馆，1936 年，第 237 页。

而杀之,刑法无加重处罚明文",①以此规范社会上出现的子女帮助甚至教唆患病父母自杀之事的审理。由于刑法总则"刑事责任及刑之减免"一章中规定了"如非故意之行为不罚",这与刑法处罚教唆和帮助他人自伤罪相矛盾,如此则会造成此类案件的加害人无罪,因此"旧刑法"在司法解释中指出凡是伤人的行为,仍不能无罪,如果不设置明文的话,必定纷争莫诀,带来司法审理的不便。

法律是司法审判的依据,而法律体系中刑法又具有极其严厉的强制性,它通过规定犯罪和刑罚来保障人们的权益。《中华民国刑法》针对涉及自杀的刑事犯罪进行了明文规定,从法律层面上使人们远离自杀。然而有法为据只是法律救济自杀的初步工作,司法实践中对自杀案件的处理也尤为关键。那么司法机关是如何处理自杀相关的案件呢?

（二）法院对自杀案件的处理

民国时期媒体曝光了大量的自杀新闻,新闻报道中可以看到自杀事件从发生到处理的整个过程,包括公安部门接警后进行调查取证的情况,检察处和检察官的验尸、起诉情况,法院处理情况等。通过这种相对固定的新闻记录,我们可以发现法院处理自杀事件的模式和对防控自杀起到的作用。为了具体剖析法院处理自杀案件的细节,我们可以借助几个自杀案例加以说明。

　　案例 6 - 1　1928 年 8 月 2 日上午,河南路码头,忽有一女孩跃入苏州河自尽,经水巡捕救起,带入海关水巡捕房。经捕房询问,得知该女孩名赵阿三,时年 14 岁,湖州人氏,于 8 岁时被亲戚吉宝带来上海,卖给垃圾桥赵家为女。赵阿三的继父已死,家中有继母及兄嫂姊等,但继母毒辣,时常虐待她,每日殴打数次,其体无完肤,残苦如在地狱。8 月 1 日,赵阿三因为打碎两只饭碗,害怕继母毒打,苦恼之余,赵阿三想到不如死了安宁,于是前往苏州河投水。捕房询问完毕后当即将赵解送上海地方法院,法院判决将其送善堂留养,侯传其继母到案讯办。②

　　案例 6 - 2　23 岁的宁波人陈锦堂因深染浪荡子的恶习,不时出入妓

---

　　①《解释 刑法第二五八条二项所谓被诱人应以第二五七条之被诱人为限 又教唆或帮助尊亲属使之自杀或受其嘱托或得其承诺而杀之者仍依第二九○条第一项断(刑事)》,《司法杂志》第 33 期,1930 年 6 月 1 日。

　　②《幼女自杀幸遇救 继母之手段毒辣 几为打碎饭碗死》,《民国日报》1928 年 8 月 3 日,第 4 张第 1版,"闲话"。

察,致染梅毒,并被店主辞退。陈锦堂被辞后并未回原籍,而是滞留沪上。直到金尽囊空,妓鸨不齿,陈才觉得无颜面,乃萌生短见。9 月 1 日,陈投宿山东路华东旅馆。借得信笺信封草就绝命书,希冀博得死后披露报章之荣誉。写完绝命信后,陈购得芙蓉膏。4 日午后 4 时潜自吞服,但其命不该绝,服毒后不久即为茶房觉察。茶房报告总巡捕房,派探吴寿山前往旅馆将陈用车送往医院,医生使其呕出烟膏。5 日晨捕房将其解送公共租界临时法院,经郑式庭推事讯明其寻死原因,当庭申斥一番,姑念年轻无知,着于赈款项下拨给洋一元,嘱为回籍。陈受洋后称谢而去。①

案例 6-3 21 岁的杨波于 1931 年 1 月 27 日夜投宿浙江路 8130 号苏州旅馆,至翌日午间尚未出门。侍者徐金春欲入该室洒扫,叩门不启,破窗而进。因见杨波其人拥被仰卧,面色灰白,一息仅存,亟报捕房。捕房派探驰入其室,查无痕迹,当即送往仁济医院。经医生诊察,断定所服毒物为鸦片烟,惟中毒已深,无可救药,延至午后 3 时,气绝身死。至其自杀原因,是否真实姓名,以及沪上有无家属皆无从得悉,因此其遗骸只能由捕房送往斐伦路验尸所。29 日晨,验尸所报请特区法院委派检察官前往验尸,郭检察官莅所验明后,暂由普善山庄收殓入棺。并由捕房为其拍照存留,待将来家属认领。②

案例 6-4 时年 53 岁的黄包车夫江北人孙少清,近因患病,医治无效,受尽痛苦,顿生短见,于 1933 年 8 月 25 日吞服生鸦片烟自尽,被送至仁济医院,医治无效,延至翌日晨 6 点 50 分身死。医院随即通知法捕房,捕房派探员用车将孙少清的尸体送入同仁辅元堂验尸所。当日上午,验尸所报请第二特区法院,由首席检察官陈备三莅所,验明死者委系生前服毒身死,因家属贫苦,无力棺殓,官谕准将尸体交同仁辅元堂代为殡埋。③

上述四起自杀新闻记录了诸多执法部门和司法机关处理案件的流程,无论是"华界"还是公共租界和法租界,一旦发现自杀警情,或者接到管辖区报警后,警察会第一时间介入,"华界"内的警所、租界内的巡捕房会派出探员或包探、捕

---

① 《荡子吞烟图尽》,《民国日报》1928 年 9 月 6 日,第 4 张第 2 版,"社会闲话";《郑推事对吞烟图尽者大加申斥 给银一元作为回籍川资》,《申报》1928 年 9 月 6 日,第 15 版。
② 《一青年在旅馆自杀 自谓厥名为杨波 是否可靠不可知》,《申报》1931 年 1 月 30 日,第 16 版。
③ 《黄包车夫不胜痛苦服毒自杀》,《申报》1933 年 8 月 27 日,第 14 版。

头前往自杀现场进行紧急处理，调查勘验，并搜集相关人证物证信息。在上述案例6-1中，水巡捕房在巡逻时直接发现了自杀警情，于是首先对自杀者进行了紧急的救助；案例6-2和案例6-3中，公共租界内的总巡捕房都是接到报警后，派出探员前往事发现场，并将企图自杀者送往医院急救；案例6-4中，法租界内的法捕房接到仁济医院的报警后，前往医院处理孙少清的自杀事件。警察机关完成初步工作后，便进入了下一个环节，将自杀未遂者送往法院等候审理，或者将死亡者的尸体送去验尸所，并通知法院前往验尸。在上述四个自杀案件中，前两个是由警察将自杀未遂者分别送往上海地方法院和公共租界临时法院，后两个则被警察分别送往斐伦路验尸所和同仁辅元堂验尸所，然后由验尸所通知特区法院派出检察官验尸。

上述两个环节完成之后，法院才开始介入。所以自杀案件最终到达法院所经过的流程，在租界内是"巡捕房—医院—验尸所—公共租界临时法院/第一特区法院/第二特区法院"，在"华界"内是"公安局—医院—验尸所—江苏上海地方法院"。[①] 虽然说法院的作用主要集中在自杀事件发生之后，有很大的滞后性，但是如果没有司法部门的定性和处理，自杀案件显然难以盖棺论定。尤其是在受理刑事案件时，最终的定案唯有以检验结果为依据，如果法院、检察处派出的检察官检验结果与实情不符，则罪刑即有出入。为此上海公共租界临时法院院长何世桢在1929年5月致函租界领袖领事和工部局，要求慎重检验工作。他特别指出自刎和被害、自缢和勒死的区别，要求验尸官在检验尸体时要详加考察。为了避免验尸不够精细的现象，何世桢在信函中希望以后检伤验尸，能一概由临时法院选任"学验俱富之法医，或检验员会同办理，以期发现真实"。[②] 其实，法院在接到捕房或者验尸所报请验尸的请求后会及时令检察处委派检察官、法医、书记官等前往验尸所勘验尸体。

法院定性和处理自杀案件的方式也可以通过上述四个案例找到相关例证，案例6-1中，上海地方法院判决将自杀被救者赵阿三送善堂留养，并传唤涉嫌

---

① 公共租界内的临时法院成立于1927年1月1日，其前身是租界公审会廨，主要负责公共租界内领事裁判权以外的民事、刑事案件等，至1930年4月1日被国民政府裁撤，同时成立江苏上海特区地方法院。1931年8月1日，上海法租界内设立江苏上海第二特区地方法院，公共租界内的特区地方法院便改称第一特区地方法院。"华界"内的地方法院指的是江苏上海地方法院，1927年国民政府进行司法改革，撤销江苏上海地方审判厅和检察厅后，11月1日在南市南车站路成立，到1937年11月11日日军侵略者攻占南市后停止办公，地方法院还附设检察处，两个机构合署办公（上海通志编纂委员会：《上海通志》第2册，上海：上海社会科学院出版社，2005年，"第九卷 公安司法"，第1144页）。

② 《临时法院函知会同检伤验尸 何院长致领袖领事及工部局函》，《申报》1929年5月10日，第14版。

虐待子女的继母到案讯办;案例 6-2 中,公共租界临时法院的郑式庭推事得知陈锦堂是因为寻花问柳,染梅毒后经济窘迫而自杀后,当庭对浪荡子陈锦堂申斥一番,又念及其年轻无知,着从赈济款中下拨给洋一元,令其返回籍。案例 6-3 中,公共租界特区法院委派检察官验明自杀者尸身后,由于死者沪上无家属,令暂由普善山庄收殓入棺。并由捕房为其拍照存留,待将来家属认领;案例 6-4 中,法租界第二特区法院,鉴于自杀身亡者贫苦,无力棺殓,谕令准将尸体交同仁辅元堂代为殓理。四个自杀案中,"华界"地方法院和租界特区法院得到检察处验尸报告后,依据验尸报告和对自杀案相关人员的询问(包括自杀者本人的遗书等的解读)等,来判定自杀案件,并行使审理和判决的司法职能,依据案件的不同情况,对自杀者采取相应的裁决和救助,或者是为自杀死亡者讨回了公道,或者是为自杀未遂者施以人道性援助。

法院在自杀案件发生后,救助自杀者的常规方式包括直接的物质帮助或遣回原籍,这在法院公布的一些自杀案件的刑事、民事判决主文中也有所体现。临时法院会定期在报纸上公布一些刑事判决主文,我们从表 6.2 中临时法院对多起自杀案的判决来看,法院有时直接从慈善款项中拿出少量的钱款资助自杀未遂者,有时将其安置到慈善机构,这一类受救助的自杀者一般是因为经济困难而自杀,法院的经济支持能暂时缓解意图自杀者的穷困处境。而当法院一旦发现自杀案件不涉及法律相关问题,最常采取的措施是释放,令亲友领回,或者送往同乡会将其遣送回原籍,以免滞留沪上再次坠入自杀困局。

表 6.2　公共租界临时法院关于自杀案件的刑事判决主文

日　期	诉　讼　原　因	判　决　主　文
1928 年 6 月 12 日	汇山捕房诉哈石夫希图自尽案	哈石夫声明不再自尽应即释放
1928 年 7 月 3 日	汇司捕房诉姚巧云意图自尽案	姚巧云交其夫朱锦芳领回团聚
1928 年 7 月 28 日	哈尔滨捕房诉左得才等自尽案	左得才、曹秦氏谋为同死之所为,各免除其刑,绳一根没收之。
1928 年 9 月 20 日	老闸捕房诉梁永嘉自杀案	梁永嘉斥释
1929 年 1 月 8 日	老闸捕房诉葛天乐自杀案	葛天乐交其友浦近仁领去
1929 年 3 月 25 日	汇司捕房声请处置王根荣自尽案	遣回
1929 年 4 月 24 日	汇司捕房声请处置戴孚声投河自尽案	送教养院留养
1929 年 6 月 24 日	工部局诉洪棣轩自杀案	斥释

续　表

日　期	诉　讼　原　因	判　决　主　文
1929 年 7 月 5 日	工部局诉何香如自杀案	遣送回籍
1929 年 8 月 14 日	新闸捕房声请发落图尽男子刘大成案	送湖北同乡会资遣回籍
1930 年 2 月 4 日	工部局诉朱永昌自杀案	斥释由赈济箱提款二元资遣回籍
1930 年 3 月 1 日	工部局诉张宏兴自杀案	张宏兴由赈济箱提款四元资遣回籍

资料来源：《上海临时法院 刑事判决》，《申报》1928 年 6 月 13 日，第 16 版；《上海临时法院 刑事判决》，《申报》1928 年 7 月 4 日，第 16 版；《上海临时法院 刑事判决》，《申报》1928 年 7 月 30 日，第 16 版。《上海临时法院 刑事判决》，《申报》1928 年 9 月 21 日，第 16 版。《上海临时法院 刑事判决》，《申报》1929 年 1 月 9 日，第 16 版；《上海临时法院·刑事判决》，《申报》1929 年 3 月 26 日，第 16 版；《上海临时法院 刑事判决》，《申报》1929 年 4 月 25 日，第 16 版；《上海临时法院 刑事判决》，《申报》1929 年 6 月 25 日，第 16 版；《上海临时法院 刑事判决》，《申报》1929 年 7 月 6 日，第 16 版；《上海临时法院 刑事判决》，《申报》1929 年 8 月 15 日，第 16 版；《上海临时法院 刑事判决》，《申报》1930 年 2 月 5 日，第 16 版；《上海临时法院 刑事判决》，《申报》1930 年 3 月 2 日，第 16 版。

除了上述常采取的措施，最能体现司法特色的则是依法审理涉及法律问题的自杀案件，惩处相关肇祸者。这就是前文提及的法院依据刑法规定保护人们的生命法益，对教唆或帮助他人自杀与自伤一类案件，依法进行审理和判决。

法院依法惩罚自杀案件中的相关肇祸者，尤其对教唆、帮助他人自杀或自伤施以重典，更能起到威慑犯罪分子的作用。然而教唆或帮助他人自杀的案件往往复杂离奇，容易成为社会和法律关注的焦点。1930 年发生的舞女黄白英被教唆自杀一案，就震动了当时的上海社会，此案所反映出的法院处理教唆自杀所涉及的相关问题，颇值得进一步深究。

二、舞女黄白英教唆自杀案

1930 年 7 月 16 日，著名新闻人、《生活》周刊主编邹韬奋清晨 6 时 40 分赶到特区地方法院旁听一起轰动上海的教唆自杀案第三次庭审，为了免于拥挤，他足足比开庭时间早到了 2 个小时，成了当日到场的第一人。他后来还据此写了一篇《黄白英案旁听志感》的文章发表在《生活》周刊上。① 在旁听完此案后第四天，邹韬奋又专门在《生活》周刊的"小言论"上发表了《几死毒手的白英女士》，阐

---

① 心水：《黄白英案旁听志感》，《生活》周刊第 5 卷第 33 期，1930 年 7 月 27 日。

明他对黄白英案的态度和立场。[①] 这起教唆自杀案最初由三角恋爱的情感纠葛而起，为此知名教育家陶行知还写了一篇《爱之三字经》（"爱之酒，甜而苦。两人喝，是甘露。三人喝，酸如醋。随便喝，毒中毒"）劝告青年朋友"幸福只在专爱里"。[②] 为何这一起舞女被情人教唆自杀的新闻如此受关注呢？黄白英的舞女身份与人生选择，青年女性的恋爱与情感表达，以及教唆自杀案的审判法理等都成为该案引人注目的因素。

（一）三角恋引起的教唆自杀案

这起自杀案要从黄白英的三角恋说起。这段三角恋的主角分别是童三毛、张惠林和黄白英。女主角黄白英，原名黄白娥，广东番禺人，案发时 19 岁，擅长戏剧表演、舞蹈，语言天赋强。原本出生在富商家庭，因为父母罹患疾病，相继逝世，当时十六岁的她成了艰难度日的孤女。适逢南国社在广州公演，黄白英得以结识南国社的骨干成员左明、万籁天，于 1929 年春随二人来沪，并加入南国社，在参加该社公演之余进入江湾复旦大学暑期学校学习。随着上海舞蹈行业的繁荣，黄白英投入永安公司附设的大东跳舞场当了一名舞女。由于面目清秀、服装考究，加之性情和蔼，又悉心研究舞术，黄白英很快受到富豪阔少的青睐和迷恋。

舞客中有一个宁波人叫童三毛，乃是仁康五金店的小主，自 1929 年 7 月在大东跳舞场与黄白英相识后，二人开始了恋爱关系，童常以丈夫自居。大东舞场主人得悉黄白英和舞客相恋后，以不利于舞场声望为由，将黄白英舞业停止，巴黎舞场老板得悉此事后，将黄白英招致舞厅，曾经与黄白英相熟的舞客，亦追随其到巴黎舞场。在巴黎舞场，黄白英与自己曾经在南国社演出时认识的上海圣约翰大学学生张惠林相遇。出身富豪之家的大学生张惠林着迷于黄白英精湛的舞术、流利的英文，当其为舞场中的知己，每次去巴黎舞场，二人必定共舞几曲。此事被童三毛获悉，加之黄白英自投入巴黎舞场后对其爱情稍减，令童妒火中烧，他决意报复张惠林，并让黄白英嫁给自己。一段舞客与舞女之间的三角恋爱关系因此而成，直至教唆自杀案发。[③]

1930 年 6 月 28 日晚间，童三毛饮完酒前往巴黎舞场，见到自己哥哥的好友方衡年与黄白英同桌而坐，便相邀白英跳舞。此时方衡年已知黄白英另有别恋，

---

① 韬奋：《几死毒手的白英女士》，《生活》周刊第 5 卷第 32 期，1930 年 7 月 20 日。
② 陶行知：《陶行知选集》第 1 卷，北京：教育科学出版社，2011 年，第 702—703 页。
③ 《巴黎跳舞场 舞女白英被逼服毒 舞罢偕稔客同往沧州饭店 被强逼服食安神药片一盒 神志昏迷送院医治幸获救 加害之人业已被捕房拘获》，《民国日报》1930 年 7 月 1 日，第 3 张第 2 版。

恐童三毛心存芥蒂为难黄白英,愿做二人的调解人,于是 29 日晨 5 时,三人共同乘坐汽车往沪西一带兜风。在得知童、黄二人无冲突迹象后,方便命车夫将自己送回家。但在下车前,童三毛还是恐吓黄白英说已购得手枪一支欲打死她,并向其展示银行存折,以示购枪款项。待方衡年下车后,车上仅有童、黄和汽车夫三人。黄白英此时因得知童已购枪,心中十分恐惧,童又在车中质问其是否肯嫁给他,心惊的黄白英频频摇头。车子行至吴淞江畔,童让车夫下车,并询问黄白英"究系死,抑嫁余",还用英语对黄说"此处系你死地,你如不死,则将来死两人或三人",黄白英听闻童之所言,又感到父母双亡,孤苦无依,乃欲投江自尽,被童阻止,谓莫若另行设法服安神药片,遂命汽车夫驱车返回。

29 日晨约 8 时 20 分,汽车驶到华德路兆丰路口的中央药房时,童三毛下车买了一包"毒底拿"安神药片。随后汽车驶往静安寺路(今南京西路)沧州饭店,上午 9 时,童三毛在沧州饭店开定 201 号房间,并让茶役代购四瓶汽水和纸笔。准备好各种物品后,童关闭房门,将安神药片倒于桌上,再次询问黄白英是嫁还是死的问题,并命其写下遗书。黄白英写毕,童即命其吞服药片。黄白英没有反抗,分两次吞下了全部十片安神药片。黄白英吞下药片后,童三毛忽然想起开房间时留下了真名,恐受牵累,于是命黄回住所,无奈此时黄已毒发,童只得雇车将其送往宝隆医院。

29 日上午约 10 时,童、黄二人赶到宝隆医院,经医生数次灌救,黄直至第二天才被救醒,神志始清。在宝隆医院刚收治黄白英时,医院院长以服毒患者入院求治一事向新闸捕房报告。捕房随即派出包探前往医院调查,由于童三毛刚入院时谎称是某大学学生唐阿狗,与服毒患者黄白英是邻居。包探认为童的回答有可疑之处,乃将其带回捕房。后经调查并未发现有犯罪行为,便予以释放。后因黄白英告发,新闸捕房又派中西探员调查舞女黄白英服毒原因,童三毛害怕捕房的起诉,也自知难以推卸责任,于是在 30 日自首。捕房当即予以扣留,并传唤舞女询问,等特区地方法院开庭审理。①

(二) 黄白英教唆自杀案的审理

1930 年 7 月 2 日,舞女黄白英教唆自杀案进行了第一次庭审,由上海特区地方法院吴廷琪推事开第二法庭审理。或许是因为身体未痊愈,原告黄白英此

---

① 《巴黎舞女白英 被逼服毒案开庭 昨日开庭 白英未到 童三毛供 并未威逼 证人三人 到庭证明 被告还押 改期再讯》,《民国日报》1930 年 7 月 3 日,第 3 张第 2 版。

次未到庭审现场，委任张元枚律师代理出庭，被告童三毛也请了刘世芳、邹玉两律师为其辩护。庭审先由捕房方面的代理律师起诉童三毛犯刑律第二百九十条第二项教唆杀人罪，并将黄白英在医院的诊断书呈案。吴廷琪推事听完捕房西探报告案件调查经过后开始讯问被告童三毛，令其供述安神药片由谁购买、自杀前经过等有关案件的核心问题，随后传唤方衡年、汽车夫施家科、中央药房华子明等人证到庭作证。由于第一次庭审原告黄白英未到庭，法庭宣布 7 月 7 日传黄白英到案后再询。

7 月 7 日上午，黄白英案第二次开庭审理，原告黄白英按照传唤到庭，当日到庭观审者达五百余人，女性甚多。8 时 3 刻，吴廷琪推事偕检察官郭怀璞莅庭，捕房起诉律师厉志山首先补充证据，谓黄白英所服安眠药片经卫生处化验，验得药性极烈，吞服七片足以致命，必须遵医嘱才能服用。吴廷琪推事继而传黄白英供述详细经过，并询问其药片是谁带的，是否要嫁等若干问题。而后传被告童三毛，就黄白英的供述做出回应，复传沧州饭店职员荣凯、饭店侍应李侯山、汽车夫施家科、方衡年等人证到庭一一作证。又经原、被告所聘律师将人证一一盘问和激烈辩论后，吴推事谕令暂时收押被告童三毛，改期 7 月 16 日上午 8 时再审。①

7 月 16 日是黄白英案第三次续审之日，不少市民纷纷赶来旁听，上午未及 8 时，法院二楼刑二庭已挤满了听众，"实开法庭中旁听者人数之最高纪录"。9 时 20 分，庭审开始。先由捕房律师称证人张某已回原籍，无法传唤到案。吴推事遂先传唤宝隆医院医生曾澄溥，由其供述黄白英入院治疗时的情况，继由包探报告前往宝隆医院调查情况。接着童三毛请求吴推事准许其重新详细供述他同黄白英相识到送院医治的过程，吴准许了他的请求。然而，童此次供述和前两次的口供略有不符，并强调此次口供全系实情，无一隐晦。在这份口供中，童三毛表示他和黄白英相识后负债累累，导致家庭失和，父子夫妻间矛盾不断，想到无颜再生于世，原打算到吴淞江畔同黄一起投江，又因自己熟悉水性，所以改在旅馆服毒。由于黄白英不愿其先服，一手将药片遮掩，迫其将汽水瓶盖揭开，而桌上药片，已完全无存，自己又不忍黄独死，故急忙到街巷拦得汽车将黄送至医院救治。

待法庭上人证陈述完毕后，法官宣布开始庭审辩论。先由捕房起诉律师厉志山辩称"童、黄初因友谊关系，嗣乃进而向黄求婚，追求婚不成童乃迫黄投江，又不成，改令服毒，故童实已构成教唆自杀与帮助自杀两罪。至其原因，则系童

---

① 《法庭之上黄白英心酸落泪 白英案昨晨二次开庭 到庭旁听者五百余人 舞女四十倦眼惺忪 童三毛供词极为滑稽》，《申报》1930 年 7 月 8 日，第 15 版。

以黄既与彼恋爱,而又与第三者发生关系,童欲破坏此项关系,故出此手段,童固知该药片猛烈,而购时药店亦已告知,然仍迫令吞服。……查教唆自杀之手段有数种,若本案被告之所为,当属于恫吓一种。黄既遭彼恐吓,自念一孤苦伶仃之女子,而自杀之心益决,乃被告非但不救,反供给自杀之用具,指示自杀之行为,非帮助自杀而何耶。虽然同死有免除其刑之条文,顾童自谓亦欲自杀,不过徒托空言,毫无佐证。倘其果具自杀之决心,则当将药片先服,纵黄已服尽,犹可再购服之,然其皆不为也。且既欲与黄同死,何必命黄写遗书,盖一室之内,两均死矣,此遗书请谁寄耶? 故童之酒醉,实系为壮胆之助,酗酒而帮助自杀,焉能免除刑事之责任,应请照刑律二百九十条第一项判以罪刑。"黄白英所聘的律师又在捕房起诉律师的基础上补充到"此案攸关风化,上海为万恶社会,裁判长处治此类案件,负甚重之责任,如欲防止此万恶社会再有此种事件发生,应请本所负责任,公平办理。"①从捕房律师和原告律师的起诉理由来看,童三毛所犯的教唆自杀罪不仅符合实质性的教唆自杀犯罪,而且原告方指出的社会风化问题也成为法官不得不考虑的内容。

被告方的律师指出"原告为一舞女,其目的在金钱,所谓恋爱者,乃自欺欺人之谈。童自与黄相识,挥霍不资,驯致负债,并为家庭所不齿,凡造成于斯环境,皆因黄一人。一旦闻所心爱者移爱他人,遂萌同归于尽之志。观于彼俩同为游泳之照片,其恋爱之热度,可谓臻于沸点,乃第三者之经济能力,非童所能敌,黄遂被夺。故此案苟以公正态度研究,被告实无迫使服毒之举,且有同死之心,应适用刑律二百九十条第三项同谋自杀,但后自杀未遂,更证以被告之态度,当引七十六、七十七条得免除被告之刑,请庭上注意此'得'字,宣告被告无罪"。② 双方辩论完毕之后,法庭法官宣布此案定于 7 月 23 日上午 8 时宣判。③

7 月 23 日宣判当天,被告童三毛又通过其代理律师递呈了答辩状,认为"捕房律师以犯刑法第二百九十条第二项教唆帮助他人使之自杀之未遂罪起诉,按被告之所为,该条绝不能适用。因被告与白英系属谋为同死而中止,最多加以第二百九十条第三项之罪。惟该项系两造谋为同死,得免除未死之一造之刑而言,以该条而论,即谋为同死之另一造已死时,尚得免除其刑。盖凡属谋为同杀,其

---

　　① 《法院之中舞榭欢场 童三毛翻供"今是昨非"黄白英案大轰动 定七月廿三日宣判》,《民国日报》1930 年 7 月 17 日,第 3 张第 2 版。
　　② 《轰动一时之黄白英案辩论终结 定本月廿三日上午宣判 昨日续审旁听者太拥挤 捕房律师谓童三毛帮助自杀》,《申报》1930 年 7 月 17 日,第 11 版。
　　③ 《法院之中舞榭欢场 童三毛翻供"今是昨非"黄白英案大轰动 定七月念三日宣判》,《民国日报》1930 年 7 月 17 日,第 3 张第 2 版。

情节足堪怜悯者居多,故法律特有此规定。而现在白英不但未死,且由被告救活,而本案之发生,又为狡猾舞女玩弄意志薄弱之青年所生之结果,且系发生于酒后,致未顾及轻重,贸然购买药片,故若庭上认被告之所为,应受刑罚者,亦请按刑法第三十二条、第四十一条、第七十七条及二百九十条第三项之规定,准予免除其刑或根据刑法第九十条之规定,准予缓刑。综上各点,幸请庭上查明事实及法律,谕知无罪,实为公便"。① 上午 8 时 40 分,吴廷琪推事对此案做出宣判,判决主文是"被告童三毛教唆杀人未遂一罪,处有期徒刑二年,裁判确定前羁押日数,准以两日抵徒刑一日"。② 童后来表示不服判决,提出上诉。③

童三毛对特区地方法院的一审判决不服,上诉到江苏高等法院第二分院。同年 9 月 10 日,高二分院第一刑庭开审了此案,而黄白英已于 8 月 26 日前往香港,未到庭。④ 案件的二审委任宋沇担任裁判长,会同高君湘和叶在畴推事等共同审理。庭审中各人证一一做了与第一审时完全相同的供词,并无出入。唯童三毛的律师在辩论环节认为童在黄白英自杀夜的举动不仅不足以证明其有教唆自杀之意,而且在法律上不能构成教唆自杀罪,是一种同谋自杀遇救得生之行为。捕房律师厉志山依然请法院维持原判,双方律师答辩完后,法庭宣布 9 月 15 日宣判,童三毛仍由捕房带回看押。⑤ 15 日午后 2 时,黄白英案二审的判决结果为驳回童三毛的上诉,押解童回提篮桥捕房。

童三毛对法院二审的判决仍然不服,遂于 9 月 25 日委托代理律师刘世芳、邹玉上告南京最高法院。南京最高法院后经调阅两审案卷,经过详细审核后,于 1932 年 1 月判决发回重审。江苏高等法院第二分院奉最高法院令定于 4 月 22 日重新进行审理,⑥并委任新到高二分院任刑庭庭长的郁华担任审判长。⑦ 此时,此案距离案发已经过去一年半的时间,黄白英已离开舞场,转投联华影片公

① 《黄白英案中童三毛之答辩状》,《申报》1930 年 7 月 23 日,第 15—16 版。

② 《童三毛押二年 黄白英昨未亲到 三毛尚预备上诉》,《申报》1930 年 7 月 24 日,第 15 版。

③ 《黄童案 三毛提起上诉 九月四日开审》,《民国日报》1930 年 8 月 24 日,第 3 张第 2 版。

④ 《黄白英离沪矣 今晨乘坎坷号赴港 万宜坊中人去楼空 童大毛昨亦往惜别 白英谓抱独身主义》,《申报》1930 年 8 月 26 日,第 15 版。

⑤ 《高分院昨讯童三毛上诉案 同谋自杀遇救得生 依律应得免除其刑 童之律师以此请求 庭谕定十五日宣判》,《申报》1930 年 9 月 11 日,第 15 版。

⑥ 《黄白英与童三毛又将在法庭上相见 童三毛第三审上控 最高法院发回更审》,《申报》1932 年 1 月 16 日,第 15 版。

⑦ 郁华是郁达夫的胞兄,著名的爱国法官和法学家。他在任大理院推事时曾写过一文讨论北洋政府时期《暂行新刑律》中教唆他人自杀未遂罪的犯罪构成,他认为《暂行新刑律》规定教唆他人自杀未遂罪独立罪名,表明"教唆者既已着手于教唆行为,即时着手于该条之犯罪,自当应用一般未遂犯之法理,就该行为本身而成立未遂与否,不应以被教唆者之己未着手,以为该条未遂犯成立与否之标准。"(郁华:《论教唆他人自杀未遂之态样》,《法律评论》第 4 卷第 47 期,1927 年 4 月 10 日。)

司，当起了电影女明星。① 而童三毛则身陷囹圄一年余，身染严重肺病，得以保外就医。4 月 22 日午后开庭，法官认为此案几经审理，内容已经明了，即命两方律师开始辩论。捕房律师在此次辩论中指出，教唆自杀的方法有数种，在黄白英的案件中"被告当系以恐吓及用言语刺激两方法使黄自杀，事后虽又将黄送往医院，但此不能认为系其中止行为，实系悔悟前非。今童已监禁年余，且已患病，如庭长格外从宽，将其缓刑，则可，若其犹不服，刑事责任实难抵赖"。② 在第三审中，起诉律师考虑到童三毛已服刑一年多，加之病重，于是做出退让，认为可以酌情从宽将其缓刑。法庭谕令 4 月 29 日宣判，当日午后高二分院郁庭长宣告判决主文："原判决撤销，童三毛教唆自杀免除其刑"。③

　　至此，舞女被教唆自杀案画上了句号，而案件中的男主角童三毛不仅遭受一年多的牢狱之灾，而且罹患重病，为其当初的教唆自杀行为付出了法律和生活的双重代价。女主角黄白英虽然在这起轰动沪上的案子中一时成名，进军电影业，甚至还参加了 1933 年 10 月 14 日上海鸿翔时装公司举办的"中西服装表演大会"，并与谈瑛、露露、朱丽、胡蝶等女明星登上了《良友》画报。④ 然则其被逼服毒自杀的过程既是生活的创伤，事后又不免为外界评头论足。

　　舞女黄白英被逼自杀一案是民国时期众多教唆威逼自杀案的缩影，通过考察黄白英自杀案件所涉及的法律争讼情况，可以窥视法律部门处理自杀案的基本关切点，即如何通过审理自杀案件解决自杀关涉的法律问题。

（三）黄白英教唆自杀案的舆论

　　舞女黄白英被舞客逼迫服毒自杀一案，发生在 20 世纪二三十年代上海新兴娱乐业日渐兴盛之时。伴随着案件被提起刑事诉讼，而且前后历经三审，这起教唆自杀案显得更加轰动和曲折，成为那段时间最引人注意的社会时事。以此案为蓝本，不仅有画报编写的写实性图画读本《在黑猫里》，⑤出版商刊印改编的剧本，⑥舞台剧场拟开演的新剧《童三毛与某舞女》，⑦而且以上海当局的机关报《民

　　① 童君：《黄白英将现身银幕》，《影戏生活》第 1 卷第 14 期，1931 年 4 月 17 日。
　　② 《黄白英服毒案童三毛难避刑事责任 因患病缓刑则可 捕房律师之见解》，《申报》1932 年 4 月 23 日，第 10 版。
　　③ 《童三毛免刑》，《申报》1932 年 4 月 30 日，第 8 版。
　　④ 《时装表演：黄白英女士、谈瑛女士、露露女士、朱丽女士》，《良友》1933 年第 82 期。
　　⑤ 《〈时代图画〉半月刊》，《申报》1930 年 7 月 19 日，第 8 版，"广告"。
　　⑥ 《欢迎参观 舞女复活（现已出版）》，《申报》1930 年 10 月 18 日，第 15 版。
　　⑦ 《上海舞台之"童三毛与某舞女" 童之罪尚未至最后确定时期 特区法院谕令禁止开演此剧》，《民国日报》1930 年 7 月 27 日，第 3 张第 2 版。

国日报》为中心，社会舆论对该案件存着极大的讨论热情。《民国日报》的编辑姚赓夔(笔名苏凤)、《生活》周刊的主编邹韬奋都写有社论性质的论述文章，《民国日报》甚至专门在副刊"闲话"中开辟了"白英事件专栏"，集中发表了五篇文章，以期"站在社会的立场上，向这一件事下一个明确的观察"。① 当新闻报道将重点放在追踪案件发展，尤其是教唆自杀庭审依据和辩论时，媒体舆论则更加聚焦被逼服毒的舞女本人。围绕黄白英案，社会舆论建构起对舞女乃至整个青年女性群体在身份与人生选择、恋爱与情感表达等方面的基本立场。

首先，社会舆论试图引导青年女性选择正确的职业和人生之路。舆论虽然认为黄白英的遭遇可怜且值得同情，但同时也指出她脱离学校而选择入舞场并没有走上光明的大路，而是"醉生梦死地过那旧时的生活"，显然不能说是社会的万恶骗她趋向于浪漫化。② 邹韬奋也持有类似的观点，他认为"在社会方面应尽量设法减少万恶的环境，在个人方面应尽量养成抵抗诱惑的能力"。③ 他希望黄白英经此危难，从今以后宜有彻底的觉悟。

黄白英被逼服毒自杀一案中，舆论格外关注她的舞女身份。评论者说黄白英事件让人们知道了"关于跳舞场中所制造出的罪恶和跳舞女郎的一般的生活状态"，为此他替黄白英想了两条出路：求学或入职，通过求学，"一洗过去的浪漫的习惯"，通过找寻正当的职业，洁身自好，再图上进。④ 舆论不仅抨击黄白英个人选择的舞女身份，而且将其看成是一切"享乐的青年们"的通病。读者小狄担心如果"生活在大都市之中的青年，个个被激励成极端的享乐主义、浪漫主义的信徒"，像黄白英女士那样"大学生当舞女"，沉醉在香槟酒中，终究是在"浪漫"的末路上继续危险着。只有重新估定人生，才能到"生"路上求得光明。⑤

然而女性究竟应该如何选择自己应该走的路呢？石瘰女士在《从白英事件联想到其他》一文中以女性的身份呼吁"只有在自立的生活下，才能把任何束缚解放掉"，号召女性要有"不为任何物质所诱惑的灵魂，百折不回的意志，才能进而谈奋斗，更进而谈解放，再进而采撷自由，打破旧礼教的枷锁……"⑥

其次，在女性的恋爱和情感表达方面，舆论抨击拜金主义、享乐主义的恋爱

---

① 编者：《白英事件特刊》，《民国日报》1930 年 7 月 18 日，第 3 张第 4 版，"闲话"。
② 苏凤：《论白英女士事》，《民国日报》1930 年 7 月 4 日，第 3 张第 4 版，"闲话"。
③ 韬奋：《几死毒手的白英女士》，《生活》周刊第 5 卷第 32 期，1930 年 7 月 20 日。
④ 幼云：《白英之前路》，《民国日报》1930 年 7 月 18 日，第 3 张第 4 版，"闲话"，"白英事件特刊"。
⑤ 小狄：《泛爱主义的末路——杂论白英事件及其他》，《民国日报》1930 年 7 月 18 日，第 3 张第 4 版，"闲话"，"白英事件特刊"。
⑥ 石瘰女士：《从白英事件联想到其他》，《民国日报》1930 年 7 月 18 日，第 3 张第 4 版，"闲话"，"白英事件特刊"。

观,指出那些奉行拜金主义和享乐主义的女性,往往依靠男性,演变出"恋爱何必专一"的畸形恋爱观。[1] 这件教唆自杀案起于一段三角恋关系,而其背后所体现正是一种畸形的两性关系,所以石瓤女士在这起教唆自杀案中苛责到"白英之事,咎由自招,人何能代负其咎"。[2]

从媒体抨击黄、童教唆自杀案所涉及的三角恋来看,社会舆论的立足点依然是女性应该选择什么样的路? 而妇女解放的前途和成效,也恰恰是"要看新妇女所定的道路是否光明而定"。[3] 统观社会舆论对童三毛教唆舞女黄白英服毒自杀一案的反应,终究是对舞女黄白英多了几分责难,对其人生选择进行了批判。

然而,这终究并非黄白英一人之错,就像邹韬奋在《几死毒手的白英女士》开篇所说,"社会有光明的方面,随处也难免有黑暗的方面,所以尤其重要的当然是在个人方面也要养成辨别善恶抵抗诱惑的自卫能力。以后教育愈兴,则自由之享受亦愈益较前扩大,倘仅知享受自由而未能养成辨别善恶抵抗诱惑的自卫能力,则自由乃适成其为陷阱"。[4] 只有女性真正享受平等的教育,才能提高抵御风险的自卫能力,获得真正的独立,自由地拥抱光明。

---

① 小狄:《泛爱主义的末路——杂论白英事件及其他》,《民国日报》1930 年 7 月 18 日,第 3 张第 4 版,"闲话","白英事件特刊"。
② 石瓤女士:《从白英事件联想到其他》,《民国日报》1930 年 7 月 18 日,第 3 张第 4 版,"闲话","白英事件特刊"。
③ 石瓤女士:《从白英事件联想到其他》,《民国日报》1930 年 7 月 18 日,第 3 张第 4 版,"闲话","白英事件特刊"。
④ 韬奋:《几死毒手的白英女士》,《生活》周刊第 5 卷第 32 期,1930 年 7 月 20 日。

结　语

　　1927 年上海特别市地位确立后经历了一个较快发展的过程,不断膨胀的人口也为上海带来了工商业的繁荣。然而大量涌入城市的移民并不一定都能够立足"十里洋场",他们往往只能谋得低端的职业,甚至沦为赌徒、乞丐、娼妓等无业群体。移民群体融入城市是一个艰难的过程,从谋得一份工作,到适应城市生活,乃至成为具有归属感的市民,他们在这一过程中始终徘徊于就业与失业、温饱与贫困、入城与回乡的边缘。1927—1937 年中国社会普遍存在一些城市问题,如失业、贫困、犯罪、烟毒、卖淫、自杀、环境与公共卫生状况恶劣等,[①]上海作为当时中国最大的工商业中心,经济文化繁荣,但依然没有摆脱上述问题的困扰,甚至表现得更为突出。

　　1927—1937 年间,上海出现了两次自杀高发期。依据官方的自杀调查统计资料和自杀新闻报道,可以整理出自杀事件的基本内容,并据此概括出上海自杀问题的结构性分布特征,从而再现上海自杀问题的整体情况。自杀事件的大量发生,从自杀者个人层面来说,可大体归因于家庭矛盾、经济问题、突发负面事件和精神情绪障碍等,而如果将其置于上海城市社会的总体背景之下考察时,会发现自杀者之所以误入自杀歧途,有着十分复杂的社会因素。

　　其一,大量外来人口离乡入沪带来了恋人关系、夫妻关系、代际关系和社区关系在城市空间的重新演绎,人们"过日子"的生活逻辑面临着城市生活的挑战,此时的自杀也多肇因于恋爱、婚姻、家庭生活等方面的问题。具体表现为:青年男女的恋爱抉择具有过渡时代的特征,即恋爱自由与家长包办、社交公开与诱惑堕落并存,这表明新旧社会风俗习惯过渡之下恋爱具有两面性,正是由于恋爱两面性的存在,让恋人关系的存续变得非常脆弱,失恋自杀也就容易发生;追求以爱情为基础的婚姻关系是晚近婚俗向现代转型的重要内容,尤其是新文化运动

---

　　① 方旭红:《集聚·分化·整合:1927—1937 年苏州城市化研究》,合肥:合肥工业大学出版社,2012 年,第 275 页。

之后以爱情为基础的婚恋观念越来越成为进步的新风尚，然而"包办婚姻""媒妁之言"等封建婚姻伦理并未在社会上完全消失，于是在冲破传统婚姻桎梏的时候，情死和因婚自杀事件的发生表明现代婚俗制度的变革过程中充满了激烈的抗争和牺牲；在家庭中，夫妻关系和代际关系是最基本的关系，也是"过日子"生活逻辑的核心内容。随着城市化进程的推进，城市家庭的结构和规模在精简，当夫妻、婆媳和其他亲邻因为矛盾冲突而影响到家庭关系时，家庭内任何成员的变动或自杀都将给整个家庭带来沉重打击。

其二，人口的聚集和经济的发展是上海城市发展的重要标志。人口的不断集聚为上海工商业的繁荣注入了活力，然而城市人口的过度膨胀也会造成社会难以提供足够多的就业机会，从而加重失业和无业群体的比例，给城市治安和社会稳定带来很大的不确定性，因贫困自杀和因失业自杀的现象正是这种极端体现。城市发展进程中造成经济贫困的因素很多，如天灾人祸、经济纠纷、经营不善、疾病、赌博等，而这也成为大量自杀事件的直接诱因。

1927—1937 年上海的自杀问题成为影响城市发展和安定的重大社会问题，因此通过防控自杀破除城市发展的阻力无疑具有重要意义。如何防控自杀？从自杀问题引起上海社会的重视到各方力量积极参与自杀防控，媒体舆论、市政当局、社会组织、司法机关等均发挥了积极作用。

上海媒体在 1927—1937 年曝光了大量的自杀事件，尤其是围绕轰动性的自杀新闻进行了集中讨论，公众由此开始关注自杀问题，面对当时上海自杀风气蔓延之势，媒体积极建构防控自杀的舆论主张，传播救济自杀的思想。一方面，上海报业的发达和繁荣使自杀这样的社会新闻能够及时得到报道，便于社会公众认识到自杀的严重性，另一方面新闻记者、编辑、一般文人、读者等也可以通过报刊媒介表达自己对自杀问题的看法和评论，传播相应的科学知识，以及监督和纠正政府的自杀救济措施。随着社会上自杀事件的增加，民国初期至五四时期尚被普遍同情的自杀行为，此时越来越受到抨击，而救济自杀的呼声则越来越多。出于现实需要，媒体报道自杀问题的话语策略也发生了转变，在谴责自杀行为的同时，相应提出了救济自杀的建议。社会媒体在建构自杀防控舆论的时候，不自觉地将国民革命、三民主义、民族国家等纳入应对自杀的讨论中，多少带有一些时代特色。而更具 20 世纪二三十年代上海消费文化特质的是利用商品广告来传播救济自杀的观念。虽然商家将反对自杀的舆论包装进商品广告中，或者是利用自杀故事宣传售卖商品，其本质是为了实现商业利益最大化，但是商业宣传却能以更迅捷、更广泛的传播力，促进自杀防控思想的传播。并且在这一过程中，自杀的防治和现代科学知识也得到了一定的传播。

1927—1937 年间频繁发生的自杀事件，严重影响上海社会的稳定，如何应对自杀成为上海市政当局的当务之急。于是从 1928 年 8 月开始，上海市政当局以救济投浦自杀为开端，主导了防控自杀的行政措施。这些措施既有直接防止自杀的办法，如会同教育局颁发布告、函请公安局派警巡逻、竖立警告牌、令报馆慎登自杀新闻、查禁自杀题材的戏剧等，也有间接的预防策略，如编制自杀统计材料、取缔相关药物等。作为政府层面推行的防控自杀措施，从最初只针对投浦自杀而紧急出台的防止投浦自杀办法，到深入调查研究自杀问题并形成预防自杀的长期策略，这是地方政府主动对城市社会中的自杀问题进行系统的研究和干预，这在民国历史上尚属首次。

针对上海自杀问题，除了政府的行政措施，救生局、行业协会和同乡组织也参与了救济自杀的实践，使得自杀防控成为一种全民性的社会行动。此外，当自杀事件涉及法律问题时，便会演变成复杂的法律案件，司法机关通过严格的法律程序处理自杀案件，从法律救助的角度救济自杀者，保护受害者，彰显了现代社会追求正义的法律精神。

综上所述，1927—1937 年的上海处在城市发展的重要时期，然而与之伴随的是日益严峻的自杀问题成为社会发展的阻力。如何应对上海的自杀问题，同样应该置于城市发展的背景之下考察。各方力量积极参与自杀防控的行动是值得肯定的经验，从随着媒体舆论关注自杀事件，积极传播自杀防控的思想，到上海市政当局主导实施防控自杀的行政措施，行业协会等民间力量的积极参与，再到司法机关依法审理自杀案件，这一系列的自杀防控举措，不仅有利于掌握当时自杀现象的整体形势，而且实现了自杀人数的阶段性减少，[①]媒体报道中也出现了"自杀渐见减少"[②]的字样。更重要的是，上海的自杀防控举措成为当时治理社会问题的模板，南京、北平、杭州、广州等主要城市也开始关注自杀问题并编制自杀统计资料。

值得深思的是，诚然 1927—1937 年间上海的自杀防控实践因取得了阶段性

---

① 上海市政当局在 1928 年下半年实施自杀应对后，据统计，上海的自杀人数由 1928 年下半年（8 月至 12 月）的 1 025 人，下降为 1929 年同期的 687 人，减幅达 33%。进行年度比较也可以发现，实施自杀救济后的第一个年度（1928 年 8 月—1929 年 7 月）上海的自杀人数为 2 180 人，至 1929 年度（1929 年 8 月—1930 年 7 月）自杀人数已经下降到了 1 850 人，社会局实施自杀应对后，减幅达 15%（数据来源于《上海特别市社会局业务报告》第 1 至 5 期，1928—1930 年）。

② 《本埠自杀事件渐见减少　社会局发表十一月份自杀统计》，《民国日报》1928 年 12 月 16 日，第 3 张第 2 版。

的成绩而被视为民国时期城市自杀防控的经验,但归根结底还是为了稳定社会秩序和维护国民党的统治。从根本上说,这些治理自杀问题的经验,只能被动地应对和预防导致自杀的表层上的问题,而对之所以导致自杀的社会深层次原因几无有效的应对之策,这也是为何国民党统治下的城市自杀问题层出不穷,难以有效控制的原因。表面上看,严重的自杀问题折射出城市现代化之路的艰难,根本上还要归咎于其固有的统治困局。

参考文献

一、中文文献

(一) 档案、资料集

1. 《二十世纪三十年代国情调查报告》第 257 册,南京:凤凰出版社,2012 年。

2. 《上海公共租界工部局总办处关于自杀统计事》,上海市档案馆馆藏,档案号:U1-3-3341。

3. 《上海市警察局关于市民自杀他杀统计表》,上海市档案馆馆藏,档案号:Q131-5-366。

4. 上海市社会局编:《上海市社会局业务报告 二十年一月至十二月》(第六、七期合刊),上海市档案馆馆藏,档案号:Y2-1-663。

5. 上海市社会局编:《上海市社会局业务报告 十九年一月至十二月》(第四、五期合刊),上海市档案馆馆藏,档案号 Y2-1-662。

6. 上海市通志馆年鉴委员会编:《上海市年鉴 二十五年》,载张研、孙燕京主编《民国史料丛刊》(998 册),郑州:大象出版社,2009 年。

7. 《上海市政府第 75—90 次市政会议议事录汇编(第一册)》,上海市档案馆馆藏,档案号:Q1-5-559。

8. 上海特别市公安局编:《上海特别市公安局业务纪要》(二),载张研、孙燕京主编《民国史料丛刊》(201—202 册),郑州:大象出版社,2009 年。

9. 上海特别市社会局编:《上海特别市社会局业务报告 十八年一月至十二月》(第二、三期合刊),上海市档案馆馆藏,档案号:Y2-1-661。

10. 《上海特别市社会局职员录》,上海市档案馆藏档案,档案号:Q6-18-1-1。

11. 《上海特别市政府公报》(第 13—19 期),上海市档案馆馆藏,档案号:Y2-1-376。

12. 上海特别市市政府秘书处编:《上海特别市行政统计概要(1927 年度)》,载张研、孙燕京主编《民国史料丛刊》(162 册),郑州:大象出版社,2009 年。

13. 上海特别市市政府秘书处编：《上海特别市行政统计概要（1929 年度）》，载张研、孙燕京主编《民国史料丛刊》（162 册），郑州：大象出版社，2009 年。

14. 《绍兴七县旅沪同乡会关于迁送迷路被害妇女和自杀未遂同乡回籍问题的函》，上海市档案馆馆藏，档案号：Q117-5-212。

（二）民国报刊

1. 《朝花周刊》1929 年第 6 期

2. 《晨光》1933 年第 2 卷第 22 期

3. 《春光月刊》1934 年第 1—2 期

4. 《大公报》1927 年

5. 《大晚报》（上海）1934 年

6. 《大亚画报》1929 年第 144 期

7. 《电声》（上海）1934 年第 3 卷第 6 期

8. 《电影画报》1933 年第 3 期、第 5 期

9. 《法令周刊》1931 年第 77 期

10. 《法律评论》1927 年第 197 期

11. 《革命周报》1929 年第 96 期

12. 《广州市市政公报》1930 年第 342 期

13. 《行政院公报》1929 年第 104 期

14. 《江苏省政府公报》1931 年第 752 期

15. 《金城》1934 年第 1 期

16. 《金陵月刊》1929 年第 1 卷第 2 期

17. 《警察月刊》1935 年第 3 卷第 7 期

18. 《拒毒月刊》1928 年第 19 期

19. 《劳工周刊》1932 年第 1 卷第 2 期

20. 《良友》1933 年第 82 期

21. 《玲珑》1934 年第 4 卷第 8 期

22. 《民国日报》1927 年 1 月—1932 年 1 月

23. 《明星》半月刊 1933 年第 1 卷第 1 期

24. 《明星月报》1933 年第 1 卷第 1 期、第 2 期

25. 《农情报告》1936 第 4 卷第 7 期

26.《青岛市政府市政公报》1931 年第 22 期

27.《青年妇女》1928 年第 19—21 期

28.《青年进步》1930 年第 5 期

29.《上海警察》1948 年第 2 卷第 6 期

30.《上海漫画》1928 年第 17 期

31.《上海市政周刊》1929 年第 78 期

32.《上海特别市市政公报》1927 年第 2 期,1928 年第 13 期

33.《上海特别市市政周刊》1927 年第 3 期,1928 年第 14 期、第 41—42 期

34.《社会半月刊》(上海)1934 年第 1 卷第 1—8 期,1935 年第 1 卷第 9—21 期

35.《社会评论》(上海)1935 年第 1 卷第 9 期

36.《社会学杂志》1931 年第 3 卷第 11,12 号双刊

37.《社会月刊》(上海)1929 年第 1 卷第 1—12 期,1930 年第 2 卷第 1—6 期,
    1931 年第 2 卷第 7—12 期

38.《申报》1927 年 1 月—1937 年 12 月

39.《生活》周刊 1929 年第 4 卷第 35 期,1930 年第 5 卷第 32—33 期

40.《时报》1928 年

41.《时代》1934 年第 5 卷第 9 期

42.《时事新报》1928 年

43.《实业部月刊》1936 年第 1 卷第 4 期

44.《世界画报》(北京)1928 年第 164 期

45.《司法杂志》1930 年第 33 期

46.《思想月刊》1928 年第 2 期

47.《统计月报》1929 年第 1 卷第 9 期

48.《卫生公报》1929 第 1 卷第 9 期

49.《文学》1934 年第 2 卷第 1 期

50.《现代电影》1933 年第 1 期

51.《新东方杂志》1940 年第 1 卷第 3 期

52.《新评论》1928 年第 18 期、第 22 期

53.《新青年》1918 年第 5 卷第 1 号

54.《星期评论》1928 年第 2 卷第 13 期

55.《影戏生活》1931 年第 1 卷第 14 期

56.《中华医学杂志》1933 年第 19 卷第 5 期

57.《中外日报》1935 年

58.《最高法院刑事判例汇刊》1934 年第 6 期

(三) 专著

1. 埃米尔·迪尔凯姆：《自杀论》，冯韵文译，北京：商务印书馆，2008 年。

2. 艾霞：《现代一女性》，北京：海豚出版社，2012 年。

3. 安东尼·吉登斯：《失控的世界》，周云红译，南昌：江西人民出版社，
2001 年。

4. 安克强：《镰刀与城市：以上海为例的死亡社会史研究》，刘喆译，上海：上海
社会科学院出版社，2022 年。

5. 彼德·伯克：《图像证史》，杨豫译，北京：北京大学出版社，2008 年。

6. 布赖恩·贝利：《比较城市化——20 世纪的不同道路》，顾朝林译，北京：商
务印书馆，2010 年。

7. 陈毅夫：《社会调查与统计学》，上海：商务印书馆，1947 年。

8. 陈应性编著：《中华民国刑法解释图表及条文》，上海：商务印书馆，1936 年。

9. 邓伟志、徐榕：《家庭社会学》，北京：中国社会科学出版社，2001 年。

10. 邓伟志主编：《社学学辞典》，上海：上海辞书出版社，2009 年。

11. 邓云特：《中国救荒史》，上海：商务印书馆，1937 年。

12. 樊纲、武良主编：《城市化：一系列公共政策的集合》，北京：中国经济出版
社，2009 年。

13. 方旭红：《集聚·分化·整合：1927—1937 年苏州城市化研究》，合肥：合肥
工业大学出版社，2012 年。

14. 费孝通：《乡土中国·生育制度·乡土重建》，北京：商务印书馆，2011 年。

15. 傅德华、庞荣棣、杨继光主编：《史良才与〈申报〉》，上海：复旦大学出版社，
2013 年。

16. 戈公振：《中国报学史》，《民国丛书(第二编)》49 册，上海：上海书店出版社，
1989 年。

17. 管翼贤纂辑：《新闻学集成(第四辑)》，《民国丛书(第四编)》45 册，上海：上
海书店，1989 年。

18. 国民政府主计处统计局编：《中华民国统计提要(二十四年辑)》，上海：商务
印书馆，1936 年。

19. 海青：《"自杀时代"的来临？二十世纪早期中国知识群体的激烈行为和价值

选择》，北京：中国人民大学出版社，2010 年。

20. 韩起澜：《苏北人在上海：1850—1980》，卢明华译，上海：上海古籍出版社，2004 年。

21. 侯艳兴：《上海女性自杀问题研究（1927—1937）》，上海：上海辞书出版社，2008 年。

22. 黄金麟：《历史、身体、国家：近代中国的身体形成（1895—1937）》，北京：新星出版社，2006 年。

23. 黄天鹏：《中国新闻事业》，《民国丛书（第三编）》41 册，上海：上海书店，1989 年。

24. 黄炎培：《黄炎培日记》第 4 卷，中国社会科学院近代史研究所整理，北京：华文出版社，2008 年。

25. 季建林、赵静波主编：《自杀预防与危机干预》，上海：华东师范大学出版社，2007 年。

26. 姜进主编：《二十世纪上海报刊娱乐版广告资料长编（1907—1966）》第二卷，上海：上海文化出版社，2015 年。

27. 乐正：《近代上海人社会心态（1860—1910）》，上海：上海人民出版社，1991 年。

28. 李长莉、左玉河主编：《近代中国社会与民间文化》，北京：社会科学文献出版社，2007 年。

29. 李瑊：《上海的宁波人》，上海：上海人民出版社，2000 年。

30. 李建军：《自杀行为的社会文化研究》，贵阳：贵州人民出版社，2007 年。

31. 李建军：《自杀研究》，北京：社会科学文献出版社，2014 年。

32. 李欧梵：《上海摩登——一种新都市文化在中国 1930—1945》，毛尖译，北京：北京大学出版社，2001 年。

33. 李文海主编：《民国时期社会调查丛编·二编·社会组织卷》，福州：福建教育出版社，2014 年 6 月。

34. 李文健：《记忆与想象：近代媒体的都市叙事》，天津：南开大学出版社，2015 年。

35. 刘长林：《社会转型中一种极端行为研究——1919—1928 年爱国运动中的自杀与社会意义》，上海：上海大学出版社，2015 年。

36. 刘建明：《社会舆论原理》，北京：华夏出版社，2002 年。

37. 刘燕舞：《农民自杀研究》，北京：社会科学文献出版社，2014 年。

38. 刘志琴、邱庆平：《家庭变迁》，北京：民主与建设出版社，1997 年。

39. 鲁迅：《鲁迅全集(编年版)》第 5 卷，北京：人民文学出版社，2014 年。

40. 陆仰渊、方庆秋：《民国社会经济史》，北京：经济出版社，1991 年。

41. 罗斯：《社会控制》，秦志勇等译，北京：华夏出版社，1989 年。

42. 马克思、恩格斯：《马克思恩格斯全集》第 1 版第十二卷，中共中央马克思恩格斯列宁斯大林著作编译局编译，北京：人民出版社，2016 年。

43. 门林格尔：《人对抗自己——自杀心理研究》，冯川译，贵阳：贵州人民出版社，2004 年。

44. 南海县政协文史资料研究委员会编：《南海文史资料》第 13 辑，南海县政协文史资料研究委员会，1988 年。

45. 潘光旦：《中国之家庭问题》，上海：新月书店，1928 年。

46. 钱穆：《中国史学名著》，北京：生活·读书·新知三联书店，2000 年。

47. 邱国盛：《城市化进程中上海市外来人口管理的历史演进(1840—2000)》，北京：中国社会科学出版社，2010 年。

48. 任白涛：《综合新闻学》，《民国丛书(第三编)》40 册，上海：上海书店，1989 年。

49. 上海市年鉴委员会编：《上海市年鉴二十四年》，上海：上海通志馆，1935 年。

50. 上海市年鉴委员会编：《上海市年鉴二十五年》，上海：中华书局，1936 年。

51. 上海市社会局出版委员会编：《上海市社会统计概要》，上海：上海市社会局发行，1935 年。

52. 上海特别市社会局编：《上海特别市社会局业务报告 十七年八月至十二月》第 1 期，上海：上海特别市社会局发行，1928 年 12 月。

53. 《上海通志》编纂委员会编：《上海通志》第 1—3 册，上海：上海社会科学院出版社，2005 年。

54. 石涵泽：《自杀问题》，上海：华通书局，1930 年。

55. 宋钻友：《广东人在上海 1843—1949 年》，上海：上海人民出版社，2007 年。

56. 谈社英编：《中国妇女运动通史》，南京：妇女共鸣社，1936 年。

57. 汤哲声：《中国现代通俗小说思辨录》，北京：北京大学出版社，2008 年。

58. 陶行知：《陶行知选集》第 1 卷，北京：教育科学出版社，2011 年。

59. 王笛：《走进中国城市内部 从社会的最底层看历史》，北京：清华大学出版社，2013 年。

60. 王尔敏：《近代上海科技先驱之仁济医院与格致书院》，桂林：广西师范大学出版社，2011 年。

61. 王奇生：《党员、党权与党争：1924—1949 年中国国民党的组织形态》，上海：上海书店出版社，2003 年。

62. 魏斐德：《上海警察，1927—1937》，章红等译，上海：上海古籍出版社，2004 年。

63. 吴飞：《浮生取义：对华北某县自杀现象的文化解读》，北京：中国人民大学出版社，2009 年。

64. 吴飞：《自杀与美好生活》，上海：上海三联书店，2007 年。

65. 吴飞：《自杀作为中国问题》，北京：生活·读书·新知三联书店，2007 年。

66. 吴海勇：《"电影小组"与左翼电影运动》，上海：上海人民出版社，2014 年。

67. 谢立中：《走向多元话语分析——后现代思潮的社会学意涵》，北京：中国人民大学出版社，2009 年。

68. 忻平：《从上海发现历史——现代化进程中的上海人及其社会生活：1927—1937》（修订版），上海：上海大学出版社，2009 年。

69. 熊月之主编：《上海通史》，上海：上海人民出版社，1999 年。

70. 杨伯峻译注：《论语译注》，北京：中华书局，1980 年。

71. 伊琳娜·帕佩尔诺：《陀思妥耶夫斯基论作为文化机制的俄国自杀问题》，杜文娟译，长春：吉林人民出版社，2003 年。

72. 于珍：《近代上海同乡组织与移民教育》，北京：社会科学文献出版社，2009 年。

73. 俞承修辑校：《中华民国新旧刑法条文比较》，上海：会文堂新记书局，1937 年再版。

74. 俞斯锦编：《新户籍法释义》，上海：百新书店，1946 年。

75. 张碧梧编：《马振华哀史》，上海：华和出版社，1928 年。

76. 张朝阳：《人类自杀史》，长春：时代文艺出版社，2001 年。

77. 张海：《苏州早期城市现代化研究》，南京：南京大学出版社，1999 年。

78. 张鸿雁、谢静：《城市进化论：中国城市化进程中的社会问题与治理创新》，南京：东南大学出版社，2011 年。

79. 张杰：《解读自杀：中国文化背景下的社会心理学研究》，北京：中国人民大学出版社，2016 年。

80. 张静庐：《中国的新闻记者与新闻纸》，上海：现代书局，1932 年。

81. 张有德编：《马振华女士自杀记》，上海：社会新闻社，1928 年。

82. 张之江：《十年来之国民与国术》，《中华基督徒信行救国十人团总团办事处信行特刊》，南京：南京国华印书馆，1935 年。

83. 赵鼎新：《社会与政治运动讲义》，北京：社会科学文献出版社，2006 年。

84. 赵君豪：《中国近代之报业》，《民国丛书（第二编）》49 册，上海：上海书店，
1989 年。

85. 郑杭生主编：《社会学概论新修》，北京：中国人民大学出版社，1994 年。

86. 中国人民政治协商会议全国委员会文史资料研究委员会编：《文史资料选
辑》第 5 卷第 18 辑，北京：中国文史出版社，1981 年。

87. 中国社会学社编：《中国人口问题》，上海：世界书局，1932 年。

88. 《中华民国刑法（旧）》，《中华民国法规大全》第 1 册，上海：商务印书馆，
1936 年。

89. 《中华民国刑法》，《中华民国法规大全》第 1 册，上海：商务印书馆，1936 年。

90. 邹依仁：《旧上海人口变迁的研究》，上海：上海人民出版社，1980 年。

（四）期刊论文、学位论文、会议论文

1. 蔡亮、苏智良：《日本侵华对中国现代化建设的破坏——以上海闸北为例》，
《民国档案》2006 年第 4 期。

2. 陈柏峰：《代际关系变动与老年人自杀——对湖北京山农村的实证研究》，
《社会学研究》2009 年第 4 期。

3. 陈辉：《"过日子"农民的生活哲学——关中黄炎村日常生活中的家庭主义》，
博士学位论文，华东理工大学，2013 年。

4. 陈辉：《"过日子"与农民自杀》，《中国农业大学学报》（社会科学版）2017 年
第 1 期。

5. 方平：《从"耳目""喉舌"到"向导""政监"——略论清末报人的办报理念与公
众舆论的话语伦理》，《学海》2007 年第 2 期。

6. 顾德曼：《向公众呼吁：1920 年代中国报纸对情感的展示和评判》，《近代中
国妇女史研究》2006 年 12 月第 14 期。

7. 郭绪印：《评近代上海的会馆（公所）、同乡会》，《上海师范大学》（哲学社会科
学版）2015 年第 1 期。

8. 韩华：《梁济自沉与民初信仰危机》，《清史研究》2006 年第 1 期。

9. 行龙：《人口流动与近代中国城市化研究述评》，《清史研究》1998 年第 4 期。

10. 何兆雄：《中国自杀率的性别差异》，《医学与社会》1997 年第 4 期。

11. 侯艳兴：《20 世纪二三十年代上海女性自杀探析》，《妇女研究论丛》2006 年

第 4 期。

12. 侯艳兴：《隔离与潜规则：民国时期女性自杀与社会性别建构》，《安康学院学报》2012 年第 2 期。

13. 侯艳兴：《身体塑造，国族想象：民国时期的自杀论争》，《江苏社会科学》2013 年第 3 期。

14. 侯艳兴：《性别、权力与社会转型：1927—1937 年上海女性自杀问题研究》，博士学位论文，复旦大学，2008 年。

15. 景军、罗锦文：《京沪青年女性在民国时期的自杀问题》，《青年研究》2011 年第 4 期。

16. 李凤琴：《上海特别市第一任市长黄郛》，《文史精华》2003 年第 8 期。

17. 李刚：《王国维死因三说与新探》，《求索》2007 年第 2 期。

18. 李良玉：《报刊史研究与报刊资料的史学利用》，《江苏大学学报》(社会科学版)2008 年第 3 期。

19. 李书源、杨晓军：《民国初年东北地区女性自杀现象解读——以 1912—1921 年间〈盛京时报〉刊载的 578 例女性自杀案例为中心》，《吉林大学社会科学学报》2009 年第 5 期。

20. 李长莉：《以上海为例看晚清时期社会生活方式及观念的变迁》，《史学月刊》2004 年第 5 期。

21. 李自典：《"城市病"：20 世纪三四十年代北平自杀现象探析》，《城市史研究》2020 年第 1 期。

22. 刘喜元：《试论 20 世纪二三十年代上海的自杀预防与救济机制》，《信阳师范学院学报》(哲学社会科学版)2008 年第 4 期。

23. 刘延苗：《从王国维的思想看王国维之自沉》，《长安大学学报》(社会科学版)2008 年第 4 期。

24. 刘雁书、肖水源：《自杀事件的媒体报道对人群自杀行为的影响》，《中国心理卫生杂志》2007 年第 21 卷第 5 期。

25. 刘燕舞：《论"奔头"过日子——理解冀村农民自杀的一个本土概念》，《社会学评论》2014 年第 5 期。

26. 刘长林：《爱国运动中的自杀者遗书解读》，《史学月刊》2010 年第 3 期。

27. 刘长林：《媒体建构：自杀社会意义的赋予——以中国 1919—1928 年社会运动中自杀事件报道为例》，《社会》2010 年第 3 期。

28. 刘长林：《仪式与意义：1919—1928 年间为自杀殉国者举办的追悼会》，《学术月刊》2011 年第 3 期。

29. 刘长林、雷乐街:《民国北京自杀救助中"先警后医"现象的逻辑考察》,《安徽史学》2021 年第 1 期。

30. 刘长林、马磊磊:《论阮玲玉自杀的社会意义赋予》,《社会科学》2010 年第 5 期。

31. 刘长林、彭小松:《歧路与拯救:1928 年上海的自杀与政府应对》,《史学月刊》2013 年第 11 期。

32. 刘长林、钱锦晶:《论五四思想家对自杀现象的研究》,《史学月刊》2003 年第 6 期。

33. 陆汉文:《现代性与生活世界的变迁:20 世纪二三十年代中国城市居民日常生活的社会学研究》,北京:社会科学文献出版社,2005 年。

34. 罗旭南:《1935 年中华民国刑法对中国传统法的继承》,《社会科学家》2012 年第 1 期。

35. 罗志田:《对共和体制的失望:梁济之死》,《近代史研究》2006 年第 5 期。

36. 齐卫平:《试析毛泽东关于长沙赵女士自杀事件的评论——兼论对青年毛泽东思想转变的影响》,《党史研究与教学》1998 年第 4 期。

37. 齐卫平:《五四时期中国社会转型与自杀现象》,《民国春秋》1998 年第 3 期。

38. 秦祖明:《社会变迁中的上海同乡组织》,《理论月刊》2010 年第 12 期。

39. 邵绿:《都市化进程中〈时报〉的转型(1921—1939)》,博士学位论文,复旦大学,2013 年。

40. 邵晓芙、池子华:《20 世纪二三十年代上海女性自杀现象解读》,《徐州师范大学学报》2006 年第 2 期。

41. 邵雍:《〈纽约时报〉视野下的上海城市化进程》,《甘肃社会科学》2008 年第 5 期。

42. 苏全有:《民国时期家庭伦理关系探析——以妯娌关系为例》,《鲁东大学学报(哲学社会科学版)》2016 年第 5 期。

43. 唐力行:《徽州旅沪同乡会与社会变迁(1923—1953)》,《历史研究》2011 年第 3 期。

44. 王灿:《20 世纪 30 年代前后汉口自杀问题探析——以 1929—1931 年〈新汉口〉杂志为中心的考察》,《南华大学学报》(社会科学版)2012 年第 4 期。

45. 王存奎:《30 年代中期上海社会的自杀事件》,《民国春秋》1995 年第 2 期。

46. 王德福:《做人之道:熟人社会中的自我实现》,博士学位论文,华中科技大学，2013 年。

47. 王桂新：《城市化基本理论与中国城市化的问题及对策》，《人口研究》2013 年第 6 期。

48. 王合群：《20 世纪二三十年代上海自杀问题的社会透视》，《史学月刊》2001 年第 5 期。

49. 王瑞成：《近世转型时期的城市化——中国城市史学基本问题初探》，《史学理论研究》1996 年第 4 期。

50. 王文昌：《20 世纪 30 年代前期农民离村问题》，《历史研究》1993 年第 2 期。

51. 王亦蛮：《写作还是表演：这是个问题——20 世纪 20—30 年代上海女演员、作家及"新女性"之死》，《文艺研究》2009 年第 4 期。

52. 王印焕：《试论民国时期青年恋爱的舆论导向》，《北京科技大学学报》（社会科学版）2007 年第 1 期。

53. 吴飞：《论"过日子"》，《社会学研究》2007 年第 6 期。

54. 肖美贞：《20 世纪 30 年代北方自杀问题研究——以天津〈大公报〉为中心》，《江南社会学院学报》2005 年第 3 期。

55. 忻平：《无奈与抗拒：20—30 年代上海转型时期的社会问题》，《学术月刊》1998 年第 12 期。

56. 熊月之、张生：《中国城市史研究综述（1986—2006）》，《史林》2008 年第 1 期。

57. 许纪霖、王儒年：《近代上海消费主义意识形态之建构——20 世纪 20—30 年代〈申报〉广告研究》，《学术月刊》2005 年第 4 期。

58. 杨联芬：《"恋爱"之发生与现代文学观念变迁》，《中国社会科学》2014 年第 1 期。

59. 杨齐福、汪炜炜：《民国时期惠安女集体自杀现象之探究》，《福建论坛》（人文社会科学版）2009 年第 7 期。

60. 杨弋枢：《新女性与影像中的性别无意识——以〈神女〉和〈新女性〉为个案的考察》，《文艺研究》2010 年第 4 期。

61. 叶进：《城市化进程中城市文化面临的伦理困境》，《湖南社会科学》2007 年第 4 期。

62. 臧运祜：《中日关于济案的交涉及其"解决"》，《历史研究》2004 年第 1 期。

63. 张杰、景军等：《中国自杀率下降趋势的社会学分析》，《中国社会科学》2011 年第 5 期。

64. 张礼恒：《略论民国时期上海的慈善事业》，《民国档案》1996 年第 3 期。

65. 张宪文：《对 1927—1937 年中国历史的基本认识》，《历史教学》2003 年第 4 期。

66. 张煊：《左翼电影时期闽籍影人行述考辨》，《当代电影》2014 年第 2 期。

67. 张志超：《英国的统治与威海卫的自杀现象》，《中国农业大学学报》（社会科学版）2009 年第 3 期。

68. 章清：《"碎片化的历史学"：理解与反省》，《近代史研究》2012 年第 5 期。

69. 郑大华：《论九一八事变后文化民族主义思潮》，《天津社会科学》2011 年第 4 期。

70. 郑晓江：《论中国古代的自杀模式》，《南昌大学学报》（人社版）1999 年第 4 期。

71. 周锦章：《角色危机与社会紧张——民国时期北平平民自杀样本研究》，《北京社会科学》2009 年第 4 期。

72. 周宁：《同乡、媒体和新女性：刘廉彬自杀案再审视》，《妇女研究论丛》2011 年第 2 期。

73. 周舒：《吴飞：传统还是根本的，要回到"过日子"》，《第一财经日报》2010 年 6 月 11 日，第 D05 版。

74. 朱德明：《20 世纪 30 年代上海公共租界非疾病因素导致的伤亡考察》，《医学与社会》2006 年第 1 期。

二、外文文献

1. AD Van Der Woude, Akira Hayami, Jan De Vries eds, *Urbanization in History: A Process of Dynamic Interactions*, Oxford：Oxford University Press，1995.

2. Bryna Goodman，"Appealing to the Public：Newspaper Presentation and Adjudication of Emotion"，*Twentieth Century China*，（April 2006），pp.32 - 69.

3. Bryna Goodman，"The New Woman Commits Suicide：The Press，Cultural Memory, and the New Republic"，*The Journal of Asian Studies*，Vol. 64，No. 1(2005)，pp.67 - 101.

4. Chris Shilling，*The Body and Social Theory*，London：Sage Publications Ltd.，1993.

5. Edwin S. Shneidman，*Definition of Suicide*，New York：Wiley，1985.

6. Jack D. Douglas，*The Social Meanings of Suicide*，New Jersey：Princeton University Press，1967.

7. Lu Hanchao，"Away from Nanking Road：Small Stores and Neighborhood Life in Modern Shanghai"，*The Journal of Asian Studies*，Vol. 54，No. 1 (Feb. 1995)，p.93.

8. Parks M. Coble，Jr.，"The Kuomintang Regime and the Shanghai Capitalists，1927 – 29"，*China Quarterly*，No. 77 (Mar. 1979)，pp.1 – 24.

9. Peter J. Carroll，"Fate-Bound Mandarin Ducks：Newspaper Coverage of *the Fashion* for Suicide in 1931 Suzhou"，*Twentieth-Century China*，Vol. 31，No. 2(2006)，pp.70 – 96.

10. Peter J. Carroll，"Ruan Lingyu's Dual Suicides：Media and the Pressures of Urban Life"，Round Table Presentation，Center for Chinese Studies Annual Symposium，"The Question of Violence"，University of California，Berkeley，March，2003.

11. Phillips M. R. et al.，"Risk factors for suicide in China：a national case-control psychological autopsy study"，*The Lancet*，Vol. 359，No. 9309 (2002)，pp.835 – 840.

12. Roxane Witke："Mao Tse-tung，Women and Suicide in the May Fourth Era"，*The China Quarterly*，No. 31(1967)，pp.128 – 147.

13. Steve Smith，"Class and Gender：Women's Strikes in St. Petersburg，1895 – 1917 and in Shanghai，1895 – 1927"，*Social History*，Vol. 19，No. 2 (May 1994)，pp.141 – 168.

三、网络资料

1. 大成老旧刊全文数据库：
   http://res.lib.shu.edu.cn：8080/search/toRealIndex.action

2. 国际预防自杀协会网址：
   http://iasp.info/cn/chinese_01.php

3. 全国报刊数据库：
   http://www.cnbksy.com/ShanghaiLibrary/articleSearch.do

4. 上海市地方志办公室网址：
   http://www.shtong.gov.cn/node2/index.html

5. 世界卫生组织网址：

http://www.who.int/en/

6. 中国国家数字图书馆·民国专栏：

http://res4.nlc.gov.cn/home/index.trs?channelid=4

索　引